本书受华南师范大学"211工程"
经济学重点学科和华南市场经济研究
中心经费资助

RENMINBI

HUILÜ WENTI

YANJIU

人民币

汇率问题研究

朱鲇华 ◎ 著

人民出版社

目　　录

第一章 绪 论

近两三年，人民币汇率成为了一个沸沸扬扬的话题。归纳起来，有两个相互关联的问题，其一是人民币汇率的均衡水平，以及人民币名义汇率和实际汇率对均衡汇率的偏离程度；其二是人民币汇率的形成机制，这又包括两个方面，第一是人民币是应该维持目前事实上的盯住美元的固定汇率制度还是恢复到有管理的浮动汇率，第二是如何改革目前的结汇、售汇、付汇制度以及资本项目的管制。

均衡汇率也称理论汇率，是遵循货币内在价值规律，依据汇率理论及其模型测出的汇率，它构成一国货币交换的基础。均衡汇率与现实汇率不同，现实汇率是实际经济交易中使用的汇率，由外币市场供求决定。正如商品的价值和价格的关系一样，均衡汇率是现实汇率的基础，而现实汇率是均衡汇率的反映。

均衡汇率是汇率理论的核心问题之一，是判断汇率水平是否失调及汇率政策是否需要调整的主要客观依据。知道了本国的均衡汇率水平，中央银行对于汇率的宏观调控就做到了心中有数。由于汇率失衡具有极大的危害性，一方面，汇率的持续高估使本国对外竞争能力丧失，并由此导致进口增加和出口减少。如果汇率高估持续的时间越长，对该国的出口企业伤害就越大，出口部门发生实质性萎缩的可能性就越大，出口复苏就越加困难。特别是在近年来出口竞争日趋激烈的情况下，出口市场和份额的丧失可能永远都没有机会补偿。同时，汇率高估持续的时间越长，进口商品就越容易挤占国产商品的市场，尤其是当本国的出口产品在国际市场上具有很高的可替代程度时，汇率高估意味着市场迅速丢失或迅速被进口占领。发展中国家产品大部分是初级产品，技术附加值较小，汇率高估带来的负面效应会迅速显现。另一方面，汇率失调的时间过长或者汇率失调频繁出现会造成国内生产、就业和财政收入的损失，以及投资的撤离。当生产的产品难以和便宜的进口品相竞争或对外出口不再盈利甚至根本出不去的时候，本国的贸易企业就会首先削减产量，裁减员工。由此还会带来连锁反应：贸易品部门生产下降，从非贸易品部门的采购将减少；而贸易部门失业员工的收入下降，对非贸易品的需求减少，这样非贸易品部门的企业将被迫压缩生产和就业，这种乘数效应进而将造成整个国民经济生产下降，失业上升。因此，判断汇率是否失调的均衡汇率理论在经济学和经济政策中的影响越来越大。

20 世纪 80 年代，均衡汇率理论再次成为各界关注的焦点，这一次是从另一个角度推动均衡汇率理论发展的，即美国巨额的贸易逆差以及从债权国向债务国的转化。最初，这种转化被看做美国经济衰落的标志，而不像萨缪尔森所说的那样，是从成熟的债权国向成熟的债务国的转化。目前关于均衡汇率的决定理论主要有四类：基于购买力平价的汇率决定理论，局部均衡框架下的均衡汇率决定理论，一般均衡框架下的均衡汇率决定理论，简约一般均衡框架下的均衡汇率萨缪尔森决定理论。本章将对现有的汇率均衡理论做一个初步的介绍。

第一节　基于购买力平价的汇率决定理论

瑞典经济学家 Gustav Cassel 1922 年提出的购买力平价理论是应用最为广泛的汇率理论之一，也是关于均衡汇率的最早理论，一直对国际上的汇率研究和国际经济学发展有着深远的影响。该理论指出，一国货币的汇率决定于该国的货币能购买到的商品和服务相当于其他国家购买同质商品和服务的数量。购买力平价的逻辑是单一价格规律的原理，单一价格规律断言，在所有的地方一种物品都应该按同样的价格出售，否则就会出现套利机会，套利者会在价格偏低的市场上购入商品并在价格偏高的市场上售出，并从价格差异中获得利润，套利行为使得各个市场价格趋于一致。因此平价意味着平等，而购买力是指货币的价值，所有货币的一单位在每个国家都应该有相同的实际价值。

传统的购买力平价理论坚持实际汇率不变的观点，也就是说，一旦找到 Cassel 所称的"正常"汇率（均衡汇率），今后就应该通过名义汇率与物价成比例变化保证均衡汇率不发生变化。但是现实经济生活中汇率演变的客观事实表明，各国的实际汇率都在经常发生变化，20 世纪 80 年代中期，各国对布雷顿森林体系解体后汇率走势的实证研究表明，购买力平价对于多数货币并不适用，在其后的一段时间里，购买力平价理论陷入了困境。但 20 世纪 90 年代以来随着计量经济学的发展和数据样本的增加，国际经济学界对于购买力平价的应用研究又掀高潮，学者们不断利用新的计量方法重新检验其适用性，研究的内容也极大地突破了传统的购买力平价理论，购买力平价理论又一次被学术界所重视。

一、传统的购买力平价理论

传统的购买力平价理论认为，汇率是由两国货币的相对购买力，即物价水平决定的。购买力平价理论有两种形式：绝对购买力平价和相对购买力平价。

（一）绝对购买力平价

该理论认为一国货币的对外汇率主要是由两国货币在其本国所具有的购买力决定的，两种货币购买力之比决定了两国货币的兑换比率，即：

$$E = P/P^* \tag{1.1}$$

式中 E 为名义汇率，是以本币表示的单位外币，即直接标价法。P 和 P^* 分别表示本国和外国的综合物价水平。P 和 P^* 应包含相同的商品，且各种商品在价格水平的测算中应有相同的权重。由于各国经济发展水平、经济结构、消费结构差异巨大，两种价格水平的测算难度很大，因此实证研究中很难获得准确的数据。

（二）相对购买力平价

相对购买力平价认为：在一定时间内，汇率的变动与同一时期的两国价格水平的变动成比例，即：

$$\frac{E_t}{E_0} = \frac{P_t/P_0}{P_t^*/P_0^*} = \frac{PI_t}{PI_t^*} \tag{1.2}$$

式中 E_t 和 E_0 分别表示 t 期和基期的名义汇率，PI_t 和 PI_t^* 分别表示本国和外国的物价指数。

值得注意的是无论是绝对购买力平价还是相对购买力平价，从其基本理论来看，名义汇率通过物价水平调整之后形成实际汇率，而且实际汇率为1，反映了购买力平价理论的逻辑是单一价格规律的原理，而单一价格是通过套利者的套利行为来实现的。

在套利行为推动市场价格趋于一致的推理过程中，该理论隐含以下假设前提：（1）所有商品都是可贸易的。在购买力平价理论中所有市场的商品和劳务的价格是单一的，这是通过套利者的套利行为实现的，套利者在低价市场买进商品和劳务并在高价市场上售出，这一过程的实质就是商品交易的过程。但是购买力平价理论并不是针对某一或者某部分商品和劳务，而是针对所有的商品和劳务，所以，该理论要求所有的商品都是可以自由贸易的。（2）商品贸易的条件相同，并且没有外汇管制。国际间的套利行为涉及国际贸易领域，有些国家为了保护本国产业的发展通常使用关税和进口配额等形式来限制进口；出口国也常使用出口退税等形式补贴出口商，以增强本国产品在国际市场的竞争力。这些贸易条件的差异，扭曲了进出口商品和劳务的价格，同时也限制了套利的动机和行为。贸易条件相同的假设，排除了这些贸易条件的差异而破坏该理论成立的可能性。购买力平价理论前提之一是浮动汇率制，国家外汇管制也直接扭曲了购买力平价理论的逻辑基础，比如，自1994年以来，中国实施的是有管理的浮动汇率制，但人民币汇率浮动的范围仍然十分有限，汇率波动很大程度上由金融当局把握，外汇市场具有很强的垄断性。在这一汇率体制下，套利者面临受政策管制的汇率风险。所以，没有外汇管制也是购买力平价理论中必不可少的前提条件。（3）没有交易费用，并且信息是完全的。购买力平价理论忽略了套利行为过程中产生的交易费用和信息不完全等问题。如果现实中套利者利用不同市场定价差异的信息进行套利活动并获取差价收益的同时需要支付交易费用，那么交易费用增加了市场的摩擦。如果套利者从套利活动中获得的收益无法弥补交易费用，就不存在套利动机，套利行为终止，价格差异就继续存在。这就否定了单一价格规律，因此购买力平价理论隐含了没有交易费用的假设。另外，如果套利者要支付一定成本来获取关于市场价差的信息的话，信息搜索成本也会增加市场的摩擦，进一步减少套利收益的可能性而限制套利行为。因此，购买力平价理论也必须隐含信息完全的假设。（4）不同国家的同一种商品和劳务是可以完全替代的。消费者对同一种商品和劳务往往有不同的偏好，如果消费者偏爱的是德国啤酒而不是其他国家生产的啤酒，那么对德国啤酒就会有更高的支付意愿。尽管市场上存在价格差，也没有有利的套利机会，因为消费者并不认为这两种商品是相同的，为了简化具体情况，购买力平价理论隐含了"可以完全替代"假设。由此可见，购买力平价理论的假设条件是相当苛刻的。

（三）传统的购买力平价理论测算均衡汇率的基本思路

基于购买力平价的均衡汇率实证模型（Theodore and Hinkle，1999）的基本思路是：如果实际汇率是平稳时间序列，长期均衡汇率可以通过相对购买力平价的方法计算。实际上，实际汇率概念最初的主要用途就是用于分析汇率是否处于均衡水平。相对购买力平价法测算均衡汇率的关键是确定基期水平，因为基期水平上的实际汇率必须保持在均衡汇率水平上。在此基础上，通过相对价格变化对基期实际汇率的调整得到以后的实际汇率。将后来的各期实际汇率与基期的实际汇率相比较，就可以判断实际汇率是否维持在均衡水平上。这类模型更详细的测算方法参见 Ahlers 和 Hinkle（1999）。

显然，这种测算方法的前提假定为均衡汇率是固定不变的。如果均衡汇率不是平稳的时间序列，或者说经济基本面的变化使均衡汇率发生根本性的变化，均衡汇率就不再是固定的，这样就不能通过将以后各期的实际汇率与基期的实际汇率的比较判断汇率是否平衡。然而，现实经济中均衡汇率既非平稳的时间序列，经济基本面的变化又会引致均衡汇率的移动，因此以购买力平价为基础对均衡汇率的测算就难以用来作为判断汇率失衡的依据。

二、购买力平价理论的新进展

随着时间序列分析方法的应用，特别是协整理论在实证研究中的推广，相对购买力平价的表示形式近年来有了很大改进，有的甚至超越了购买力平价理论的范畴。按照限定条件由严到松主要有三种表示形式：

（一）购买力平价的单变量形式

对式（1.2）两边取对数，并进一步变换得到：

$$E_t - PI_t - PI_t^* = E_0 \qquad (1.3)$$

考虑到运输成本等交易费用和物价指数存在误差等因素，可允许等式右边为任一常数，可以不等于基期名义汇率。近来，越来越多的人又倾向于进一步放松上述条件，变为检验单变量 Q_t 的平稳性：

$$Q_t = E_t - PI_t + PI_t^* \qquad (1.4)$$

虽然方程（1.4）相对于传统的购买力平价理论有所突破，但是由于它一方面要求国内外相对价格与汇率成比例，另一方面又要求国内外物价指数对称，仍然是一种较为严格的购买力平价形式，因此，它仍然没有完全脱离传统购买力平价理论。

（二）购买力平价的两变量形式

购买力平价的第二种表示形式为：

$$E_t = \alpha + \beta(PI_t - PI_t^*) + \mu_t \qquad (1.5)$$

这种形式实际上是要检验名义汇率变量与两国通货膨胀率之差这一变量之间是否存在着某种稳定的线性关系。这种形式不再要求国内外相对价格与汇率变动成比例，而只限定国内、国外物价指数相对称，因而较单变量形式又更进一步放松。

（三）购买力平价的三变量形式

购买力平价的第三种表示形式为：

$$E_t = \alpha + \beta_1 PI_t - \beta_2 PI_t^* + \mu_t \qquad (1.6)$$

这种形式实质上是要检验名义汇率、国内物价指数和国外物价指数三个变量之间是否存在某种稳定的线性关系。这种形式既不要求国内外相对价格与汇率变动成比例，也不限定国内、国外物价指数对称，因此最为宽松。

Kim（1990）、Grrilli 和 Kaminsk（1991）、Cheung 和 Lai（1993）、Liu（1993）分别用上述三种检验形式对购买力平价理论进行了检验，并在不同程度上宣称证明了购买力平价理论。但是实际上他们检验的只是购买力平价的弱化形式，它们一般不检验系数的对称性、比例性，不再要求实际汇率是一个固定不变的常数而只要求是平稳序列，并将购买力平价限制到仅在长期成立。另外，在检验 E_t，PI_t，PI_t^* 之间的协整关系时，所用的物价指数都是实际观测到的数据，并没有考虑这些现实的物价是否是均衡的、可持续的，因此，购买力平价理论并没有区分"现实均衡"和"可持续均衡"，这也是它的缺点。张晓朴（2001）运用单位根检验、协整检验等方法对人民币官方名义汇率和外汇调剂市场加权汇率是否符合购买力平价分别进行了检验，结果表明，购买力平价理论不适用于改革开放以来人民币汇率的变动实际，人民币汇率的变动可能受到某些非货币的实际因素影响。同时，即使假定传统的购买力平价理论在超长期适用于人民币汇率，是一种确定超长期均衡汇率的有效方式，但是，超长期有效对于选择合理的汇率政策是不够的，当基本经济要素在中长期驱使均衡的实际汇率发生变化时，甚至会造成政策误导的严重后果。由于基于购买力平价理论的诸多缺陷，这种测算方法没有再进一步的研究。

第二节 局部均衡框架下的均衡汇率决定理论

　　局部均衡框架下的均衡汇率决定理论将均衡汇率的研究与宏观经济联系起来，不再像购买力平价理论那样局限于货币因素，它至今还被国际货币基金组织、国际经济研究所等诸多国际组织广泛采用。它的主要测算方法包括基于进出口贸易方程计算的国际收支均衡和货币主义的外汇市场出清均衡。前者的基本思路是：先确定实际汇率与贸易余额的数量关系，然后利用储蓄—投资缺口或可持续资本流入规模确定目标贸易余额值，在此基础上剔除周期因素、政策因素等影响后得到与均衡汇率相一致的基期贸易余额值，最后确定均衡汇率水平。由于经济结构的差异，在确定贸易余额和实际汇率数量关系的时候有两种不同的计算框架，针对发达国家的往往采取需求导向的蒙代尔—弗莱明模型，针对发展中国家往往采取供给导向的三产品模型。更详细的测算方法参见 Ahlers 和 Hinkle（1999）。而后者的基本思路是将汇率视为货币的价格，均衡汇率为外汇市场供需力量的对比，即计算外汇市场的出清价格。对均衡实际汇率估计的局部均衡方法是基于蒙代尔—弗莱明模型对经常账户的设定：

$$CA = RB(RER, Y, Y_{f...}) + rD \tag{1.7}$$

　　式（1.7）中 CA 表示国际收支的经常账户，RB 表示资源余额函数，D 是本国的净国际负债余额，r 是本国支付国际净外债的平均利率，Y、Y_f 分别是本国和外国的国民收入。在经济实现内部均衡的条件下，Y、Y_f 将分别达到充分就业下的本国和外国的国民收入，即：

$Y = Y^*$，$Y_f = Y_f^*$；当经济实现外部均衡时，经常账户余额必须等于可持续维持的资本账户净流入的价值，即 $CA = CA^*$，这样（1.8）式就是内生决定了均衡实际汇率的水平。

$$CA^* = RB(RER, Y^*, Y_{f...}^*) + rD \qquad (1.8)$$

这种局部均衡的方法有一定的局限性，例如如何确定充分就业下的产出水平，因为潜在产出增长率是外生给定的，如何确定可持续的净资本流入，如何保证潜在产出水平与可持续的资本流入水平是互相一致的等。

基础要素均衡汇率理论（Fundamental Equilibrium Exchange Rate，FEER）是局部均衡框架下很有影响力的一种汇率理论，它由 John Williamson 于 1985 年系统提出。该均衡理论之所以被称为"基础要素"均衡理论，在于它不考虑短期因素而强调中长期经济基础影响因素。确切地说，它只是一种汇率的计算方法，而非汇率决定理论。它是由宏观经济均衡的基本思想直接推导出来的。宏观经济均衡的核心是经常项目和资本项目之间的恒等关系：

$$CA = -KA \qquad (1.9)$$

一般认为，决定经常项目（恒等式（1.9）左边）的因素主要包括国内总产出 Y_d、国外总产出 Y_f 和实际汇率 q 等。在这里，我们内含假设实际汇率 q 会逐渐收敛于 FEER，与 FEER 相对应的经济处于稳定均衡状态，因此经常项目均衡可以表示为上述因素在充分就业水平下的线性函数，而资本项目（恒等式（1.9）右边）均衡可以表示为可持续的资本净流入（KA），因此（1.9）式可以改写成：

$$CA = b_0 + b_1 FEER + b_2 \overline{y_d} + b_3 \overline{y_f} = -\overline{KA} \qquad (1.10)$$

得到：

$$FEER = (-\overline{KA} - b_0 - b_2\,\overline{y_d} - b_3\,\overline{y_f})/b_1 \qquad (1.11)$$

根据式（1.11）来计算 $FEER$ 时，需要对大量的参数进行估计和判断：（1）经常项目模型；（2）本国和主要贸易伙伴国的潜在产出；（3）资本项目的均衡值（或经常项目均衡值的负数）。对于经常项目模型和潜在产出无论在概念上还是计算方法上都已经很明确，但资本项目均衡值的确定还很值得研究。长期以来，对资本项目均衡值的确定都带有很大的主观性，直到1996 年，Faruqee 等人才部分解决了资本项目均衡估算中存在的问题，其方法的核心是将资本项目均衡视为充分就业条件下所需要的储蓄和投资之差，即 $-\overline{KA} = \overline{S} - \overline{I}$，储蓄和投资在充分就业条件下的水平通过一个关于实际产出与潜在产出的差距、财政赤字等变量的函数得到。这种方法基本上不需依靠主观的判断，为测算均衡的资本项目提供了一种客观可行的方法。

但基础要素均衡汇率理论也具有明显的缺陷：（1）尽管 FEER 方法摆脱了短期的周期性条件和临时因素，把注意力集中到基本经济要素上。这里的基本经济要素指那些可能在中期持续起作用的经济条件和经济变量，但在实际经济生活中，这些均衡的经济条件可能是永远不能实现的理想结果。（2）FEER 方法测算出来的均衡是一种流量均衡，它没有考虑长期的存量均衡，因而在此意义上它是一种中期的均衡。（3）基础要素均衡汇率理论基本上是一个递推理论，即国内及国外产出与本国的资本账户余额独立于实际汇率。换句话说，国内及国外产出与本国的账户受到经常账户的决定，却不对经常账户产生任何反馈作用。这一点与现实不太吻合。（4）FEER 只是局部均衡方法，如同 Swan 的宏观经济均衡分析方法，没有考虑到货币市场与资产市场的均衡，因而分析也是不完备的。总之，基础要素均衡汇率理论虽然是一种比较理想的估算均衡汇率的方法，但在实际运用中却需要建立许多宏观经济均衡模型，对大量的参数进行估计，所以对经济数据完备而详尽的发达国家和地区而言是一种可行的估算均衡汇率的方法，而对发展中国家而言却正好相反。

局部均衡框架下的均衡汇率实证模型的主要优点是不再受购买力平价理论中均衡汇率保持不变假定的约束。该理论的主要缺陷在于侧重于外部均衡，根本没有涉及非贸易品市场等内部均衡，因此其均衡概念相对于一般均衡分析框架下的均衡概念是欠缺的。另外，在利用该方法测算均衡汇率时也存在一定难度，比如在使用进出口贸易方程计算时，要准确估计贸易余额和实际汇率的数量关系、确定合理的目标贸易余额、找到均衡的贸易余额基期水平都非常困难。因此，正是因为以上缺陷，限制了局部均衡框架下均衡汇率决定理论在实际测算中的广泛运用。

第三节　一般均衡框架下的均衡汇率决定理论

一般均衡框架下的均衡汇率决定理论克服了局部均衡只注重外部均衡的缺陷，明确将均衡汇率定义为与宏观经济内外部均衡相一致的汇率，在一般均衡框架中定义均衡汇率水平的决定因素和决定机制，表明对均衡汇率的研究又前进了一大步。

一、一般均衡框架下的均衡汇率定义

一般均衡框架下的均衡汇率研究的启蒙者是凯恩斯，早在1932年凯恩斯在其著作《货币改革论》里就明确区分了价格稳定和汇率稳定，价格稳定对应着内部稳定，而汇率稳定对应着外部稳定，这种划分是后来内、外部均衡的雏形；他将价格的重要性置于汇率稳定之上。

1935 年凯恩斯首先对汇率均衡给出了明确的定义，他指出，均衡汇率应该固定或保持在某一水平，并且在今后若干年内要能够满足三方面的条件：（1）在国内外现有的自然资源、设备、技术成本以及正常的就业水平和关税条件下，国际收支在一定时期内不会受到不适当的压力；（2）该国对外国国际借贷的意愿和能力不会受到不适当的压力；（3）没有黄金的大量外流，这种均衡汇率成立的前提是基本经济条件在一定时期内保持不变，即没有根本的结构性变动。

1945 年，美国经济学家 Nurkse 在凯恩斯定义的基础上给出了均衡汇率更简洁的定义，即均衡汇率是在一定时期内使国际收支维持均衡而不引起国际储备净额变动的汇率。但其前提是：（1）贸易不应受到过分限制；（2）对资本的流入、流出无任何特别的鼓励措施；（3）无过度的失业。换言之，国际收支的均衡是在适当的政策和内在经济条件下实现的，而不应通过扭曲的政策或不可持续的资源利用率来实现。

凯恩斯和 Nurkse 对均衡汇率的定义基本上是一致的。这表现在三个方面：（1）都强调不受干预的基本经济条件；（2）都强调长期的资本流入和流出，并且都明确地将短期资本流动排除在外；（3）分析的重点都是国际收支，也都是流量决定理论。侧重于流量分析是均衡汇率理论的显著特点，它贯穿着均衡汇率理论的整个发展过程。两者也有差异，主要体现在他们对内部均衡的重视程度不同。Nurkse 似乎更重视内部均衡，甚至提出了具体的判断标准，即失业。尽管凯恩斯也并非完全不考虑内部均衡，但他只是在均衡汇率的前提中提到"正常的就业水平"。

Nurkse 的定义已经初步体现了内部均衡和外部均衡同时实现的思想，随后国际货币基金组织的汇率专家 Swan 对 Nurkse 的思想进行了发展，于 1963 年提出了汇率的宏观经济均衡分析法（一般均衡分析法），此后国际货币基金组织的有关专家对其不断完善，使该方法成为研究均衡汇率的重要理论依据。

汇率的宏观经济均衡分析方法（一般均衡分析法）把均衡汇率定义为在中期内同时实现内部均衡和外部均衡的汇率。内部均衡通常指实现了经济的潜在生产能力，或者说经济的产出水平同充分就业（特别是失业水平与非加速通货膨胀相适应）、低而可持续的通货膨胀率是一致的；外部均衡通常指经常项目和资本项目实现均衡，或者说实现了内部均衡的国家间可持续的、所需要的资源净流动。作为一种分析方法，它不但给出了均衡汇率实现的条件，还可以用来判断内部失衡和外部失衡的性质以及失衡的原因，并据此采取相应的政策措施，这就是宏观经济均衡分析法。在二维空间中，斯旺分别以产出和经常账户代表内外部均衡，两条曲线的交点决定了均衡汇率的具体水平，同时划分了四个象限，不同的象限中失衡的性质也不同，这就是著名的斯旺图（见图 1-1）：

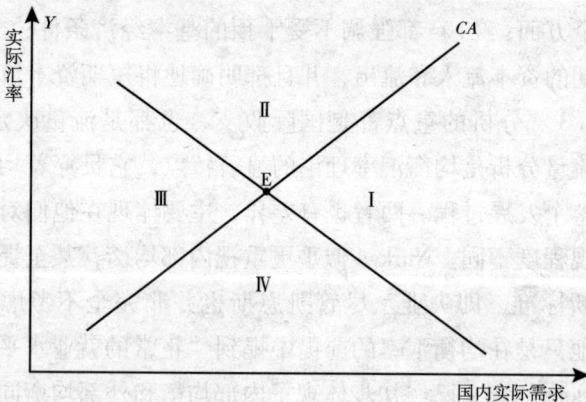

图 1-1　斯旺图

如图 1-1 所示，内部均衡在图中用向上倾斜的直线 Y 表示，直线 Y 上的点代表了在充分就业条件下所有实际汇率和实际国内需求的组合。由于当实际汇率升值时，更多的国内需求从国内产品转向进口产品，同时外国对本国出口产品的需求减少，为了实现同等水平的经济产出，就需要更多的国内需求支持，因此直线 Y 向上倾斜。直线 Y 右边的点表示实际经济产出超出了潜在生产能力，其高出的国内需求可以通过国内产出（象限Ⅳ）或进口（象限Ⅰ）来满足；直线 Y 左边的点（象限Ⅱ和象限Ⅲ）表示了实际产出低于潜在生产能力。直线 CA 代表经济的外部均衡，CA 上的点表示经常项目均衡时汇率和国内需求的组合。当国内需求扩大时，经常项目恶化，为了保持外部均衡就需要进行贬值，因此直线 CA 向下倾斜。CA 右边的点表明实际汇率高出实现外部均衡所要求的汇率水平，因此经常项目逆差；CA 左边的点表明经常项目顺差。

上述两条直线的交点 E 决定了相应的实际汇率 R，这一汇率水平同内外均衡以及实现经济预定目标的宏观经济政策都保持一致，因而是均衡汇率。而四种类型的非均衡则是：

1. 象限Ⅰ反映了实际产出超出潜在生产能力，经常项目逆差。这种通货膨胀压力和经常项目逆差共存的现象可能是由于如实行扩张性财政政策等引起的国内需求上升。为了改变总需求，需要采取汇率贬值的方法，并辅之以紧缩性的财政政策（称之为支出变更政策）。

2. 象限Ⅲ反映了同象限Ⅰ相反的情况，即生产不足，经常项目顺差。这是处于经济衰退期国家的典型处境，其对策是刺激国内需求。

3. 象限Ⅱ反映的是由于汇率高估而引起的生产不足和经常项目赤字，1985 年美国经济就是处于这一象限。相应的对策是改变汇率以恢复本国产品的竞争性，并适当放松银根。

4. 象限Ⅳ反映了由于汇率的过度贬值而带来的通货膨胀压力和经常项目顺差。高出均衡水平的国内需求正在由国内产出来满足，汇率的升值将带来支出转化效应，即改变需求的方向（从国内产品转向进口产品）。

概括而言，当经济偏离均衡点 E 时，需要对内部政策（含财政政策）和汇率政策进行适当调整，以使经济重新趋于内外均衡。其中，由于内部政策改变了经济产出的水平。被称之为支出变更政策，而汇率调整被称之为支出转换政策，它改变了需求的方向，使需求从本国产品转向进口，或从进口转向本国产品。可以看出，汇率政策对于经济实现内外均衡具有不容忽视的作用。

Swan 的研究将均衡汇率理论向前推进了一大步：第一，Swan 明确区分了内外部均衡，并分别以一国的潜在生产能力和国际收支均衡作为判断标准；第二，将它发展成为一种分析方法，拓宽了凯恩斯宏观经济分析方法的应用领域；第三，划分了不同类型的失衡，加深了对失衡类型和性质的认识，这是财政选择和政策搭配的前提和必要条件。

但是 Swan 的分析也有明显的缺陷：（1）Swan 的模型是一个静态模型，Swan 本人和后人都没有进一步分析不同开放程度下汇率变动会引起内部均衡曲线和外部均衡曲线发生什么方向的变动以及新的内外均衡交点怎么达到。（2）Swan 的均衡理论没有涉及货币、资本市场，不能分析货币与资产的选择与配置过程，因而 Swan 的理论在内容上是不完备的。（3）尽管在对内外部均衡的定义中，Swan 强调外部均衡是国际收支的均衡，但是在实际处理的过程中，却明显偏向于以经常账户代替国际收支，而没有对资本账户展开分析。（4）由于 Swan 的均衡汇率理论只对均衡汇率理论进行定性分析，因而实际操作性不强，不具备政策可行性分析。（5）在 Swan 的模型中，两个变量分别是汇率和国内支出，而国内支出又可以用货币供应量、利率、财政支出、税收等来代表，具有不确定性。

二、一般均衡框架下均衡汇率决定理论的测算方法

一般均衡框架下的均衡汇率决定理论测算均衡汇率的主要步骤是首先建立一般均衡的分析框架，定义均衡汇率水平的决定因素和决定机制，然后从一般均衡的框架中计算相应的均衡汇率。这一方法已被国际组织所普遍采用。目前比较流行的一般均衡框架下的均衡汇率实证模型主要有两大类，一种是 DLR 模型，一种是大型宏观结构计量模型。DLR 模型相对简单，由少数方程联立，关键在于需求替代弹性和供给转移弹性以及资本账户流动的可持续性，但是对中国的适用性存在问题。国内学者卜永祥（Bu and Tyers，2001）曾利用 DLR 模型做过人民币均衡汇率研究。大型宏观结构计量模型利用反映各个部门以及国家之间经济关系的联立方程组计算均衡汇率，实证考察宏观系统各子系统之间的关联、冲击的传递等，国际经济研究所的 Williamson（1994）利用六个多国模型计算的要素均衡汇率水平（FEER）、国际货币基金组织的 Bayoumi 等（1994）利用基金组织的 Multimod 模型计算意愿均衡汇率（DEER）都属于这类模型。利用结构性大型计量模型计算得到的均衡汇率主要针对发达国家。Hague 和 Montiel（1999）针对发展中国家设计了发展中国家的结构性一般均衡模型（HLM 模型）。目前还没有看到利用大型结构模型测算人民币均衡汇率的实证研究。

利用大型宏观结构模型测算均衡汇率的主要缺陷在于模型往往涉及太多方程，而这些方程的设定和准确估计都有相当难度，模型对数据的要求也相对较高。另外，困难还在于合理地确定和均衡汇率相一致的内部和外部均衡。当然，如果模型的设定非常

贴近经济现实的动态演变路径，同时方程估计也非常准确，一般均衡框架下的均衡汇率实证模型可以更广泛地解释不同经济部门和国家之间的联系，同时也能带来更多的政策含义。

三、自然均衡汇率理论模型（NATREX）

自然均衡汇率理论模型（Natural Real Exchange，缩写为NATREX）是一般均衡框架下很有影响力的一种汇率理论。该理论是斯坦（Stein）于 1994 年为回答美元汇率失调以及美国经常账户赤字原因而系统性提出的均衡汇率理论研究框架之后，斯坦本人及其门徒对该理论作了进一步的发展。其基本含义是：在不考虑周期性因素，投机资本流动和国际储备变动的情况下，由实际基本经济因素决定的能够使国际收支实现均衡的中期的实际均衡汇率。该理论主要是经验的解释在节俭和生产力等基本要素实际变量决定的情况下，实际汇率的中长期的运动。

该理论的基本观点是：（1）实际汇率的变动趋势能够被生产力和节俭程度这样的基本因素来解释；（2）自然均衡汇率是同外生的和内生的基本经济因素持续变化相一致的移动均衡实际汇率，现实的实际汇率不断地对移动均衡实际汇率进行调节；（3）借用外债对自然均衡汇率的长期影响取决于借用外债是用于消费还是净投资，假如借用外债是用于消费则实际汇率会出现由升值到逐渐贬值的结果，如果借用外债是用于生产性投资则实际汇率会出现由升值到逐渐贬值再升值的结果；（4）改善经常账户的最有效的方式是改变投资和储蓄的差额，而不是通过货币和贸易政策来改变贸易品的需求和供给。

NATREX 方法是一类模型族，具体的 NATREX 模型依赖如下特征：相对于贸易伙伴国的可贸易商品和资产的经济规模，外国的商品和资产的供求弹性，以及在商品间、资产间、国家间和国内的可替代性。依据这些特征，NATREX 模型可以被细分为资产市场型和货币型两大类。针对不同的国家，NATREX 模型有不同的特征。但是，它们的共同特征是主要集中考察：中长期均衡汇率；投资、储蓄和长期净资本流动的变化，以及所有这些变化引起的物质资本、财富和净外债等存量的变化；上述变化对移动均衡实际汇率的影响等。NATREX 模型的核心是理性和最优化行为决定均衡实际汇率的一组一般均衡汇率模型族，这些模型为经验研究提供了较逻辑的经济判断。在 NATREX 方法提出之前，一般的汇率决定理论很少能够成功地解释名义汇率地波动，特别是无法解释 20 世纪 80 年代美元的名义汇率和实际汇率先升值后贬值的原因。

NATREX 模型对此有较好的解释力。斯坦检验了美国和 G - 10 国的汇率情况，它们的变化与基本经济因素变化情况一致，所做的预测也与实际拟合得很好。林（Guay Lin）和斯坦研究了相对小国，实际基本因素也较好地解释了实际汇率的变化。克鲁伊和马克研究了德国和法国这样的中等经济规模国家，它们不能够影响国际利率，但可以影响贸易价格和贸易结构。结果证明，实际有效汇率的变化和基本因素变化是一致的，但是其调节的速度比浮动汇率条件下相对要慢。最后，还需要指出的是，NATREX 是一个实证而非规范性的概念，它是在现有的经济政策基础上论述由实际基本因素决定的汇率，不涉及社会福利问题。这是 NATREX 不同于 FEER 概念的地方。在 FEER 模型中，实际均衡汇率是按潜在产出测度的经常项目和意愿的资本流一致时的汇率，这里意愿的资本流没有被公共政策所扭曲。这种规范性要求是两者之间的主要差异。当然，必要时也可以将最优政策反映到 NATREX 模型中来。另外，NATREX 模型具备考虑存量均衡条件所要求的特征，这也是它不同于 FEER 模型的地方。从实证分析结果看，NATREX 模型具有较好的解释力。

第四节 简约一般均衡框架下的
均衡汇率决定理论

简约一般均衡框架下的均衡汇率决定理论延续了一般均衡的分析框架，将均衡汇率定义为同时达到内部均衡和外部均衡时的汇率水平。同时它得益于当前经济计量学中协整技术的推广，利用单方程协整模型来估计均衡汇率，因此与一般均衡框架下的均衡汇率实证模型比较，它涉及的方程少，计算方法相对简单，不仅减少了工作量，而且还提高了估计的可靠性。

简约一般均衡汇率决定理论的基本思路是：中长期均衡汇率仅由一系列基本经济要素决定，不受名义变量等短期经济因素的干扰；均衡汇率与基本经济要素之间存在着长期均衡关系，利用协整技术可以发掘基本经济要素与均衡汇率之间的数量关系，运用协整方程中对系数的估计，再对方程中的基本经济要素提取长期可持续值，即可估算中长期均衡汇率水平，并以此判断汇率失调的程度。利用单方程协整模型测算均衡汇率的主要步骤是：首先，确立适合国情的均衡汇率模型并明确相应的实证模型。第二，估计相应的实证模型，包括检验数据平稳性、确定协整阶数，估计协整方程系数等。第三，估计一系列基本面因素的长期均衡值，并根据协整方程中得到的系数计算均衡汇率值。

行为均衡汇率（Behavioral Equilibrium Exchange Rate，缩写为 BEER）由彼得·B. 克拉克和罗纳德·麦克唐纳德（Peter B. Clark and Ronald MacDonald，1999）等人在有关文献中提出并应用，它主要是针对基本要素均衡汇率模型（FEER）没有体现影

响汇率实际行为的变量效应的不足而提出来的。根据前面的分析
得出：FEER 方法计算的均衡汇率概念是在国民经济实现充分就
业的前提下，经常项目与可持续的资本流动相一致时的汇率。可
是在许多情况下，计算没有体现影响汇率实际行为的变量效应。
在 FEER 方法下，只要内外均衡位置不受扰动，汇率就保持不
变。但是在行为意义上，汇率是否均衡不是很清楚，即它是否反
映中期决定汇率因素的效果并不清楚。BEER 方法试图克服这方
面的局限性，它包含了实际有效汇率行为的直接的经济计量分
析。从方法论的角度来讲，BEER 方法是一种模型策略，它试图
解释在相关经济变量条件下汇率的实际行为，这也是麦克唐纳德
等人将其称为行为汇率的原因。在 BEER 方法中，均衡的相关概
念是由一套适当的解释变量给出的，而不是像 FEER 方法用宏观
经济均衡作为评价现实汇率相关的均衡概念，所以，BEER 方法
的特点是在模型中嵌入一些在汇率和其决定因素之间的系统行为
联系的变量。

　　BEER 法运用近年来计量经济学发展起来的协整（co-
integration）技术，从传统意义上发现实际汇率和各种中长期汇
率决定因素之间的协整关系，以此作为确定均衡实际汇率和评估
汇率是否失调的基础。BEER 方法的特征是利用简约模型代替
FEER 来估计均衡汇率。该简约模型的核心是将现实的实际有效
汇率解释为具有长期持续效应的经济基本因素向量、中期影响实
际汇率的基本因素向量、短期影响实际汇率的暂时性因素向量和
随机扰动项的函数。因此在任何时期，总的汇率失调可以被分解
为短期暂时性因素效应、随机扰动效应和基本经济因素偏离其可
持续水平程度效应三个方面。可见，行为均衡汇率方法既可用于
测算均衡汇率，又可以原则上用于解释现实汇率的周期性变动。
　　在实际的经济计量分析中，长期汇率模型起始于类似风险

调节利率平价条件，即现实均衡汇率由实际汇率的预期、国内外实际利率差异和风险贴水三个部分决定。假设风险贴水的时间差异是国内外政府债务相对供给的函数，那么相对外债的内债相对供给的明显增加将增加国内的风险贴水，因而要求现实均衡实际汇率贬值，引起长期均衡汇率并假设它具有不确定性汇率的预期。因此，综合上述分析可以得出，行为均衡汇率是国内外实际利率差异、国内外政府债务相对供给、贸易条件、巴拉塞—萨缪尔森效应和净外国资产等变量函数的简约模型。克拉克和麦克唐纳德利用上述的简约模型对美元兑德国马克和日元的实际有效汇率进行了实证分析，结果表明 BEER 具有很好的解释力。

但是 BEER 方法也有其不足之处，它没有直接地考虑内外平衡问题。从理论上来讲，基本经济因素的值能够被调节到充分就业和较低通货膨胀水平，即可以通过调节使内部达到平衡。相对来说，对外部平衡没有明显的相对调节方法。出现这种情况有两个方面的原因：一是该模型假定以非抵补利率平价为基础，所以不可能对外部不平衡融资进行有效地限制；二是模型体现了这样地调节机制，也就是说它产生了同政府债务水平和净外国资产相适应的实际汇率的均衡变化，以便实现外部平衡，至少从长期来看是这样。不过，由于 BEER 方法包括了实际有效汇率行为的直接的经济计量分析，它试图解释在相关经济变量条件下汇率的实际行为，因而提供了较好的计算方法和解释性例子。

简约一般均衡框架下的单方程协整模型是均衡汇率实证模型的最新进展。单方程协整实证汇率模型不再保持均衡汇率一成不变的假定，认为均衡汇率内生于经济当中，在中长期内被一系列经济基本面因素决定，这是它相对于购买力平价方法计算均衡汇率相对优越的地方。和局部均衡的均衡汇率实证模型比较，它在一般均衡框架内讨论均衡汇率决定，同时计算方法相对简单。和一般均衡框架下的均衡汇率实证模型比较，它涉及的方程较少，这不仅减少了工作量，同时还提高了估计的可靠性。许多实证研究表明，利用单方程模型计算得出的均衡汇率往往更能经得起历史经验检验。单方程协整汇率模型尽管具有以上优势，但并不意味着它完全超越了其他均衡汇率模型。由于是单方程估计，研究者往往无法判别汇率失调的原因，其政策含义和那些结构性的均衡汇率实证模型相比大大降低。

中国社会科学院国际金融研究中心课题组最近的研究采取的是一般简约均衡的汇率计算方法。均衡汇率是一个中长期的概念，而不是短期的概念。简约一般均衡模型的核心含义就是测算一系列影响均衡汇率的中长期的真实因素及其长期参数关系，并由参数关系计算均衡汇率。这项研究主要借鉴 Baffes（1999）的框架，考虑到中国 FDI 对均衡汇率的影响，对其进行了修改。国内均衡考虑的是非贸易品市场的均衡，国外均衡指中长期自主性国际收支为零。目前中国的情况是 FDI 加贸易余额加短期资本流动为零，根据内部均衡和外部均衡的定义发掘一系列变量，包括四个方面：国内供给方是巴拉萨—萨缪尔森效应、国内需求方是国内投资占国内 GDP 的比例、政策方面就是贸易开放度和贸易扭曲政策以及外部影响，主要是考虑国际市场需求。根据这四个变量选取了一系列变量，巴拉萨—萨缪尔森效应选取的是中国制造业的人均 GDP 比美日德加权的人均 GDP，然后采取一个滞后的加权平均，作为巴拉萨—萨缪尔森效应的代理变量；国内投资比率用的是不变价格投资额比不变价格 GDP；贸易开放度采取的是不变价格的进出口额与 GDP 的比率；贸易条件也是以不变价格的进出口指数来衡量。

第五节 人民币均衡汇率研究

一、国外学者采用购买力平价研究人民币均衡汇率

Chou 和 Shih（1998）以购买力平价理论为基础建立了一个模型，测算出人民币实际汇率，并以此作为人民币均衡汇率考察名义汇率偏离的程度。海塞尼和瑞德莱特（Hussain and Radelet，2000）利用中国贸易伙伴的批发物价和中国的消费价格指数之比得到中国的均衡实际汇率指数。张和绍依据购买力平价理论测算人民币均衡汇率，结论是：2001 年和 2003 年人民币兑美元汇率分别被低估了 20.1% 和 22.5%，显然人民币处在被低估的状态，无论从外部还是从内部因素考虑，中国都可以从货币升值中得到好处。对于购买力平价理论在人民币均衡汇率测算中的运用，国内学者们持有不同的看法。一部分学者认为这种方法仍可取。俞乔（2000）、窦祥胜和杨析用 PPP 方法研究人民币均衡实际汇率，研究结论是人民币没有被低估或轻度低估。陈学彬运用相对购买力平价原理，将实际汇率定义为 $r_t = r_{t-1} \cdot \dfrac{I_t^*}{I_t}$，其中 I_t，I_t^* 分别为本国和对比国计算期内的一般价格指数，r_{t-1} 为基期名义汇率（直接标价法），r_t 为实际汇率。然后将计算期名义汇率与实际汇率对比得出高估或低估的结论。这种方法首先是理论上的错误，计算实际汇率时将价格水平与价格指数混淆，这种术语的描述受到了国内学者俞乔、陈建梁等的质疑。其次，购买力平价本身作为均衡汇率存在一定的问题，它只考虑到商品流动层次而没有考虑到资本流动对汇率的影响，还有就是基期选择的问题。

购买力平价理论是 20 世纪初瑞典的经济学家卡塞尔提出来的，认为在一个完全开放、充分自由贸易和充分有效市场的世界经济环境中，两国货币汇率应该等于两国的商品和服务价格之比，即购买力平价。也就是说，当一国价格水平上涨时，意味着该国货币购买力的下降，货币出现等比例的贬值；当一国的价格水平下降时，意味着该国的货币购买力的上升，货币出现等比例的升值。汇率是购买力平价的无偏估计量，其变动总是收敛于购买力平价。但是，在当今乃至相当长的时期内，贸易壁垒、非贸易品、垄断等在世界经济中普遍存在，而且各国经济发展水平、经济体制以及对外开放程度各不相同，尚没有形成充分自由贸易、充分自由竞争的经济环境。购买力平价理论的前提条件难以满足，购买力平价和汇率所反映的范围和决定因素各不相同，两者很难趋于一致。

事实上，购买力平价理论不仅仅是汇率决定理论，还包含着均衡汇率的思想。购买力平价理论的基本观点就是实际汇率应该保持不变。但是，人们在现实经济中所见的现象与购买力平价理论有区别。实际上，20 世纪的英镑、美元、日元、德国马克等主要货币的实际汇率发生了较大的波动。即用购买力平价方法得出的"均衡汇率"有可能是不均衡的，而它认为是"不均衡"的汇率水平事实上可能是均衡的。均衡汇率应是动态均衡的，并不像购买力平价所描述的那样简单地与物价指数相协调。而且，汇率可能会随着贸易条件、劳动生产率等基本经济要素的变化而发生变化。

二、国内学者通过计量模型回归对人民币均衡汇率的研究

惠晓峰等（1999）运用购买力平价的两变量形式（$e_t = \alpha + \beta(P - P^*) + \mu$，其中 e_t 为本期汇率与基期汇率自然对数的差；P、P^* 分别是中美两国的消费物价指数变动率的对数；μ 为误差

项。）通过计量方法来研究人民币汇率水平。并针对 1994 年的人
民币汇率并轨政策所带来的人民币汇率过度贬值这一现象，采用
政策变量 d（1994 年取值为 1，其余年份为 0）来体现 1994 年的
调整；最后运用 OLS 估计方法对以 1981 年的汇率为基期汇率的
模型进行估计得方程（1.12），说明购买力平价理论在中国是适
用的。

$$e_t = 0.0866 + 1.3850(P - P^*) + 0.1712d \qquad (1.12)$$
$$(11.29) \qquad\qquad (1.413)$$
$$R^2 = 0.937 \qquad F = 89.50 \qquad DW = 1.617$$

张晓朴运用购买力平价三变量形式，$S_t = \alpha + \beta_1 P_t - \beta_2 P_t^*$ 研
究了人民币均衡汇率。分别直接对人民币名义汇率和通过对
1994 年前的官方汇率和调剂市场汇率进行加权，运用 Johansen
极大似然估计方法对三变量形式的协整关系检验后得出，我国
1980—1998 年间的人民币名义汇率和调剂市场加权汇率、中国
消费物价指数、美国消费物价指数存在的对应协整方程中中国消
费物价指数、美国消费物价指数的变化对汇率的影响方向与定性
分析相违背。也就是说三变量形式研究人民币汇率并不适用。他
认为这主要是由于：（1）1994 年以前的人民币汇率制度存在缺
陷，缺乏弹性的汇率制度扭曲了人民币汇率变动与中美物价指数
变动之间的关系；（2）中美两国物价指数所包含的商品及其权
数也相差较大；（3）影响人民币汇率的不仅仅是中美物价指数；
（4）人民币汇率存在 Dornbucsh 的粘性价格模型中所称的"超调
现象"。宛圆渊和胡松明将购买力平价的基础扩展到 $n + 1$ 国家，
希望由其克服传统的购买力平价所固有的两大缺点：（1）两个
国家之间相对购买力的变化很有可能被第三国的变动所抵消，从
而并不能反映到汇率的变动上；（2）购买力平价经常会得出一
国货币对不同国家货币的汇率同时存在高估和低估的矛盾现象而

不能给出政策建议。他们推导得出了人民币汇率购买力平价的一般形式，并认为："人民币长期均衡汇率从总体上看有下降的趋势，使得人民币汇率的长期低估舒缓并向均衡汇率接近，且随着中国经济成长，人民币将成为强势货币。"张晓朴还指出了对购买力平价研究的一些误区，包括：实证研究中混淆了绝对购买力平价和相对购买力平价；在运用最小二乘法检验购买力平价时，忽视了汇率、价格指数序列的非平稳性，造成了所谓的"伪回归"问题；对卡塞尔的传统的购买力平价理论理解不够全面；基期的选择不合理。

20世纪90年代后期，国内部分学者对人民币购买力平价作了一系列修正研究。他们的研究概括起来主要有：一是对购买力平价模型的修正；二是用一系列检验方法对人民币汇率是否适合被购买力平价理论解释进行经验检验。检验人民币汇率是否适合购买力平价有两种方法：一是检验购买力平价计量方程的系数与理论要求是否一致；二是检验实际汇率是否有长期稳定的均值。赵登峰（2004）在对人民币和中美通货膨胀率的关系进行直观的数据分析基础上，运用协整技术对中美两国货币购买力平价关系进行了计量检验。其得出的协整方程表明人民币汇率与中美两国的消费价格指数之间存在着长期均衡关系，协整方程中的系数符号与购买力平价反映的逻辑关系正好一致，当中国物价上升时，人民币相应贬值，而当美国物价上升时，人民币升值。但从协整方程的系数来看，中国消费物价指数对人民币汇率的影响并不显著，购买力平价对人民币汇率变化的解释能力还是存在一定的局限。对检验结果的进一步说明表明购买力平价对人民币的解释能力较弱的原因大致如下：第一，汇率反映的是两国可贸易商品价格的比率，用反映全部商品的消费物价指数来解释汇率的变动，显然存在着一定的缺陷，由于两国的经济发展水平和消费结构不同，两国的消费物价指数所包含的商品及其权数也相差较大，这种价格指数并不严格符合购买力平价理论的要求。第二，汇率变动不仅仅与价格变动有关，还与各年度两国的劳动生产率、利率和资本流动等其他经济变量有关，与一国实行的货币政策、财政政策有关。第三，过去 20 多年间，中国正处于由计划经济体制向市场经济体制的转轨过程中，体制变化的影响远远大于经济变量对人民币汇率的影响。虽然购买力平价解释人民币汇率有一定的局限，但是购买力平价在决定人民币汇率中的基础性作用还是存在的，这主要表现在如下几方面：第一，持续的高通胀最终将迫使人民币名义汇率贬值，1988 年和 1994 年的中国高通胀伴随着人民币的大幅贬值。第二，持续的通货紧缩使人民币面临着较大的升值压力，中国自 1998 年步入了通货紧缩时期，在 2000 年中国走出亚洲金融危机的阴影后，中国的通货膨胀率又持续地低于美国的通货膨胀率，人民币具有一定的升值压力，为国际社会压迫人民币升值提供了一定的口实，2003 年下半年以来，随着中国的消费物价指数不断上升，人民币的升值压力也逐步得以缓解。第三，2003 年以来中国经济步入了新一轮的快速增长期，中国经济出现了局部过热的苗头，中国的非贸易品（房地产及上游产品）价格涨幅高于贸易品价格涨幅，但是中国可贸易品的价格受国际市场价格的约束，价格上涨的空间不大，根据可贸易品购买力平价理论，在未来一段时期内，中国只要不发生较高的通货膨胀，就可以在通胀率略高于美国的情况下保持人民币汇率基本不变。第四，随着中国逐步成为世界制造业的中心，中国贸易品生产率的提高速度将高于发达国家，根据购买力平价理论中的巴拉萨—萨缪尔森定义，人民币汇率在未来较长时期内将存在着升值趋势，这一点可以从日本、韩国和中国台湾的经历中得到证实。

正如前所述，由于购买力本身存在的问题，使得这些建立在购买力平价理论基础上的研究方法仍有不足。

三、借鉴均衡汇率理论，运用模型对人民币均衡汇率的研究

刘莉亚（2002）运用 Edwards 的发展中国家均衡汇率模型对我国人民币均衡汇率进行了研究，经过实证分析，认为我国1995 年至 1999 年间人民币汇率的确有所高估。张晓朴（2001）分别用 Elbadawi 的 ERER 均衡汇率模型和 BEER 模型对我国人民币均衡汇率进行了研究，结果认为由于广义货币 $M2$ 的影响，两者结果略有不同，ERER 模型认为 1995 年以来的人民币均衡汇率较为稳定，而 BEER 模型认为 1995 年以来人民币均衡汇率持续贬值。他通过比较人民币均衡实际汇率（ERER）与人民币的实际有效汇率（REER）发现，20 世纪 80 年代以来，人民币实际汇率的运动轨迹与均衡汇率的运动轨迹是基本一致和吻合的，均衡汇率的变动总是在引导着实际有效汇率的波动，因此说明人民币实际有效汇率和宏观经济要素的变动具有相当的一致性。但是，另一方面，人民币实际汇率与均衡汇率之间始终存在着一定的偏差，这些偏差中，有些幅度小，持续时间较短，是正常的，有些则是不正常的，所以将汇率持续较大幅度地偏离其均衡汇率水平定义为汇率失调。他的分析的不足之处只是验证了人民币汇率的过去，对未来没有进行很好的预测。储幼阳在 Edwards 发展中国家均衡汇率模型的基础上，利用误差修正模型等计量经济学方法构造了人民币均衡汇率模型。经过实证分析后得出结论，人民币实际有效汇率偏离均衡汇率 10% 左右时并没有必要贬值，而是可以借助贸易条件的改善等措施。因此，国际上对于人民币应该升值的言论并不是从我国实际情况出发，人民币中心汇率目前没有调整的必要。他分析的不足之处是对 Edwards 的模型的修正方面和变量的选择方面是否科学会引起争议。

用 BEER 模型对人民币均衡汇率进行研究是最近几年才开始的。由于 BEER 方法既可用于测算均衡汇率，又可用于解释实际观测汇率的变动原因，并且具有比较强的可操作性，因此受到越来越多的关注。张志超（2001）利用 1954—1997 年的年度数据，建立了一个行为均衡实际汇率模型（BEER），用总的固定资本形成、政府消费、出口增长率、开放度（人民币计价的进出口总额占中国 GDP 的比例）来解释中国实际汇率的变化，指出了汇率制度的改革使人民币实际汇率贬值，这种贬值足以克服掉在改革以前实际汇率高估的程度。但是，他利用人民币对美元双边实际汇率进行的实证分析，不能对人民币汇率水平做出综合评价。针对张志超研究中的缺陷，王维国、黄万阳在 McDonald 提出的 BEER 模型的基础上，建立了一个人民币行为均衡汇率模型。该研究的不同之处在于理论模型的人民币均衡汇率决定因素与实证模型得出的完全一致，模型得到了实证研究的强有力支持；实证研究利用了 2001 年以后的数据；研究中采用人民币实际有效汇率；在实证研究中对人民币均衡实际汇率的决定因素不用代理变量；对模型的残差和稳定性进行了检验；对财政政策、货币政策以及人民币名义有效汇率变动对人民币实际有效汇率的短期影响进行了研究。

通过国内学者的分析研究发现，人民币实际汇率与贸易条件、开放度、政府支出、国外净资产之间存在协整关系。通过建立误差修正模型研究发现：人民币汇率错位修正机制存在，自我修正功能较弱，且有下降趋势；人民币名义有效汇率变动对人民币实际有效汇率的短期影响显著，且有提高趋势；而人民币兑美元名义汇率变动对人民币实际有效汇率的短期影响不显著；财政与货币政策变动对人民币实际有效汇率的短期影响显著，且有下降趋势。

张斌（2003）利用 1992—2001 年的季度数据，建立了一个简约式的单一方程。他在人民币均衡实际汇率的决定因素引入了巴拉萨—萨缪尔森效应，他用中国不变价格 GDP 和中国就业人数的比率作为中国的技术进步率，把美国、日本、德国加权的不变价格 GDP 和就业人数的比率作为世界技术进步率，用中国的技术进步率除以三国加权的世界技术进步率作为巴拉萨—萨缪尔森效应的代理变量。张斌的主要估计结果是：巴拉萨—萨缪尔森效应是中长均衡汇率升值最核心的供给方力量。在 BEER 模型的估计中，巴拉萨效应也是一个非常重要的变量，而对找寻这一替代变量，张斌的研究无疑有一定的前沿性。

总之，BEER 方法由于具有较强的操作性，变量的选择上有一定的灵活性，并且可以因不同的国家的实际情况做适当调整。另外，出现的时间较晚，具有较大的发挥和研究的空间，因此正受到越来越多学者的青睐。张广斌（2003）利用 FEER 模型对人民币均衡汇率进行了研究，认为人民币对美元汇率较好地符合了 FEER 要求，不存在高估或低估。这些学者的成果具有一定的开创性，特别是计量经济分析方法的运用反映了学者的研究更科学、更准确，这些都为后来人研究人民币汇率提供了基础。但综观这些学者的研究成果，很少涉及资本流动对我国均衡汇率水平的定量影响，大多数都是利用经常项目或其他经济变量进行解释，对资本流动的处理或是由于模型缺陷没有涉及或是经过协整后认为不存在协整关系而舍弃。

第六节 人民币汇率制度研究进展

汇率制度不是孤立静止的问题。它是随着一国国内外经济环境的变迁以及融入国际经济社会的程度而改变的。不同的经济历史条件时期，一国所选择的汇率制度不同。

一、人民币汇率制度的演变

新中国成立以来，我国经济体制经历了曲折的发展演变过程。我国的外汇体制也经历了一个由高度集中的计划管理模式，转变为在外汇留成和外汇上缴体制基础上的计划与市场结合的管理模式，然后再转变为建立在售汇制上的以供求关系为基础、市场调节为主的管理模式。人民币汇率制度的演变以各阶段经济发展为基础、以各阶段经济体制改革为线索、以改革开放、汇率并轨为分界点，可划分为三个时期。

（一）国民经济恢复时期和计划经济时期的人民币汇率制度

改革开放之前，我国实行高度集中的计划经济，对外贸易由国家垄断，统一平衡，国内价格长期保持稳定水平。与之相适应，当时人民币汇率是官方制定的固定汇率，只是作为编制计划和经济核算的标准，只在外国货币贬值或升值时作相应调整，人民币汇率与对外贸易的联系并不密切。

1. 国民经济恢复时期（1949—1952 年底）：人民币汇率大幅贬值和起伏回升阶段

1948 年 12 月 1 日，中国人民银行成立，并发行了统一的货币——人民币。但因建国之初全国通货膨胀形势严重，各地区物价水平不一致，因此各地人民币汇率在中央统一政策和管理下，以天津口岸汇价为标准，根据当地情况公布各自外汇牌价。1950 年 7 月 8 日，随着经济秩序的逐步恢复和全国财经统一制度的建立，人民币实行全国统一汇率，由中国人民银行公布。根据当时的经济现状，我国制定的汇率政策是"奖出限入，照顾侨汇"，所谓奖出，即鼓励出口，保证 75%—80% 的大宗出口商品企业获得 5%—15% 的利润，以保证出口企业创汇的积极性；所谓限入，即限制奢侈消费品的进口，并且对比华侨国内外的生活费用，照顾其在国内具有相当的购买力水平。因此，在这一时期，人民币的汇率安排表现为一个由市场供求关系、购买力平价和物价涨跌决定的汇率制度，并呈现出一定的机动灵活性。也就是说，人民币汇率主要是根据该时期国内外的相对物价水平来制定，并随着国内外相对物价水平的变动不断进行调整。如在1949 年 1 月 19 日，1 美元兑 80 元旧人民币，由于当时国内物价大幅度上升，而同期国外物价却下跌，根据物价对比法，我国在此期间连续频繁地调低人民币汇率，到 1950 年 3 月 13 日调整到1 美元兑 42000 元旧人民币。制定这样的汇率政策是根据我国当时的具体情况而定的：从当时国内外物价情况看，1949 年人民解放战争胜利进行，国家的财政收支还不能平衡，国内物价波动，这种情况一直延续到 1950 年第一季度。从当时上海、天津、广州三地的批发物价指数看，以 1949 年 12 月为 100，则 1950 年3 月为 225.7，上涨一倍多，但同期国外的物价指数却是相当稳定的。从当时恢复国内工农业生产的需要看，工业方面需要大批进口原料，农副产品方面长期受日寇和国民党反动统治的影响，很多传统出口物资的海外市场断绝，影响生产。因此，大力恢复对外贸易，加强内外物资交流，活跃城乡经济是恢复工农业生产的主要问题之一。但当时对外贸易经营成分中私人资本主义占绝大比重，国营经济力量刚开始建立，因此推动对外贸易必须利用私商力量。然而私商经营的积极性主要是以利润多少为转移的，制定人民币汇率就需要考虑这一因素，使私商有一定利润可得，但无暴利可图。同时，从我国外汇资金来看，解放前夕国民党政府将多年搜刮的外汇卷逃一空。新中国建国后面临国内恢复生产的需要，必须设法增加外汇收入，刺激私商出口经营的积极性，这是当时积累外汇资金的手段之一。从沟通海外华侨汇款看，解放前国民政府制定的汇率极不合理，海外华侨劳动所得汇回国内却被国民政府剥削得所剩无几，侨汇日减，侨眷生活困难。1949年底华南广大侨区相继解放，侨眷赖以生活的侨汇须在汇率上合理照顾，这样可以沟通侨汇，为国家增加外汇收入，同时也可以解决侨眷生活上的困难。

此后，国内物价开始下跌，而同期国外物价却上涨，人民币汇率也随之回升。1952年外贸部为了解决出口亏损，要求用调整汇率的办法加以弥补，1952年12月6日经中财委同意，将人民币兑英镑的汇率调低10%，即从1英镑兑62660元旧人民币改为1英镑兑68930元旧人民币。这主要是根据当时的情况而定的：从当时对资本主义国家贸易来看，强调刺激出口的政策已不符合当时情况，因国际市场物价上涨，资本主义国家货币的购买力下降，我国出口所得外汇如不加速周转，必然遭受货币贬值的损失。根据当时我国对资本主义国家的贸易政策，制定人民币汇率的方针，由照顾出口变为进出口兼顾。从当时国内外物价的变化看，国内物价由上升转变为下降，以美国为代表的资本主义国家的物价由相对稳定变为上升。从侨汇看，由于中央侨汇政策的正确实施，以及人民币汇率调整的公平合理，并照顾到了侨眷的利益，使侨汇收入日益增多。

总之，这一时期，国家用汇需求很大，但是由于外国的经济封锁，外汇资源紧缺，进出口渠道不畅，侨汇汇率阻塞。为迅速恢复国民经济，国家建立外汇集中管理制度，人民币汇率主要作用在于调整对外贸易，照顾侨汇收入，制定的主要依据是物价。

2. 社会主义建设时期（1953—1967年底）：人民币汇率处于基本稳定时期

自1953年起，我国进入社会主义建设时期，国民经济实行高度集中的计划管理体制，国内的物价水平统一由国家来规定并且基本上稳定。西方国家货币的购买力则有两种不同的水平：一种是国际商品价格，由于各国竞相对外倾销，进口压价，使国际商品价格下跌；另一种是西方国家国内商品价格，由于通货膨胀，货币购买力下降，国内商品物价上涨。根据我国和外国的消费物价对比计算，1 美元约等于 1.43 元人民币到 1.92 元人民币。当时人民币汇率为 1 美元兑 2.4618 元人民币。如果依据国际商品价格，人民币对美元应贬值。但是如果依据国内消费物价，人民币应该升值。鉴于对私人资本主义进出口企业的社会主义改造已经基本完成，从 20 世纪 50 年代开始，我国的对外贸易由国家统一经营、集中管理。国务院规定对外贸易全部由国有外贸部门独家经营，实行统一政策、统一计划、统一对外的原则，汇率由中国人民银行统一制定，外汇由中国人民银行对外贸易部和财政部实施集中管理。国家对外贸的计划管理主要包括以下几个方面的内容：（1）实行外汇管制制度。规定社会团体、企业和个人的一切外汇收入都必须按国家规定的汇率卖给国家银行，一切外汇支出和使用都必须经主管部门批准，向国家银行购买。（2）实施进出口许可证制度。实施许可证制度的目的是对进出口商品的数量、价格、贸易方式、支付方式和贸易期限进行统一管制，并对经营成分、贸易对象进行严格管理。（3）实行保护性关税和进出口商品品质检验制度。一套与低汇率政策相适应的外贸管理体制因此形成，人民币汇率也不再挂牌，仅为内部掌管。

1964 年起还采取了对一部分进口商品加成的办法，即以外贸用货部门的进口商品作价，按进口成本加价 103%，以进口盈利来弥补出口亏损，即按国家计划统一经营，统负盈亏。不需要再用汇率来调节进出口贸易。这时期的人民币汇率主要是用于非贸易外汇兑换的结算上，按国内外消费物价对比，汇率已适当照顾了侨汇和其他非贸易外汇收入，也无调整的必要。为了维护人民币的稳定，有利于内部核算和编制计划，人民币汇率坚持稳定的方针，在原定汇率的基础上，参照各国政府公布的汇率，只有在资本主义国家货币发生升值或者贬值时才作相应的调整。从国际条件看，这一时期以美元为中心的国际货币体系基本上发挥作用，维持着纸币流通下美元与黄金挂钩的固定汇率，汇率不常变动，人民币汇率也保持稳定。美元兑人民币汇率从 1955—1971 年 12 月贬值 7.89%，以前一直保持在 1 美元兑 2.4618 元人民币的水平上。英镑兑人民币汇率只在 1976 年 11 月英镑贬值 14.3% 时，才从 1 英镑兑 6.893 元人民币调至 1 英镑兑 5.906 元人民币，汇率逐渐同物价脱节。由于外贸受国家统一计划支配，外贸价格由国家物价部门统一规定，外贸盈亏由国家财政统一核算，这使外贸企业和其他单位不关心人民币汇价及其变动，人民币汇率对进出口贸易几乎不起任何调节功能。汇率只是国家预算中的一种会计工具，汇率机制只能提示外贸单位进出口活动中名义利润的变动和国家财政收入的变动情况。因此，这一时期人民币汇率不仅与贸易无关，也与市场供求关系无关。在这一时期，人民币汇率主要用于非贸易外汇兑换的结算方面。

这一时期人民币汇率最大的特点是人民币币值被高估。人民币高估与我国高度集中的计划经济体制和优先发展重工业的发展战略目标直接相关。新中国成立后，为实现强国富民的理想，我国选择了优先发展重工业的工业化强国之路。重工业作为资本密集型的产业具有三个基本的特征：第一是建设周期长；第二是在发展的早期大部分机器设备需要从国外进口；第三是初始投资规模巨大。而当时的中国经济也有三个明显特征，这就是：第一，资金十分短缺，资金的价格或者说利率很高；第二，可供出口的产品少，外汇短缺，由市场供求关系决定的汇率水平高；第三，经济剩余少，资金动员能力弱。重工业的特征与中国当时的经济状况相冲突，这使得优先发展重工业的经济发展战略无法借助于市场机制来实现。因此，中国必须通过高度集中的计划经济体制来人为压低优先发展重工业的成本，即压低资本、外汇、能源、原材料、产品和劳动力的价格，降低重工业资本形成的门槛。因此我国选择了低利率、低汇率、低工资、低能源和原材料价格、低农产品价格和低物价等一系列集中全国资源优先发展重工业的政策。

由于人民币币值被大幅度高估，严重地抑制了国内的出口，刺激了国内的进口。在人民币高估时期，出口产品普遍亏损，进口产品利润却很高，这使得国内企业不愿开展出口业务，只是想方设法从国外进口产品。但如果没有企业愿意出口，则国家的外汇来源就会枯竭。在这种情况下，国家就必须对外贸进行管制，从而形成了我国高度集中的外贸管理体制，由国家对外贸实行垄断经营，外贸系统采取进出口统算，以进贴出的办法，以进口盈利来补贴出口亏损。国家将出口部门和进口部门两大利益集团集于一身，在内部进行平衡。

3. 从人民币对外计价结算到西方货币实行浮动汇率（1968—1978 年底）：人民币实行盯住一篮子货币的盯住汇率制，汇率调整频繁

人民币计价结算是从 1968 年开始的，人民币汇率的高低直接影响着对外商品的价格、外汇收支和外商的盈亏。同时，由于国际货币体系中以美元为中心的固定汇率体制岌岌可危，1971 年 8 月，美国停止各国中央银行以美元向美国兑换黄金。1973 年，布雷顿森林体系崩溃，西方国家普遍实行浮动汇率制度，各国货币汇率主要随外汇市场的供求关系而自由波动，汇率变化频繁且幅度很大。面对国际外汇市场的动荡不安，为了避免西方国家经济衰退的影响，我国修订了人民币汇率决定原则，开始根据国际市场上各国汇率变化的情况来调整人民币汇率，保持对主要

贸易伙伴货币的相对稳定，促进对外经济贸易的正常开展，我国采用盯住一篮子货币的浮动汇率制度。主要选用与我国外贸有密切关系的国家和地区的货币组成"货币篮子"，再根据篮子中货币浮动情况及我国政策进行调整，货币篮子的种类及其权重多少由国家统一掌握，并根据不同时期的情况加以变动，其中，美元、日元、英镑、西德马克、瑞士法郎等在货币篮子中始终占重要地位。人民币汇率基本上是随着国际货币市场的变化而调整的，但每天最多一次，这在西方资本主义国家货币波动剧烈的情况下显然是不够的，而且也容易给国外商人和代理行摸到规律，进行投机。例如有些英国商人就公开地表示过，在伦敦市场英镑下降较多时，他们争取在当天买进人民币，以免第二天人民币汇率调整而吃亏。

当时人民币汇率调整的原则是：一是坚持人民币汇率水平稳定的方针，既不随上升的货币上浮，也不随下跌的货币下浮。二是贯彻执行对外经济往来中平等互利的政策，使人民币汇率有利于我国和外国的贸易和经济往来的发展。既不偏高多收汇，也不偏低少收汇。三是参照国际货币的市场的行市及时调整人民币汇率。在不同时期，选择具有一定代表性的、在国际市场上行市又比较坚稳的几种外币，算出它们在市场上上升或下降的平均幅度作为我们调整汇率的参考。由于选用货币和权重的变动，该时期人民币汇率变动频繁，仅 1978 年人民币对美元汇率就调整了 61 次之多。人民币汇率基本上稳定在各国之间汇率的中间偏上的水平。1971 年 12 月、1973 年美元两次贬值，以后美元汇率又持续下浮，在 1972 年人民币汇率偏离 2.46 元人民币/美元后，人民币快速升值，并于 1979 年达到 1.49 元人民币/美元的水平，汇率高估现象不断趋向严重。这种盯住汇率制的汇率安排，操作简便易行，在很大程度上抵御或减少了国际汇率波动对本国货币的影响，保持了人民币汇率的相对稳定，有利于对外经济贸易企业的成本核算、利润预测及减少汇兑风险。但该种方式却因篮子货币的币种选择和权数确定客观依据不足，而使汇率水平的合理制定失去可靠保证；同时国际市场价格和国内市场价格严重背离，汇率作为经济杠杆的作用逐渐消失，蜕化为外贸会计核算的标准，贸易和非贸易价格与世界市场拉大，贸易部门和非贸易部门矛盾加剧，从而影响整个对外贸易的发展。

纵观整个计划经济时期，人民币汇率由政府按照一定的原则制定，成为计划经济的调节工具。但高度的计划性决定了市场力量对汇率几乎起不到任何作用，汇率水平无法真正反映外汇相对短缺的情况。为合理确定人民币汇率水平，发挥汇率在国民经济中的杠杆作用，并逐步使人民币走向自由兑换，我国改革开放后对人民币制度进行了改革，其目的是建立一个有管理的浮动汇率制度。

（二）经济转轨时期的人民币汇率制度

1978 年 11 月，中国共产党十一届三中全会召开，我国开始改革开放和经济转轨，经济体制和运行从计划转向市场，从封闭转向开放。1979 年起，对外贸易体制改革，其中下放外汇经营权、实行分散经营使得由于汇率高估所造成的出口亏损成为一个迫切需要解决的问题。由此拉开了人民币汇率体制改革的序幕。

1. 人民币贸易内部结算价和官方汇率并存的双重汇率时期（1981—1984）

20 世纪 70 年代后期，人民币汇率出现严重高估，长期以来的贸易与非贸易单一汇率制度已无法适应进出口贸易发展的要求，特别是对扩大出口不利。如 1979 年我国出口 1 美元的商品，全国平均换汇成本为 2.41 元，而出口企业按银行牌价只能得到 1.555 元人民币，因此每出口 1 美元，企业要亏损 0.855 元，从而出现出口越多亏损越大，而经营进口反而赚钱的不合理现象。1979 年 8 月国务院决定改革我国汇率制度和外贸体制，包括打破外贸垄断经营、建立外贸企业自我运行机制、改革进出口和外汇管理体制、消除价格和汇率扭曲等。为促进出口，平衡外汇收支，我国实行外汇留成制度，即对外贸易单位和出口生产企业把收入的外汇卖给国家，国家按一定比例拨给他们相应的外汇留成。而且，一是自 1981 年 1 月 1 日起试行人民币对美元的贸易内部结算价，贸易外汇内部结算价主要适用于进出口贸易外汇的结算，规定贸易内部结算价按照 1978 年平均换汇成本 2.53 元人民币/美元加上 10% 的出口利润计算，计算出来为 2.8 元人民币/美元。从 1981—1984 年，贸易外汇内部结算价没有变动。二是公布牌价，即以前的人民币汇率主要适用于非贸易外汇的兑换和结算，还是沿用原来的一篮子货币加权平均的计算方法。这样人民币汇率在改革开放初期形成了贸易内部结算价和官方牌价汇率并存的双重汇率制度。贸易内部结算价限于进出口贸易外汇的结算，而官方汇率主要适用于旅游、运输、保险等劳务项目和经常转移项目下的侨汇等外汇结算。

贸易外汇内部结算价的采用，解决了外贸部门出口换汇成本过高以至于出口亏损的问题，加上当时国内物价较为平稳，而美元汇率因采取扩大财政赤字、紧缩通货等政策处于升值状态，西方国家经济走向复苏，我国的贸易收支明显好转，外汇储备明显增加。1984 年外汇储备年末累计余额 170.42 亿特别提款权，为历史上和 20 世纪 80 年代最高水平。但是实行贸易外汇内部结算价也暴露了一系列问题：（1）贸易外汇内部结算价对奖出限入起到了一定的作用，但没有收到预期的效果。实行贸易外汇内部结算价以后，过去出口商品由亏损变为少亏、不亏或赚钱，对自负盈亏的地方和企业，换汇成本低于 2.8 元的农副产品、矿产品的出口有一定的鼓励作用，出口数量及收汇金额均有所增长。进口则由盈转亏，促使进口单位加强了经济核算，同时也限制了一部分物资进口。但是，我国进出口贸易是按照国家的计划和政策进行的，用汇率调节进出口的作用是有限的。（2）贸易外汇内部结算价对增大外贸亏损有相当影响。1981 年以来，外贸亏损连年增加，原因是多方面的，如国际市场价格的变化、港币贬值、外贸体制下放后多头向外降价竞销等。实行外贸结算价后，进口成本增加，而国内销售价没有变动，进口亏损政策性补贴增加了。同时，大部分进口又集中于中央，致使中央财政负担加重。外贸自营进口，1980 年有盈利，1981 年和 1982 年都有大量亏损。出口因为没有贯彻谁经营、谁承担盈亏的原则，在贸易外汇内部结算价的刺激下，出口企业对内抬价抢购，对外低价销售，加上国际市场价格下跌，港币贬值，致使出口换汇成本不断上升。（3）在对外经济往来中陷于被动和不利地位。我们虽然一再声明，我国只有一个汇率，但是国外都称我国的汇率是双重汇率，而且有些国家还认为贸易外汇内部结算价是政府补贴。国际货币基金组织认为，成员国实行双汇率只是解决国际收支逆差的临时措施，一旦国际收支平衡应该马上取消，一再建议我国改为单一汇率。（4）影响国内物价的稳定。实行贸易外汇内部结算价后，出口换汇成本在 2.8 元人民币/美元以下的商品因有利可图多头抢购，生产单位也趁势提高售价。有的出口商品议价比原来规定的牌价上涨 10%—100%。1983 年土特产品的出口收购价牌价上涨 7.57%。同时，由于进口高亏，地方财政负担不起，外贸将自营改为代理或按进口成本作价售给生产者和消费者。（5）两种汇率在使用上出现混乱情况，造成了结算上的矛盾，增加了外汇管理上的困难。贸易结算价和公布牌价的使用范围原来是按贸易和非贸易划分的，但由于在某些方面贸易和非贸易难以截然划分清楚，或者划分上不够合理，或因多头批准，划分的原则难以贯彻。各单位从本身利益出发，"各取所需"，卖给银行外汇要求用高价，向银行买外汇要求用低价。因此，实行贸易外汇内部结算价注定成为一个过渡时期的应急措施。

2. 取消贸易内部结算价，官方汇率和外汇调剂汇率并存时期（1985—1993）

从 1985 年 1 月 1 日起，我国取消贸易外汇内部结算价，官方汇率用于贸易结算和非贸易外汇兑换。为了消除汇率高估，使人民币汇率同物价的变化相适应，起到调节国际收支的作用，在人民币汇率不下调的同时，1985 年国家又一次提高外汇留成比例，采取按出口商品收汇金额比例留成的办法。1985 年 12 月我国改变由中国银行多年举办外汇调剂业务的模式，在深圳成立第一个外汇调剂中心，调剂市场日益成为补偿出口亏损、促进出口增长的重要手段。

1985 年我国恢复实行单一汇率制，将人民币汇率定在 1 美元兑 2.8 元人民币的水平后逐步滑至 1 美元兑 3.20 元人民币并固定下来。1986 年 7 月 5 日，人民币对美元汇率从 3.20 元人民币/美元贬值到 3.70 元人民币/美元，贬值 15.8%。这次贬值后，社会和学术界对此有过各种不同的意见。有些人认为不应贬值，有的认为贬值幅度过小，也有的赞成这一贬值。反对人民币汇率下调的意见认为，在我国市场机制尚不完善，无法实现充分竞争，出口弹性、进口刚性以及缺乏规范管理、管制僵化的情况下，如不综合考虑多种因素，人民币汇率下调不可能根本解决国际收支和财政收支状况，甚至会造成原有矛盾的进一步恶化。赞同人民币贬值的意见则侧重于从人民币的汇率水平及人民币汇率下调后的长远效应来考察此次贬值的效果。他们强调，1986 年的人民币汇率下调是在国内需求膨胀、物价水平上涨严重的情况下进行的。在这种情况下，汇率下调不过是对以往物价上涨的追认，对原有高估汇率的纠正，因此这种调整是必要的，它将使人民币汇率更趋合理，这种下调的积极作用是不应否定的。

1989 年 12 月 16 日，人民币汇率再次大幅度贬值，从 1 美元兑 3.722 元人民币调至 1 美元兑 4.722 元人民币，贬值幅度为 21.2%。这次大幅度调低人民币汇率实质上是治理整顿经济的一个组成部分，是结构调整和价格改革的一个具体内容。人们普遍认为这次下调的时机把握得比较好。当时经过一年多的经济治理整顿，大刀阔斧地压缩社会需求，已取得明显的效果。自 1989 年第四季度以后，物价上涨势头已得到有效控制，全国零售物价指数降至两位数字以下。总需求下降，消费和生产资料市场持续处于疲软状态，使得进口扩张的势头有所回落，减缓了进口需求对外汇的压力；另外，紧缩银根后企业手中人民币的持有量相对减少，境内的外汇数量相对增加，外汇调剂市场自出现以来首次出现萧条。当然我们也不能忽视这次人民币汇率下调带来的负面效应。人民币贬值 21.2%，用于进口、买汇、新增外来投资的配套人民币等人民币资金成本将大幅上升。这对于必不可少的技术设备、生产资料和有关国计民生的重要生活资料的进口来说，增添了财务负担，并可由此引致财政补贴增加、信贷规模扩大、物价水平上涨等压力；在银根紧缩的政策下，会进一步增加创汇企业和自负盈亏外贸企业的人民币紧张状况；此外，从这一阶段开始我国已逐步进入还债期，用于支付外债所需的人民币势必要增加。这一切都会加大当时继续抑制通货膨胀、紧缩财政和信贷、调整经济和产业结构工作的难度。

继 1989 年人民币汇率调整后不到一年，1990 年 11 月 17 日人民币汇率再次从 1 美元兑 4.722 元人民币调到 1 美元兑 5.22 元人民币，贬值 9.57%，此次下调的原因主要是配合外贸体制改革，推动外贸企业实行自主经营、自负盈亏，取消财政补贴。鉴于前两次人民币下调幅度还不到位，不能完全真正反映外汇实际比价，外贸仍需财政补贴。为此，通过调整汇率，达到消化现有外贸水平下的进出口成本，促进进出口结构改善，达到推动外贸企业外贸自主经营、自负盈亏，取消财政补贴的目的。另外，也在于巩固前两次汇率下调的成果，进一步接近人民币真实汇率。这次汇率调整的另一个重大意义是有助于完善现有的金融市场，进一步深化原有改革成果，使国内汇率体制中当时现存的三种价格，即官方汇率、调剂汇率和黑市汇率的差距进一步缩小。

总之，通过这几次人民币汇率调整，人们对于调整的积极意义逐渐达成共识，即人民币汇率调整后，其长期偏离真正价值的情况将有所改善。但是，当时的人民币汇率名义上是单一汇率制，实际上仍有多种汇率并存，某些根本性的问题仍未解决，因此人民币汇率改革将随着经济体制改革的深化继续下去，汇率在经济中的杠杆调节作用必将进一步发挥出来。作为一种特定历史条件下产生的计划汇率向市场汇率过渡的形式，双轨制的存在有一定的必然性。不过，随着国内经济体制改革的深入，特别是外贸体制改革的不断深入及对外开放步伐的加快，官方汇率和外汇调剂市场汇率的并存，造成了人民币两种对外价格和核算标准，不利于外汇资源的有效配置，不利于企业之间的公平竞争和经营机制的转变，与市场经济的要求不相适应，也不利于中国经济与国际规范接轨。

（三）1994 年外汇体制改革以后至 2005 年以市场机制为基础的人民币汇率制度

1993 年 11 月 14 日中共十四届三中全会通过了《中共中央关于建设社会主义市场经济体制若干问题的决定》。1994 年初，根据建立社会主义市场经济体制的指导思想，国务院推出了自改

革开放以来最为综合的一揽子改革方案，在外汇体制方面，总体
目标是"改革外汇管理体制，建立以市场供求为基础的有管理的
浮动汇率制度和统一规范的外汇市场，逐步使人民币成为可兑换
货币"。"以市场供求为基础"指人民币汇率根据银行外汇交易
市场上的外汇买卖行情而确定；"有管理的浮动"指货币当局并
不承诺明确的汇率目标，而且可以酌情进入外汇市场买卖外汇，
其频率和幅度也无须预先界定。1994 年 1 月 1 日实行人民币官方
汇率与外汇调剂价并轨，人民币官方汇率由 1993 年 12 月 31 日
的 5.80 元人民币/美元下调至 1994 年 1 月 1 日的 8.7 元人民币/
美元。实行单一的有管理浮动汇率制，汇率的形成是以市场供求
状况为基础，改变了以行政决定或调节汇率的做法，发挥市场机
制对汇率的调节作用。并轨后取消了外汇留成和上缴，实行外汇
的银行结售汇制，作为一项临时性措施，对经常项目设立台账
制，取消了国内企业的外汇调剂业务，建立统一的银行间外汇市
场，并以银行间外汇市场所形成的汇率作为中国人民银行所公布
的人民币汇率的基础。此后人民币汇率结束了长达 16 年的贬值
过程，开始稳中趋升。

　　这次改革主要有以下特点：一是人民币汇率形成以外汇市场
供求关系为基础。二是统一了汇率。中国人民银行根据前一营业
日银行间外汇市场上形成的加权平均价，公布当日美元、日元、
港元对人民币交易的基准汇率。所有的贸易、非贸易以及资本项
目的对外支付和结算都使用此汇率进行。三是汇率可以在规定的
幅度内浮动。允许人民币汇率在中国人民银行公布的基准汇率的
一定幅度内上下浮动，即外汇指定银行之间的外汇买卖可以在公
布基准汇率上下 0.3% 的幅度内浮动。四是有管理的汇率，为了
维持外汇市场的稳定性和流动性，中国人民银行对外汇指定银行
规定了结售汇周转外汇头寸限额，外汇指定银行在办理结售汇过

程中出现的卖超或卖超的外汇必须在外汇市场上抛补。同时，中国人民银行可以根据货币政策目标，在外汇市场上吞吐外汇，调节外汇供求，保持汇率的相对稳定。

经过十多年的实践证明这次汇率改革是成功的，取得了良好效果，达到了既定目的。一方面，汇率制度改革促进了出口，抑制了进口，对外贸易由逆差转为顺差，国际收支状况大为改善，外汇储备大幅度增加。另一方面，给企业创造了公平竞争的环境，使外汇资源得到有效配置。在原来实行外汇留成的制度下，国有企业允许把留成的一部分外汇在外汇调剂市场出售，取得较多的人民币，留成比例大的行业优于留成比例小的行业；外商投资企业保留全部外汇优于国有企业。在外汇使用方面，计划内用汇，按照低廉的官方汇率购买外汇，计划外的用汇须按高昂的外汇调剂市场汇率购买外汇，在一定程度上影响外汇资源的有效配置。1994 年汇率并轨并取消留成外汇之后，不论什么性质的外汇收支，国有企业和外商投资企业都按全国统一的市场汇率购买或出售外汇，实现了同等条件下的公平竞争，有利于国有企业经营机制的转变，使外汇资源得到有效配置。再者，使得人民币汇率制度走向与国际接轨，有利于人民币逐步实现自由兑换。国际货币基金组织要求其成员国取消多种汇率，避免采取操纵汇率的手段以取得贸易上的不公平竞争，要求其成员国承担基金协定的义务，对经常性的外汇支付和资金转移不加限制。1994 年我国实现了经常项目下人民币有条件的可兑换，并在 1996 年 12 月接受基金协定的第八条，实现经常项目下人民币可兑换，逐步使我国的外汇制度与国际规范接轨。同时，这次汇率改革使中央银行的宏观调控能力得到加强，人民币汇率基本稳定，并且略有上升。改变了汇率形成机制，这是由计划经济向社会主义市场经济转轨过程中人民币汇率形成机制的重大变化。1998 年以来，在亚洲金融危机影响蔓延深化的背景下，针对逃、套、骗汇和外汇非法交易活动比较突出的情况，我国在坚持改革开放和人民币经常项目可兑换的前提下，完善外汇管理法规，加大外汇执法力度，保证守法经营，打击非法资金流动，维护了人民币汇率稳定和正常的外汇收支秩序，为创造公平、健康的经营环境，保护企业、个人和外国投资者的长远利益做出了积极努力。

尽管 1994 年我国选择了以市场供求为基础的、单一的、有管理的浮动汇率制，这是符合实际的，从 1994—1997 年人民币汇率的变动幅度较大，而自 1998 年之后人民币汇率的变动幅度较小，大致保持在 8.27 元人民币/美元左右的水平上。因而学术界一致认为人民币事实上是盯住美元的，并参照 Frankel 模型，截取了人民币 1994—2001 年相对于美元、日元、法国法郎、德国马克、英镑和新加坡元的季度变化数据，利用最小二乘法对它们的相关程度进行分析。分析结果表明，1994—1997 年，人民币汇率的变动和美元是高度相关的，但是人民币对美元汇率仍有一定波动。1997—2001 年，人民币汇率是盯住美元的。总体来讲，从 1994 年至 2005 年人民币汇率的变动主要受美元变动的影响。该实证分析有力地支持了这样的观点：即现行的人民币汇率制度是实际盯住美元的汇率制度。在国际货币基金组织 1999 年的最新分类中，我国也被归入了盯住汇率制度。

1994—2005 年的人民币汇率制度的合理之处：一是从制度设计上看，这种盯住制比浮动制更加符合我国初级阶段的基本国情。因为浮动就意味着允许汇率在一定的范围内上下波动，这一点不符合我国稳定汇率的政策目标。事实上，我国在采用盯住制后，货币当局通过外汇市场干预，有效地控制了外汇净供给可能导致的人民币升值，为维持出口竞争力创造了条件。同时，干预市场时购入的外汇增加了外汇储备，为我国放松外汇管制，逐步实现人民币自由兑换打下了良好的基础。另外，客观地讲，我国尚未具备实施浮动汇率制的必要条件，单一盯住美元的汇率制度简单明了，操作方便，透明度高。在资本账户尚未开放的条件下，选择盯住汇率制是最优策略，既有利于货币管理当局，也有利于企业。具体而言，盯住美元有利于中国贸易商和外部经济体的贸易和投资结算，规避了对外贸易和投资过程当中的汇率风险。美元是当前世界贸易和投资的主要计价单位，对中国对外贸易来说更加突出，人民币和美元保持固定比价，有利于减少交易当中的汇率风险，最大限度地方便贸易和投资。另外，目前国内私人部门绝大部分持有的国外资产都是以美元计价，盯住美元还稳定了国内私人部门持有的外汇资产价值，最大限度地降低了这些资产的汇率风险。

此外，盯住美元还有助于稳定中国和东亚地区的货币相对价值，进而稳定区域内的贸易和投资。和中国一样，东亚地区的很多国家也都采取了盯住美元的汇率制度，尽管在东南亚地区金融危机以后一些国家放弃了盯住美元，但是在随后的经济恢复时期又逐步恢复了盯住美元的汇率制度。中国和东亚国家一样盯住美元，其结果是美元像一条链子稳定了人民币和这些国家或地区货币的相对价值。这对于稳定的区域内贸易和投资都起到了积极作用。同时，它还有助于防止以邻为壑的货币竞争性贬值行为。从实施的效果来看，在采用盯住美元汇率制度期间，1995—2000年中国 GDP 保持较高的增长速度，平均增长率都在7%以上。可见该汇率制度对宏观经济目标的实现具有积极的作用，作为名义驻锚，其控制通胀的功能也得到了发挥。在 1994—1997 年我国宏观经济"软着陆"时期，由于人民币对美元汇率相对固定，而人民币利率比美元高，使大量国际资本进入中国，较大程度上改善了我国国际收支的状况。另外人民币汇率在东亚金融危机中经历了考验，有力地支持了我国对外经济贸易的发展。人民币不贬值对稳定中国、亚洲乃至世界的经济都是关键性因素。因此总体来说盯住美元制度在这几年是合意的。

从 2005 年 7 月 21 日起，人民币汇率不再盯住单一美元，而是开始实行以市场供求为基础、参考一篮子货币进行调节、有管理的浮动汇率制度。

二、1994—2005 年人民币汇率制度存在的主要缺陷

并轨后的人民币汇率在运行机制上，在对外贸易、外商投资以及对外国宏观经济的影响上都受到严峻考验。特别是 1997 年 7 月，由泰铢贬值引发东南亚金融危机，东南亚各国货币纷纷贬值，东亚的日本、韩国货币汇率也不断下跌，而人民币汇率却在通货紧缩和外汇储备充足的前提下保持了货币稳定的态势，银行间统一外汇市场形成，并接受国家对外汇市场的干预，这对亚洲金融稳定和世界经济发展极为重要。但这并不是说，我国现行的汇率制度已达到完善的程度。自 1994 年人民币汇率改革以来，我国实行了有管理浮动的人民币汇率制度。以后的实施过程中，除了 1994—1996 年间人民币和美元双边名义汇率由 1 美元兑 8.45 元人民币升值到 1 美元兑 8.3 元人民币以外，1997 年以后，人民币名义汇率和美元保持了 1 美元兑 8.28 元人民币的双边名义汇率超稳定，学术界普遍认为人民币在事实上实行了固定单一盯住美元汇率制度。

1994—2005 年这种汇率制度主要存在以下几个方面的缺陷：（1）这种固定汇率制度无法反映国内经济发展对外汇调整的需要，不利于维护宏观经济的内外部均衡，不利于国内经济中长期的可持续发展。根据国内均衡汇率理论可知，一个国家的均衡汇率水平取决于潜在的经济结构和国际经济环境的变化，汇率需要根据这些因素的变化做出调整，否则，汇率不仅不能成为一个有效的资源配置价格，而且长时间的汇率扭曲会破坏宏观经济的内外部均衡，给经济带来一系列的负面影响。1994 年汇率制度改革以来，我国的经济结构发生了显著的变化，尤其是劳动生产率取得了快速的提升。Szirmai 等（2002）关于中国制造业的劳动生产率的研究表明，中国 1993—1999 年间制造业劳动生产率增长速度是 1980—1992 年间的两倍，同时还至少高于美国同期制造业劳动生产率增长速度 1.5 个百分点，而同期美国和其他主要工业国家相比，保持了非常高的劳动生产率增长速度。对于进步如此快的劳动生产率，均衡汇率必然会面临一个持续的升值趋势。但是在当时事实上的单一盯住美元汇率制度下，人民币和美元保持联动，如果美元升值，人民币也跟着美元一起升值，反之，美元贬值人民币也跟着贬值。当前的汇率制度无法根据国内经济结构变化完成对人民币汇率调整的需要，人民币完全是被动地跟着美元走。（2）人民币单一盯住美元只是稳定人民币和美元双边名义汇率，不利于人民币的名义有效汇率，不利于投资和对外贸易的稳定发展。如果美元和世界其他主要货币汇率发生调整，人民币和美元双边名义汇率稳定，但是人民币和世界其他主要货币的双边名义汇率变动很大，就等于是把美元和日元、欧元等世界主要货币之间的波动吸纳到人民币名义有效汇率的波动当中。从均衡汇率决定理论看，供给、需求、外部经济环境、开放程度等都会影响均衡汇率，但是中国的需求、外部经济环境、开放程度等因素在中长期内上下起伏，中长期内决定中国均衡汇率最重要的因素还是相对劳动生产率。更准确地说，应该是美元和人民币的名义有效汇率保持联动。（3）这种盯住美元的汇率制度也牵连到我国的货币政策。我国的货币政策在很大程度上必须维持固定汇率的目标，国际收支的失衡使央行对货币的供给有所变化，货币供给受到维护固定汇率的官方干预的影响，因此当时的汇率制度极大地限制了我国实行货币政策的能力，并由此加剧了宏观经济的波动。在国内汇率市场失衡是必然的、经常的，央行必须被动参与买卖，这个过程实际上是基础货币投放与回收的过程。外汇储备内生于国际收支，外汇储备的增减是国际收支的结果。外汇储备的变化是货币政策和汇率政策的一个重要的结合点。由于国际收支和外汇储备的逐年波动，使我国由结售汇制度导致的基础货币的投放也呈现逐年波动的迹象，其中外汇占款占基础货币投放增量的比重一直相当大。储备的增减已经成为影响基础货币投放和收缩的重要渠道。近年来我国的外汇储备迅速增加，且波动很明显，直接影响了央行的货币供应。另外，央行大量持有外汇储备的同时也集中了所有的汇率风险，中国的外汇储备以持有美元资产为主，近年官方数据指出，中国的外汇储备中美元大约占 60%。实际上，从近几年中国对外汇资产的运用情况可知，中国的外汇运用仍然以购买美元债券为主，其中1997—2001 年中国净增购买的美国债券达 796 亿美元，占中国外汇运用总额的 64%。在美元汇率波动，主要国家货币汇率动荡的情况下，外汇储备的保值和增值格外值得关注。外汇储备的这种汇率风险同时也加大了货币政策执行的难度。中国人民银行在进行货币供应量的调控时，要关注美元和其他货币之间的汇率波动问题，避免美元对其他货币汇率的波动，使人民币基础货币投放不稳定。

人民币汇率按照中国人民银行的标准说法是有管理的浮动汇率，而且实现了经常项目的可兑换，那么，人民币的汇率制度应该属于浮动汇率制度。当然，选择固定汇率、浮动汇率还是中间类型，其优劣并没有一定的结论。例如甘道尔夫（2001）认为，在固定汇率和浮动汇率之间，从理论的角度看，无法肯定一种制度就必定比另一种制度更胜一筹，理由在于，考虑了所有的因素之后，我们并不能知道哪一种汇率制度有着较低的成本与较高的收益，所以必须根据国与国之间不同的社会偏好函数来确定，而即使在同一个国家，不同时期的社会偏好函数也不一样。Frankel（1999）也认为，没有任何一个汇率制度适用于所有国家或者所有时期，汇率安排的选择依赖于一个国家所面临的特殊环境，而且，任何一个汇率制度除非有其他比较完善的配套措施，否则也不可能获得成功。

现在争论的问题是，中国是否真的实行了有管理的浮动汇率制度。就所看到的文献而论，倾向于认为中国目前实行的是事实上的单一盯住美元的蠕动盯住汇率制度。例如，无论是反对人民币升值的 Mckinnon（2004）还是倡导人民币升值的 Goldstein（2004）都认为中国实行的是固定汇率制度，因为从 1995 年开始，人民币对美元的名义汇率被固定在 1 美元兑 8.28 元人民币。而且 Goldstein（2004）认为，中国操纵了人民币的汇率水平，违反了国际货币基金组织的规定（该组织规定任何成员国不得对外汇市场进行大规模的、长时期的以及同一方向的干预，从而使该国货币的汇率保持在一个不恰当的水平上，否则即为操纵了汇率）。他认为在 2002 年到 2004 年间，中国的外汇储备逐月增加，人民币对美元的名义汇率不变，实际汇率持续地贬值，而不是顺应市场而升值，中国政府对外汇市场进行了长期的、大规模的以及同一方向（让人民币实际汇率贬值，而阻碍其升值）的干预，因此，操纵了人民币的汇率水平。按照同样的标准和判断，Goldstein（2004）认为日本是另外一个更典型的对外汇市场进行干预，操纵汇率水平的国家。

目前人民币汇率的调整涉及三个方面的问题：调整人民币的汇率水平也就是人民币与美元的比价关系、从事实上的盯住美元的汇率制度改变为较灵活的可以浮动的汇率制度、改革结售汇制度和资本项目的管制，各个文献提出的方案不外乎是如何处理这三个问题以及它们之间的先后次序。Mckinnon（2004）认为在目前根本没有必要改变盯住大国货币（美元）的固定汇率制度，人民币与美元 8.28∶1 的比价关系也不需要调整，只需要保持一个上下浮动 1% 的范围，明确反对一次性的大幅升值或者小幅多次升值。同时建议非常谨慎地、逐步地开放资本项目和允许资本外流。Goldstein（2004）提出了一个两步走的方案：第一步维持目前的固定汇率制度不变，但由单一盯住美元改变为盯住一篮子货币，同时让人民币升值 15%—25%，将汇率的浮动范围由目前的不到 1% 扩大到 5%—7%，同时保持对资本项目的控制；第二步待银行体系的改革取得成效，银行竞争力增强之后，实行资本项目的自由化并采用有管理的浮动汇率。胡祖六（2005）的方案是立刻改变目前的固定汇率制度，采用有管理的浮动汇率，汇率的调整不需要等到银行改革完成之后再实行，但是目前必须保持对资本项目的控制，不能资本项目开放在前，汇率浮动在后。在胡祖六的建议中，由于汇率浮动，调整汇率水平的措施就没有意义了。张斌（2004）建议在维持目前的汇率制度的条件下，尽快让人民币升值。谢国忠（2005）则认为人民币升值的机会已经过去了，而且只有等到投资体制和金融体系改革比较完善之后，才能由固定汇率制度向浮动汇率制度转化，谢国忠还提到了一个有意思的事情，他认为当前的汇率对长三角、珠三角是低了，但对于其他地区则高了。哈继铭的观点有一个演变的过程，在他 2004 年的一份报告中认为人民币没有被显著低估，但在他 2004 年的一个访谈录中，建议人民币汇率采取小幅微调的办法，在固定汇率的环境下，让人民币逐步升值。从目前中国政府采取的应对措施来看，其基本原则是在保持人民币汇率水平和汇率制度基本稳定的前提下，逐步改革目前的结售汇办法以及逐步放松对资本项目的管制。虽然这些措施有利于实现金融自由化，但遭到来自两方面的质疑。其一是在人民币被大幅低估的情形下，这些措施并不足以缓解人民币的升值压力（Goldstein，2004），其二是这些措施正在重蹈许多新兴市场国家的"经典错误"，即资本项目开放在前，而汇率调整与改革反而在后（胡祖六，2005）。

第七节　本书的研究内容与方法

本书的研究对象是人民币汇率的均衡理论，主要内容包括：国内外均衡汇率理论的比较分析研究、人民币均衡汇率模型的建立和人民币汇率合理水平研究、汇率波动的冲击响应分析与政策建议、人民币汇率波动对中国经济影响的研究、保障人民币汇率稳定的法律规制研究以及人民汇率制度改革研究。

目前国内外有相当一部分学者认为，人民币汇率被严重低估了，因此人民币应该升值，这些言论对我国政府的现行货币政策造成了很大压力。但是国际货币基金组织关于中国经济的一份报告认为，到目前为止还没有令人信服的证据表明人民币的汇率被严重低估了。换言之，有的研究认为人民币汇率低估的程度比较大，而有的研究认为人民币汇率低估的程度比较小，甚至没有低估。正如我们所知，所谓人民币汇率的高估（低估）或者人民币汇率的失调不过是指人民币的名义汇率或者实际汇率相对于均衡汇率的偏离程度而已。对于均衡汇率的理解以及所采用的估算方法和数据的不同，就会得出不同的结论。

均衡汇率是讨论汇率失调或者说汇率被高估（低估）程度

最为关键的一个概念，也是最难确定的一个概念，因为均衡汇率与名义汇率和实际汇率不同，它是不能观察到的，只能依据一定的理论假设计算出来。采用不同的理论假设就会计算出不同的均衡汇率水平，从而得出不同的汇率失调程度（这里是指非完全自由浮动汇率制度下的情形，而对于完全自由浮动的汇率制度，其均衡汇率就是外汇市场上的汇率）。目前计算均衡汇率的方法虽然很多，但大致可以分为四类：第一类是 Gustav Cassel 在 1922 年提出的购买力平价理论，这是应用最为广泛的汇率理论之一，也是关于均衡汇率的最早理论，一直对国际上的汇率研究和国际经济学发展有着深远的影响。第二类是局部均衡框架下的均衡汇率决定理论，该理论将均衡汇率的研究与宏观经济联系起来，不再像购买力平价理论那样局限于货币因素，它至今还被国际货币基金组织、国际经济研究所等诸多国际组织广泛采用。它的主要测算方法包括基于进出口贸易方程计算的国际收支均衡和货币主义的外汇市场出清均衡。第三类是一般均衡框架下的均衡汇率决定理论，它从规范的角度来确定均衡汇率，即将宏观经济平衡所要求的汇率作为均衡汇率，也就是一个国家在充分就业、低通货膨胀和国际收支基本平衡时的汇率为均衡汇率，规范角度的均衡汇率虽然看起来比较符合经济学理论的要求，但是在实际的计算过程中需要假定很多宏观经济平衡时的参数，例如就业率、通货膨胀以及进出口贸易和资本流动的参数，往往使计算出的均衡汇率因参数的变化而发生较大的波动。第四类是简约一般均衡框架下的均衡汇率决定理论，它延续了一般均衡的分析框架，将均衡汇率定义为同时达到内部均衡和外部均衡时的汇率水平，采用一些计量经济的技术例如向量自回归（VAR）和协整（Cointegration）方法，先确定影响汇率的因素，进而将计量模型的拟合值作为均衡汇率。

本书各章的主要内容简述如下：

第1章首先对购买力平价理论、基础要素均衡汇率、自然均衡汇率理论、行为均衡汇率理论的分析方法以及其最新的进展进行了详细的介绍。然后对不同阶段人民币均衡汇率研究进展进行评述，主要介绍了国民经济恢复时期和计划经济时期、社会主义建设时期、经济转轨时期、1994年外汇体制改革以后至2005年四个时期人民币汇率制度的演变。最后描述了1994—2005年人民币汇率制度存在的主要缺陷，为人民币汇率制度的改革提供理论依据。

第2章在对各类均衡汇率理论进行比较分析的基础上，选择建立简约形式下的单方程均衡汇率模型。通过协整分析证明了一系列基本经济要素（贸易条件、对外开放度、技术进步和偿债率）与均衡实际汇率之间的长期均衡关系，并确定了均衡汇率水平。尝试用主成分分析法寻找可以替代众多基本经济变量的因子，并分析其优点和有待继续研究之处，希望能够给对这方面研究有兴趣的人们以启发。最后在以均衡汇率模型所得均衡汇率为中心汇率的基础上，介绍了基于汇率目标区理论的波幅设定情况，并从另一个角度确定人民币汇率的波动幅度，得到人民币汇率的合理水平。2005年7月21日，美元对人民币交易价格调整为8.11，一年之后为7.99，到2007年，人民币名义汇率继续小幅升值。当前我国的经常项目顺差进一步扩大，外汇储备进一步上升。小幅升值对我国的经济发展短期内不会有太大的负面影响，甚至能够促进经济的持续稳定增长。当前我国汇率处于升值路径上，所以综合全章内容认为，人民币实际有效汇率还有5%左右的升值空间。

第3章本章主要针对汇率水平的上下波动带来的经济效应进行研究，但也涉及汇率波动的剧烈程度。首先对汇率波动的传导机制进行了理论上的分析，简单介绍了传导机制的模型流程。汇率传导机制具有信息传递功能和经济调节功能，其主要影响因素包括社会经济形态、经济体制、汇率制度选择、对外开发程度和经济运行状况等。即使中国实行的不是浮动汇率制度，也有必要去了解汇率波动对经济各方面的传导效应。汇率是连接各国经济的纽带，汇率波动会对国内外经济产生一系列的影响。本章从价格、国际贸易、国外直接投资、就业、利率等经济各方面进行了详细的理论及实证研究，以验证汇率波动带来的经济效应。然后考察了汇率波动对衡量经济的一个总量指标 GDP 的影响。实证研究范围涉及英国、法国、美国、中国、日本等多个国家。最后，根据中国的实际情况，在前面实证分析的基础上提出汇率制度选择、本币升值问题、政府干预、政策搭配、区域合作等几方面的政策建议。

第 4 章主要是分析人民币汇率波动对中国经济的影响，主要侧重于分析长期影响。本章分为五节，第一节是汇率对经济影响的定性分析；第二节是汇率波动对中国经济宏观影响的实证分析；第三节是人民币变动对国内物价水平的影响；第四节分析人民币汇率波动对就业的影响；第五节简单分析了人民币汇率波动对相关产业的影响。在这几节中，第二、三、四节都是实证分析，其中，第二节用到了联立方程模型，这是本书的一个创新之处。

第 5 章首先从人民币资本项目可自由兑换、外汇管理的法律规制、相关法律对人民币汇率波动进行规制以及如何运用法律选择适合人民币汇率的形成机制等方面进行了一定的探讨。然后结合中国汇率制度改革的背景（包括改革的动力、约束和条件），比较分析了印度与波兰汇率制度改革，提出了中国汇率制度改革的阶段性路线。

　　本书试图通过在对国内外计算均衡汇率的方法进行深入分析、比较和评价的基础上，利用现代经济学和现代金融学理论来建立人民币汇率失调分析的基本框架；同时利用数量经济学方法来建立人民币均衡汇率模型，并结合改革开放以来人民币汇率的实际状况用计量经济学方法对模型进行检验；对国内外汇率波动带来的传导效应进行了考察，再进一步研究了人民币波动对中国经济的长期影响。这些工作将有效地解释改革开放以来人民币汇率的均衡与失调情况，对我国人民币汇率机制的改革方向将给出一些有指导意义的政策建议。这是我国学者首次从分析方法上而不是通过实证手段来研究人民币汇率问题，因此有一定的理论价值和实践指导意义。尽管本书的研究较为系统，笔者也试图在吸收最新研究成果的基础上提出自己的见解，但是由于学识和精力有限，对汇率均衡理论问题这一艰深的选题，笔者的研究还十分粗浅，有待于以后进一步深入研究。

第二章　人民币均衡汇率模型及汇率合理水平分析

改革开放以来，人民币汇率问题屡次成为学术界争论的焦点。汇率在国际收支中扮演着重要的角色，它可以引发国内和国际经济的全局变动，对汇率的研究一直是学术界和政府部门关注的重要课题。从 2005 年 7 月 21 日起，人民币汇率不再盯住单一美元，而是开始实行以市场供求为基础、参考一篮子货币进行调节、有管理的浮动汇率制度。从目前来看，人民币升值压力日渐加大。人民币升值有利有弊，升值幅度也值得商榷。适当的升值可以调节经济平衡，稳定经济发展；不适当的升值反倒可能引来经济和贸易秩序的紊乱。

党的十六大三中全会明确提出人民币汇率制度改革的目标是完善人民币汇率形成机制，保持人民币汇率在合理、均衡水平上的基本稳定，在有效防范风险的前提下，有选择、分步骤放宽对跨境资本交易的限制，逐步实现人民币资本项目的可兑换。而要判断人民币汇率是否处于合理均衡的水平，就必须首先确定人民币的均衡汇率。本章内容就是从估计均衡汇率的角度寻找解决人民币升值压力的办法，寻求人民币汇率的合理浮动区间，以促进经济的可持续稳定健康发展。

第一节 均衡汇率相关背景知识

一、均衡汇率的定义

汇率是宏观经济的基本变量，它通过影响货币政策、进出口等因素影响一国的宏观经济运行。1945 年美国斯坦福大学的 Nurkse 教授最早提出了均衡汇率的定义，他认为均衡汇率是在贸易不受过分限制、对资本流动无特别鼓励措施、无过度失业的情况下使国际收支维持平衡的汇率。威廉姆森（Williamson）将均衡汇率定义为同宏观平衡相一致的实际有效汇率。爱德华兹（Edwards）把均衡实际汇率定义为内外部同时实现均衡时的非贸易品和贸易品的相对价格。

笔者认为，所谓均衡实际汇率是指宏观经济达到内外部均衡时的实际汇率。内部均衡是指在无通货膨胀的情况下达到充分就业，外部均衡是指国际收支达到平衡。汇率是影响一国经济增长的重要变量，高估的汇率意味着经济出现通货紧缩或者国际收支赤字不可维持或两种情况都有出现，短期内对经济有抑制作用，但在长期却可能有利于改善经济增长的质量；低估的汇率意味着经济出现通货膨胀或国际收支顺差或两种情况都有出现，短期内对经济增长有促进作用，但在长期却可能妨碍经济增长的可持续性。

汇率问题从根本上来说涉及到不同国家的利益问题。一方面，世界各国的贸易、投资和生产的相互依赖和融合程度日益加深，但缺乏有效的全球管理和协调，所以汇率变动的系统风险对发展中国家、转型国家和小国来说都可能是难以承受的外部冲击；另一方面，全球化中的任何一种制度的选择和变化都将使一部分国家的根本利益增加或受损。对于一个大国来说，在选择其汇率时更须考虑到其他国家的合法利益。中国保持汇率稳定、坚持不贬值在1997年的亚洲金融危机中就发挥了积极的作用。均衡汇率就是为避免汇率高估或低估而对汇率进行的测算，使宏观经济在中长期处于良好的运行状态。

二、均衡汇率理论的比较分析

均衡汇率理论的核心是分析基本经济因素变化对均衡汇率的影响，并利用它们之间存在的系统联系来估计均衡汇率。基于不同的研究角度和研究方法，目前共有五种研究均衡汇率的理论方法，分别为购买力平价理论（Purchasing Power Parity，缩写为PPP）、基本要素均衡汇率理论（Fundamental Equilibrium Exchange Rates，缩写为 FEER）、行为均衡汇率理论（Behavioral Equilibrium Exchange Rates，缩写为 BEER）、自然均衡汇率理论（Natural Real Exchange Rates，缩写为 NATREX）、均衡实际汇率理论（Equilibrium Real Exchange Rates，缩写为 ERER）。

购买力平价理论易于理解，具备简单性、易操作性。但购买力平价的市场基础是"一价定律"，而在现实中，"一价定律"是很难成立的。该理论的假设条件在现实中也是难以实现的。所以基于此方法进行的实证分析的准确性也是值得商榷的。由于购买力平价理论的研究较早，具有深厚的规范和实证基础，故在均衡汇率的初步判断中仍具有重要价值。

基本要素均衡汇率理论的优点为抽象掉短期和周期性因素的影响，集中分析基本经济因素，揭示了均衡汇率的本质，并通过集中分析经常账户，提供了一种简明和系统的均衡汇率分析方法。但局限性也在所难免。FEER 模型所估计出来的汇率水平具有移动变化特征，仅分析了流量均衡而忽略了存量均衡。

另外 FEER 模型所测算的均衡汇率是在理想的经济条件下得到的结果，带有规范性要求。并且在实际的数据处理过程中，如何去除短期的和周期性的因素还是一个有待进一步解决的问题。

行为均衡汇率理论考虑的影响因素更为广泛，考虑更全面。而且只涉及单一方程简约型模型的估计，所以具有较强的可操作性。同时得到了实证研究较好的支持，这是其他的均衡汇率方法所难以匹敌的。但 BEER 方法的不足之处是它没有直接地考虑内外部均衡问题。但由于 BEER 方法包括了实际有效汇率行为的直接的经济计量分析，提供了较好的计算方法和解释性例子，具有较好的解释力。

自然均衡汇率理论是一个实证概念，它是在现有的经济政策基础上寻求由实际基本经济因素决定的均衡汇率，而不涉及社会福利问题。另外，它具备考虑存量均衡条件所要求的特征，这是 FEER 模型所没有做到的。从实证结果看，NATREX 模型具有较好的解释力。但 NATREX 模型是根据经济发展的趋势人为设计的，在现实中几乎不可能实现，模型本身也永远不能观察到，而只能观察到朝着移动均衡水平 NATREX 调整的现实的实际汇率。

均衡实际汇率理论即 ERER 模型充分考虑了发展中国家转型经济的特点，比较适用于对发展中国家均衡汇率的测度和现行汇率评价。但该模型在现实中的适用性也受到了一定的限制。ERER 模型是建立在宏观经济体内外部同时均衡的条件下，所以宏观经济理论本身对现实经济是否能很好的解释，能否得到实证支持将对模型的建立有很大的影响。首先，由于宏观经济理论的不断发展，所建立的均衡方程也各不相同，从而得到的影响均衡汇率的基本因素也就大有差别。同时，反映发展中国家转型经济特点的某些经济变量在回归结果中可能会不显著。另外，模型中的一些变量的现实取值无法直接得到，必须在实证过程中进行修正，用其他变量代替。由模型得出的均衡实际汇率也无法直接观察，如何测度其精确性还值得进一步研究。

基于上文对目前研究均衡汇率的各种理论进行的比较分析，由于我国是一个发展中大国，较符合 ERER 法的模型创建条件，所以本书将在 Edwards 模型的基础上，采用 ERER 方法对我国近年来的人民币汇率进行均衡估计，后面还将具体介绍原始的 Edwards 模型。

目前国内外均衡汇率的主流测算方法共有四大类，即基于购买力平价的均衡汇率测算方法、局部均衡框架下的均衡汇率测算方法、一般均衡框架下的均衡汇率测算方法和简约一般均衡框架下的单方程测算方法。

基于购买力平价的方法计算简单，能够为均衡汇率的研究提供初步判断。由于现实经济中的时间序列往往都不平稳，均衡汇率也不可能固定不变，所以这种计算方法难以作为判断汇率失衡的依据。局部均衡框架下的均衡汇率测算方法主要包括基本要素均衡汇率理论（FEER）、行为均衡汇率理论（BEER）和意愿均衡汇率理论（DEER）。局部均衡框架下的均衡汇率方法克服了购买力平价法中均衡汇率固定不变的假定，但缺陷在于数量关系的估计和合理确定都存在很大的困难。一般均衡框架下的测算方法的主要缺陷在于涉及的方程太多，对于方程的准确估计有很大难度，对数据也有很高要求。另外一般均衡框架下的均衡汇率被定义为中长期概念，无法分析动态过程，所以对其适用性有很大的限制。简约一般均衡框架下的单方程测算方法是20世纪90年代以来的均衡汇率研究中的最新发展，它主要利用计量经济学中的协整技术，分析一系列基本面因素和均衡汇率之间的中长期的平稳关系，估算出与经济基本面相一致的均衡汇率值，由此判断中长期的均衡汇率水平和汇率失调程度。简约一般均衡框架下的单方程法认为均衡汇率由一系列基本经济因素决定，涉及的方程少，对数据要求不是很高。所以本书选用此种方法对人民币均衡汇率进行测算。

目前国内已有很多学者使用不同的方法对不同时期的人民币均衡汇率做了分析研究，得出的结论都各不相同。施建淮、余海丰（2005）对1991年1季度—2004年3季度的人民币汇率运用行为均衡汇率模型（BEER）进行了分析，认为20世纪90年代以来，人民币汇率大部分时期处于失调状况，1997年以来硬盯住美元的汇率政策是造成人民币汇率失调的一个主要的宏观政策因素，建议采用更为灵活的汇率政策。窦祥胜（2005）运用单方程方法分析了1981—2001年的人民币汇率情况，认为人民币汇率已进入一个稳定的发展阶段，随着中国经济发展和综合实力的增强，人民币越来越坚挺，近期内人民币汇率应该坚持稳中有变的原则，而不应该作较大调整。储幼阳（2004）在Edwards模型的基础上，针对中国的实际情况进行了适当的修正，实际测算出1977—2002年人民币均衡汇率水平，认为人民币中心汇率没有调整的必要。刘阳（2004）也利用BEER法估计了人民币汇率水平，认为当前人民币汇率有一定低估。张斌（2003）利用单方程方法估计了1992—2001年的季度汇率水平，认为人民币均衡汇率在中长期内面临升值压力。刘莉亚、任若恩（2002）使用修正的Edwards模型，测算出1985—1999年的人民币实际均衡汇率值，认为人民币没有出现严重高估，没有贬值的必要。张晓朴（2001）利用1978—1999年的年度数据，估计了人民币均衡实际汇率（ERER），并利用1984—1999年的季度数据，估计了人民币行为均衡汇率（BEER）。张志超（2001）利用行为均衡汇率理论分析了1954—1997年的人民币汇率。马纲（2000）采用单方程方法研究发现1995年以后的人民币汇率都是高估的。

陈学彬（1999）利用相对购买力平价方法测算了人民币对美元和其他国际货币的实际汇率，结论认为 1990 年以来人民币汇率被低估。俞乔（1998）使用购买力平价法进行估计，认为自 1993 年以来，人民币对美元等主要国际货币的实际汇率被高估了 30% 左右，建议人民币实际汇率恢复到 1994 年初的水平。

三、关于人民币升值问题的国内外观点述评

近年来我国确实存在汇率升值的压力。我国货币应该升值还是保持稳定，如果升值对我国经济利大于弊还是弊大于利，对此国内外学者都做了很多的研究。主要有如下两种观点：

一种观点认为人民币汇率应该保持稳定，不升值。蒙代尔（1994）对发展中国家的资本流动做了研究，指出人民币升值必须满足三个条件：人民币可兑换；国际收支平衡；全球经济稳定。但是目前来说，中国的银行不良贷款和国企改革等问题都没有解决，还不满足这些条件。曹红辉（2003）根据中国货币当局对人民币汇率波动及合理性的监测，认为目前的人民币汇率水平是适应中国实体经济增长的，是合理的。中国人民银行研究局、金融研究所得出来的结论是人民币当前的升值压力存在被人为放大的事实，我国的外汇储备不能全面反映市场供求。从资本账户看，随着我国资本项目的逐步开放，资本项目的大幅顺差规模呈下降趋势；从经常账户看，人民币还存在贬值预期。黄瑞玲（2003）认为在我国国际收支顺差和外汇储备增长的背后隐藏着一定程度的制度扭曲因素。我国目前人民币汇率的形成机制是不完善的，银行间外汇市场交易定价和品种等受到很大限制，所以我国汇率没有升值的必要也不具备升值的条件。贺力平（2003）也认为现在不是让人民币升值的时候。人民币与美元的汇率关系形成时间尚短，中国经济改革程度还不足以让中国完全开放外汇交易市场和资本市场。谭雅玲（2003）认为目前国际局势动荡，

我国汇率变动只会带来被动和负面效应。总的来说，不支持升值的学者们认为如果人民币升值，对于国内经济：会加剧通货紧缩，导致外商直接投资减少，投机活动加剧，失业问题更加严重，财政赤字增加，农民生活水平进一步下降，社会分化愈趋严重；对于国际经济：中国的竞争力并不是可以通过货币升值来消除，美日国内通货紧缩只能依靠改善自身经济状况来解决，所以人民币升值不会对美日经济恢复有很大帮助，甚至有可能给国际经济造成危害。

另一种观点认为人民币汇率偏离了中长期的均衡汇率水平，应该升值。张斌（2003）认为人民币名义汇率水平应该根据中长期的均衡汇率变动趋势来调整，根据单方程协整均衡汇率模型的估计，当前的实际汇率较大程度地偏离了均衡实际汇率。张斌、何帆（2003）认为人民币低估给国内经济带来了很多不利影响。汇率低估容易引发短期投机资本流入，对贸易部门和非贸易部门采取了歧视性的差别政策，非贸易部门员工受到了不公正的待遇，而且会使产业升级和技术进步受阻。而汇率升值将有利于避免货币和金融危机，使人们看到中国货币当局是以国际收支均衡而不是以单纯的贸易顺差为政策目标的，有利于资源的有效配置和人民生活水平的提高。另外，由于人民币低估，世界其他出现通货紧缩的国家都在制定扭转通缩的政策时把人民币汇率调整这一项提上议程。所以人民币升值是有必要的。同时，升值也不会给我国经济造成很大的影响。余永定（2003）认为中国的对外贸易是以出口加工业为主，升值导致的原材料价格下降会抵消出口产品价格的下降。贸易顺差主要是由于一国的储蓄率高于投资率，而不是因为该国的贸易品价格的降低，所以即使人民币升值，中国的贸易差额也不会有太大的变化。

对于人民币是否应该升值的问题，学术界还无法取得一致。

以上这些分析大都从定性角度考虑，没有从定量方面研究。判断人民币汇率水平是否合理，首先就要确定一个判断标准。我们这里的判断标准就是人民币的均衡汇率。人民币均衡汇率水平应该保持在一个怎样的水平，在怎样的区间浮动，才能使我国经济稳定健康地发展，这是本章要探讨的问题。

四、影响汇率变动的因素分析

本书的实证分析过程将主要运用单方程估计方法，利用协整分析来探讨人民币的均衡汇率问题。不同的学者和不同的文献选取的经济基本因素都不同，所以我们接下来要分析影响均衡汇率的基本面因素。

首先我们将介绍 Edwards 模型。Edwards 模型是一个关于小型开放经济的跨期一般均衡模型，在此经济社会中存在可交易的贸易品和非贸易品。时间限于两期，分别表示短期和长期的经济行为。将该模型稍做改动，即可扩展到无限期。假定当事人完全预期，过滤掉名义汇率变动以及货币政策、财政政策的改变对基本面造成的暂时性影响，由此确定均衡实际汇率。下面用两个等式来描述 Edwards 模型。

（1）基本面因素的影响

$$\log(e_t^*) = \beta_0 + \beta_i \log(FUND_{it}) + \mu_t$$

其中 e_t^* 为 ERER，$FUND_{it}$ 为基本面因素向量，μ_t 为白噪声序列，β_0 为常数项，β_i 为基本经济因素对均衡汇率影响的反映系数，下标 t 表示时间。

（2）实际汇率的动态变化过程

$$\Delta\log(e_t) = \theta\big[\log(e_t^*) - \log(e_{t-1})\big] - \lambda\big[Z_t - Z_t^*\big] +$$
$$\Phi\big[\log(E_t) - \log(E_{t-1})\big] - \varphi\big[PMPR_t - PMPR_{t-1}\big]$$

其中 e_t 为实际汇率，θ 为实际汇率向均衡汇率方向调整的速度，Z_t 为用于度量货币和财政政策的向量，Z_t^* 为与均衡汇率相一致时的货币与财政向量，λ 为对政策偏离的调整速度，E_t 为名义汇率，Φ 为对贬值的调整速度。该等式的含义是：等式右边第一项表示实际汇率的自动调整机制，实际汇率以速度 θ 朝其均衡值调整，θ 值越大，汇率自我矫正速度就越快；右边第二项表示货币和财政政策的变动对实际汇率变动的影响，如果这些政策在中长期是不可持续的，汇率就将面临升值或贬值的压力，如果 λ 足够大，这种压力将会超过汇率的自我调节机制；右边第三项表示名义汇率的变动对实际汇率的影响，名义汇率的贬值会带来实际有效汇率的短期贬值；右边第四项表示同时存在的不同的外汇市场间汇率差异逐步缩小的调整机制，φ 为反映调整过程的参数。

模型假设名义贬值和政策变量的长期弹性值为 0，即所有的名义变量和政策变量都不影响均衡汇率值。下面列出 Edwards 针对 33 个发展中国家作实证研究时所使用的基本面变量和政策变量：外部的贸易条件；政府对非贸易品的消费；对资本流动的管制；贸易限制和交易管制的严重程度；技术进步；投资对 GDP 的比率。除上述基本变量之外，Edwards 还用国内信贷的过度供给和财政赤字对上一期高能货币的比率来分别近似代替货币政策和财政政策变量。

在 Edwards 模型的基础上，我们来分析影响汇率变动的主要因素。影响一国汇率变动的因素是多方面的，既包括经济因素，又包括政治因素和心理因素等。各个因素之间又相互联系相互制约。同时，同一个因素在不同的国家，不同的阶段所起的作用又不相同，所以研究一国汇率的变动因素是一个错综复杂的问题。下面我们主要分析几个比较重要的因素。

　　第一，国际收支状况。国际收支，非严格来说是指一国对外经济活动中所发生的收入和支出，是一国汇率变动的直接原因。当一国国际收支发生顺差时，在外汇市场上，外汇的供应大于需求，这种压力就会使本国货币汇率上升，外国货币汇率下降；反之，一国国际收支发生逆差时，在外汇市场上外汇的供应就会小于需求，本国货币汇率下降，外国货币汇率上升。而影响外汇供求的主要因素为经常项目和资本项目，如果发生双顺差，就会增加外汇供给，反之就会减少外汇供给。短时性的小规模的国际收支差额可以被国际资本流动或政府干预抵消，长期的国际收支逆差，必然导致该国货币汇率下降。

　　第二，通货膨胀率。通货膨胀率是影响汇率变动的长期因素。国家发行纸币，纸币本身没有价值，若纸币在数量上超过流通领域所需要的数量，则会引起货币贬值，从而导致物价上涨。货币的对内价值可用通货膨胀率来表示。通货膨胀意味着物价上升，货币购买力降低，进而导致货币对内贬值。如果货币的对内价值降低，其对外价值——汇率也必然随之下降。一般而言，如果一国通货膨胀率较高，该国商品和劳务在世界市场上的竞争能力下降，进口增加，出口减少，引起外国对该国货币的需求减少，汇价下跌。

　　第三，经济增长率。一国经济发展状况对汇率变动起着相当重要的作用。两国经济增长率的差异，构成汇率变动的基础，因为它将影响对外贸易和外汇市场交易活动的变化。若一国出口基本不变，高速经济增长会使国民收入大幅提高，进而该国对外国商品和劳务的需求上升，引来更多进口。国外投资者可能将该国经济增长看为是资本收益率较高的反映，则加大资本流入，从而该国货币汇率上升。另外，一国经济稳定健康发展也增强了人们对本国货币的信心。

第四，利率。利率作为获取资金使用权的代价或让渡资金使用权的收益，其变动自然会影响到汇率水平，在短期内的影响更为显著。利率上升时，使用本国货币的成本也较高，投资和消费减少，一定程度上抑制了进口、促进出口，外汇市场上本国货币的供应减少，导致该国货币升值；利率下降则刺激一国的消费和投资，进口增加、出口减少，该国货币贬值。

第五，财政赤字。政府的财政赤字也常被用为预测汇率变化的重要指标。如果一个国家的财政预算出现巨额赤字，则意味着政府支出过度，往往会增加货币供应量来弥补，引起通货膨胀率的上升和国际收支的恶化，导致汇率的自动下浮。

第六，技术进步。首先简要介绍一下巴拉萨—萨缪尔森效应。该效应基于建立在两部门（贸易部门和非贸易部门）小型开放的经济体基础上的模型，用贸易部门和非贸易部门生产力差异解释长期中实际汇率的变动。其作用机制为：在经济高速增长的国家，贸易部门具有较高的生产力水平，导致其工资增长。因劳动力可以完全流动，非贸易部门的工资也将上涨，但由于贸易部门的生产力高于非贸易部门的增长，所以非贸易部门工资的增加提高了成本，为保证其利润只能提高非贸易商品的价格，引起非贸易商品相对贸易商品价格上升，实际汇率水平上升，该国货币趋于升值。从根本上讲，劳动生产率是决定本国货币对外价值的基础，所以技术进步对均衡汇率的变动具有较明显的影响。

第七，外汇储备。较多的外汇储备表明了一国政府干预外汇市场和稳定货币汇率的能力。所以外汇储备的增加能加强外汇市场对本国货币的信心，有助于本国汇率的上升。反之，外汇储备的下降可能导致本国汇率下降。例如美国、英国、加拿大等国均设有外汇平准基金。当汇率下跌时，卖出外汇买入本国货币，从而使本国汇率上升；当汇率过高时，就买入外汇卖出本国货币，使本国汇率下降。

第八，政府干预。一国汇率并非完全由基本面因素决定，政府的各种政策特别是经济政策对汇率都会有直接或间接的影响。政府可以在外汇市场上直接买卖外汇，改变外汇供求关系，从而影响汇率。中央银行还可以采取对资本流动实行外汇管制的办法，通过直接控制外汇的来源和分配，强行使外汇供求趋于平衡，达到外汇市场的稳定。官方还可以调整货币和财政政策或在国际范围内发表表态性言论以影响市场心理。

第九，市场预期。市场预期是短期内影响汇率变动的主要因素之一。当今的国际金融市场各种投机行为盛行，市场心理可能受到宣传、谣言等因素或其他政治经济因素影响而导致外汇投机买卖。例如市场预期本国将有将有较高的通货膨胀，便会派生出本国货币贬值的预期，该国货币在市场上就会被抛售，该国汇率就会下降。预期心理的存在使得汇率的波动更为复杂，成为影响汇价短期走势不可忽视的力量。

除以上所述因素之外，影响汇率变化的因素还有很多，如关税和出口补贴、对外贸易政策和贸易限制、国际政治局势动荡等，都会引起汇率波动。下面进行具体的实证分析，看各类基本面因素如何对均衡汇率产生实质性的影响。

第二节　均衡汇率模型

由于本书研究在于估计中国人民币的均衡汇率，而中国经济正处于转型之中，所以如何在模型中充分反映中国经济的特点，是准确估计人民币均衡汇率水平的关键。本书在借鉴国内外已有研究成果的基础上，从一系列变量中选择出能够反映中国转型经济特点的具有代表性的基本经济因素变量来估计人民币均衡汇率水平。我们选取如下向量空间（e，TOT，$OPEN$，$TECH$，$DEBT$），其中（TOT，$OPEN$，$TECH$，$DEBT$）为基本经济因素向量（$FUND_{it}$）。下面具体对实证分析中将使用到的基本经济变量和数据作进一步分析和说明，由于有的数据获取困难，需要对其进行修正或近似替代。样本区间为 1978—2003 年的年度数据，由于近三年有些指标数据搜集不够完全，为了不影响数据质量，我们仅研究至 2003 年。

一、数据说明

实际有效汇率（e）：本书选取人民币实际有效汇率指数，为间接标价法，以 2000 年为 100。数据来源：IFS。

贸易条件（TOT）：贸易条件被定义为一国出口价格指数与进口价格指数之比，是描述一个国家的贸易品在国际市场上的竞争力的一个指标，以 1995 年为 100。贸易条件的改善对均衡实际汇率有两方面的影响：（1）收入效应。贸易条件改善时，全社会私人支出增加，导致非贸易品价格相对上升，从而导致实际汇率升值。（2）替代效应。贸易条件的改善，使得进口产品的价格相对降低，从而导致非贸易品需求下降，从而实际汇率贬值。一般情况下，贸易条件的改善所带来的收入效应要大于替代效应，结果导致均衡汇率升值。但也有出现相反情况的可能。数据来源：IFS。

对外贸易开放度（$OPEN$）：即贸易限制，定义为进出口总额与 GDP 的比值。该指标集中反映进出口关税、贸易政策和汇兑管制政策等。对发展中国家来说，对外贸易开放程度扩大，即这个比率越大，对经常账户的冲击就越大，从而造成经常账户出现赤字，实际有效汇率将会贬值。数据来源：IFS。

技术进步（$TECH$）：技术进步将增加经济体的生产率，生产率无法直接得到,所以我们用国民经济增长率来代替。一般来说,如果技术进步主要发生在贸易品部门,则均衡实际汇率升值;如果技术进步主要发生在非贸易品部门,则会导致均衡实际汇率贬值。从目前来看,我国经济将会继续保持适度平稳发展,对人民币汇率的影响将会在未来一段时间内继续发挥。数据来源:根据 CCER 有关年份的数据整理得出。

偿债率(*DEBT*):将偿债率定义为偿还外债本息与当年贸易和非贸易外汇收入之比。如果偿债率长期下降,有利于改善经常账户的可持续性,从而实际汇率升值。反之,实际汇率贬值。数据来源:1985 年以前的数据缺失,缺失值以 1985 年的偿债率为基础利用各年的外债余额变化比率逐年折算的倒推值作为近似。数据来源:CCER。

各项指标的时序图见图 2 - 1。我们重点来看人民币实际有效汇率指数的时序图。人民币实际有效汇率从 1978 年的最高点 300,一路贬值到 1993 年的最低点 69.8,贬值原因之一是由于名义汇率的贬值,其二是由于调剂市场汇率一直高于官方名义汇率,1988 年至 1993 年的实际有效汇率中调剂市场汇率所占比例越来越重,以致实际有效汇率贬值。1994 年汇率开始缓慢回升,但到 1999 年以后又有所回落,波动不大。

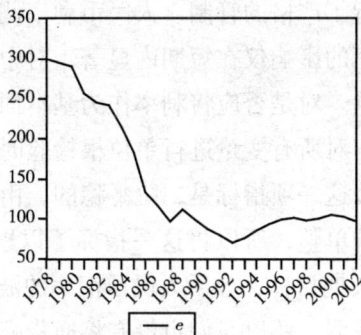

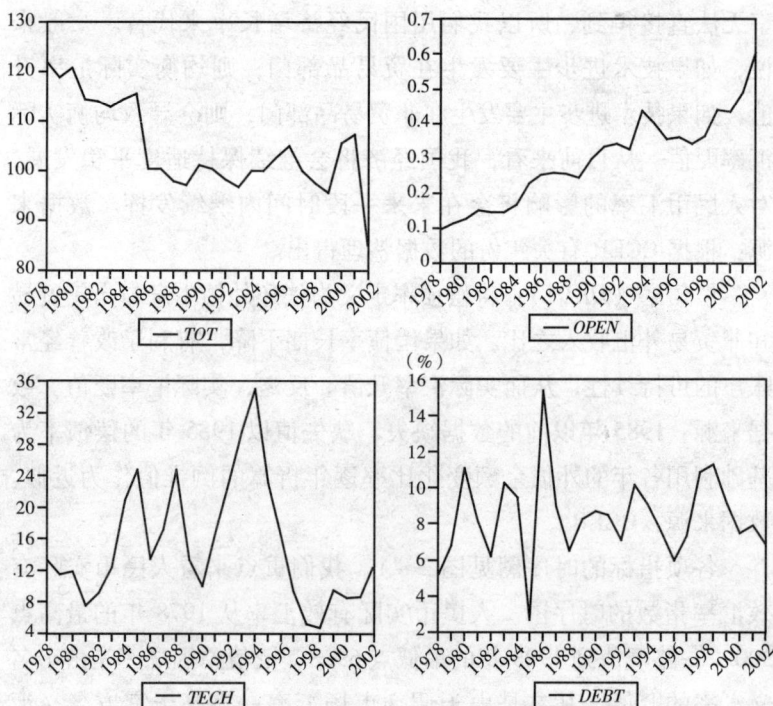

图 2 - 1　各指标变量时序图

模型选取变量没有考虑国内外的利率差是由于目前我国对资本的国际流动实行了严格的管制，人民币利率调低不会引起资本的大量外流，利率的影响仅在短期内显著，对中长期均衡汇率没有很大的实质影响。对是否应将利率作为基本面变量，理论界还存在争议。在我们对所有变量进行单位根检验时，发现只有政府对非贸易品的花费这一项指标是二阶平稳的，由于协整检验要求所有的变量是同阶单整，所以将这一指标予以剔除。另外，"低通胀"是我国的长期目标，今后人民币汇率的波动受国内通货膨胀的影响将趋于减弱，所以我们也没有将通货膨胀率考虑到模型当中来。

协整理论是 20 世纪 80 年代以来计量经济学中的一个重大发展，是动态计量经济学研究模型的主要方法之一。协整理论不同于传统的计量经济学方法，它从经济变量的数据中显示的关系出发，确定模型包含的变量之间的理论关系，寻找变量之间的一种长期稳定的均衡关系。本书就是运用协整理论判断人民币汇率与其决定因素之间的长期稳定关系。使用 Eviews5.0 进行计量分析。

由于数据波动太大，为消除异方差，使单位无量纲化，将所有数据进行对数化处理，分别命名为 *le*、*ltot*、*lopen*、*ltech*、*ldebt*。经济时间序列一般都是非平稳的时间序列，而做协整分析要求时间序列必须是平稳的，对不平稳的时间序列作回归会产生错误的推论，引致"伪回归"。所以我们首先要进行单位根检验，将所有的序列平稳化。

二、单位根检验

因为实践中大多数经济时间序列都是非平稳的，但若一个时间序列是非平稳的，我们只能研究其在研究期间的行为，而无法推广到其他期间，对预测来说没有太大的实际价值。且我们接下来要做的协整分析要求时间序列是平稳的。所以我们先做平稳性检验。运用增广的迪基—富勒（ADF）检验各时间序列及其一阶差分是否平稳。ADF 检验方程为：

$$\Delta y_t = ay_{t-1} + b_1\Delta y_{t-1} + b_2\Delta y_{t-2} + \cdots + b_{p-1}\Delta y_{t-p+1} + u_t$$
$$t = 1,2,\cdots,T$$

其中 Δ 为一阶滞后算子。检验方程有三种形式，即另可在上式中包含常数项 c 或趋势项 δt。滞后阶数经试验选取使得 AIC 和 SC 值达到最小的上述方程中的 p 值。原假设为时间序列存在一个单位根。若 ADF 值大于临界值，则接受原假设，意味着时间序列存在单位根。若拒绝原假设，意味着原序列是平稳的。检验结果见表 2 - 1。

由表 2 - 1 可知所有的变量都为非平稳序列。对非平稳序列进行 d 次差分可以转化为平稳序列。经过 d 次差分才平稳的序列成为 d 阶单整序列，记为 I（d）。经过一阶差分发现所有的序列都已经平稳，都是一阶单整序列，即 I（1）。符合我们的协整要求。

表 2 - 1　各变量的单位根检验（ADF）结果

变量	检验形式(C,T,L)	ADF 值	相应临界值	结　　论
le	（$C,T,7$）	- 3. 068170 ***	- 3. 286909	接受 H_0，不平稳
$ltot$	（C,N,O）	- 1. 581401 ***	- 2. 632604	接受 H_0，不平稳
$lopen$	（$C,T,1$）	- 2. 355242 ***	- 3. 238054	接受 H_0，不平稳
$ltech$	（$C,N,3$）	- 2. 790875 **	- 3. 004861	接受 H_0，不平稳
$ldebt$	（$C,T,5$）	- 4. 423244 *	- 4. 498307	接受 H_0，不平稳
Dle	（$C,N,0$）	- 3. 023030 **	- 2. 991878	拒绝 H_0，平稳
$Dltot$	（$C,N,1$）	- 4. 406853 *	- 3. 752946	拒绝 H_0，平稳
$Dlopen$	（$C,T,0$）	- 4. 376901 **	- 3. 612199	拒绝 H_0，平稳
$Dltech$	（$C,T,6$）	- 3. 439896 ***	- 3. 286909	拒绝 H_0，平稳
$Dldebt$	（$C,T,5$）	- 4. 791729 *	- 4. 532598	拒绝 H_0，平稳

注：表格内检验形式 C、T、L 分别表示单位根检验包括常数项、时间趋势项和滞后阶数。N 表示不包括 T。加入滞后变量是为了使残差项成为白噪声序列。上标符号 *、** 和 *** 分别代表显著性水平 1%、5% 和 10%。

三、协整检验

为了做协整检验，先建立一个 VAR 对象。向量自回归即 VAR 模型把系统中每一个内生变量作为系统中所有内生变量的滞后值的函数来构造模型，从而将单变量自回归模型推广到由多元时间序列变量组成的向量自回归模型。VAR 模型反映了相关时间序列系统的预测和随机扰动对变量系统的动态冲击，从而解释各种经济冲击对经济变量形成的影响。其数学表达式是

$$y_t = A_1 y_{t-1} + \cdots + A_p y_{t-p} + B x_t + \varepsilon_t \qquad t = 1, 2, \cdots, T$$

其中 y_t 是 k 维内生变量向量，x_t 是 d 维外生变量向量，p 是滞后阶数，T 是样本个数。$K \times k$ 维矩阵 A_1，$\cdots$，A_p 和 $k \times d$ 维矩阵 B 是要被估计的系数矩阵。ε_t 是 k 维扰动向量，其同时刻的元素可以彼此相关，与自己的滞后值及等式右边的向量都不相关。建立 VAR 模型，使用系统默认的非约束模型，根据 AIC 和 SC 信息量取值最小的原则确定滞后阶数为 2。下面只显示 VAR 模型的整体检验结果。见表 2 - 2。AR 根模的倒数都小于 1，即位于单位圆内，说明此模型是稳定的。

表 2 - 2　VAR 模型整体检验结果

Determinant resid covariance (dof adj.)	4. 26E – 09
Determinant resid covariance	7. 59E – 10
Log likelihood	81. 71168
Akaike information criterion	– 3. 475973
Schwarz criterion	– 1. 512550

研究一组非平稳时间序列时，一般要检验它们是否具有协整关系，以进一步确认各变量之间的长期均衡关系。协整方法包括 EG 两步法和 Johansen 在 1998 年提出的一种以 VAR 模型为基础的检验回归系数的方法，称为 Johansen 协整检验。前者适用于两个变量之间的协整检验，而本书研究的是多变量协整，所以我们使用 Johansen 检验。和单变量时间序列一样，多变量协整检验也可以包含截距项和趋势项。本书采用默认选项，即观测序列有线性确定性趋势并且协整方程只有截距项。协整检验的滞后区间是

指在辅助回归中的一阶差分的滞后项，不是指原序列。所以此处滞后阶数为1。检验结果见表2-3。

表2-3   Johansen 协整检验结果

Unrestricted Cointegration Rank Test (Trace)

Hypothesized No. of CE(s)	Eigenvalue	Trace Statistic	0.05 Critical Value	Prob. **
None *	0.786226	72.91099	69.81889	0.0277
At most 1	0.554686	35.88297	47.85613	0.4023
At most 2	0.382522	16.46756	29.79707	0.6790
At most 3	0.160232	4.896884	15.49471	0.8179
At most 4	0.028979	0.705767	3.841466	0.4009

Trace test indicates 1 cointegrating eqn(s) at the 0.05 level

* denotes rejection of the hypothesis at the 0.05 level

** MacKinnon – Haug – Michelis (1999) p – values

由表2-3可知，只有第一个统计量大于1%水平下的临界值，只有第一个原假设被拒绝，即有且仅有一个协整关系。表2-4给出了经过标准化后的协整系数。小括号内数字为渐进标准误，中括号内数字为 t 统计量。

表2-4   标准化协整系数

1 Cointegrating Equation(s):		Log likelihood		81.71168
Normalized cointegrating coefficients (Standard errors in ( ))				
LE	LTOT	LOPEN	LTECH	LDEBT
1.000000	0.261155	0.888357	0.399186	2.542974
	(1.65255)	(0.24930)	(0.12374)	(0.34261)

建立向量误差修正模型，即 VEC 模型。VEC 模型是对诸变量施加了协整约束条件的向量自回归模型，只适用于有协整关系

的序列建模。VEC 模型的滞后阶数同协整检验一样，是指一阶差分变量的滞后期，所以我们这里也选择 1 阶滞后。VEC 模型结果如下，见表 2 - 5。

表 2 - 5　VEC 模型输出结果

Standard errors in (　　) & t - statistics in [　]

Cointegrat ig Eq:	LE(-1)	LTOT(-1)	LOPEN (-1)	LTECH (-1)	LDEBT (-1)	C
CointEq1	1. 000000	0. 261155	0. 888357	0. 399186	2. 542974	- 11. 26674
		(1. 65255)	(0. 24930)	(0. 12374)	(0. 34261)	
		[0. 15803]	[3. 56334]	[3. 22594]	[7. 42234]	

将其写成数学表达式，并令其等于 *vecm*，得

$$vecm = le(-1) + 0.26ltot(-1) + 0.89lopen(-1) +$$
$$0.40ltech(-1) + 2.54ldebt(-1) - 11.27$$

对序列 *vecm* 进行单位根检验，发现它已经是平稳序列，并且具有零均值回复现象，证明协整关系是稳定的。将其写成以 *le* 为因变量，其他变量为自变量的形式，即为

$$le = -0.26ltot - 0.89lopen - 0.40ltech - 2.54ldebt + 11.27 \qquad (2.1)$$

VEC 模型整体检验结果见表 2 - 6，由表可知，模型的 AIC 和 SC 值分别为 - 3.48 和 - 1.51，都比较小，结果较为理想。

表 2 - 6　VEC 模型的整体检验结果

Determinant resid covariance (dof adj.)	4. 26E - 09
Determinant resid covariance	7. 59E - 10
Log likelihood	81. 71168
Akaike information criterion	- 3. 475973
Schwarz criterion	- 1. 512550

现在我们来分析一下协整方程（2.1）的经济含义。方程左边是建立在基本经济要素基础上的人民币均衡汇率，基本经济要素对人民币汇率的影响方向与我们的定性分析是基本一致的。贸易条件的改善对人民币汇率的影响与理论分析中不完全一致。一般情况下，贸易条件的改善会导致人民币汇率升值，而我们这里得出来的结论是导致汇率贬值，符号为正。这说明对具有转型经济特点的中国来说，贸易条件变化带来的收入效应要小于替代效应。随着中国经济的迅速发展，人们对进口品的需求偏好一直都高于国内商品，且对进口品的价格需求弹性较大。贸易条件改善提高了人们的实际收入，可也相对降低了进口品的价格，所以人们会把部分对非贸易品的需求转移到对贸易品的需求。当这部分转移的需求超过了因实际收入提高而带来的对非贸易品的需求，于是非贸易品需求下降，价格相对下降，最终导致人民币汇率贬值。这个结果与艾奥巴德维（I. A. Elbadawi, 1994）对部分发展中国家所做的实证研究结果是一致的。开放度对人民币汇率的影响为负，和我们的预期一致。对发展中国家来说，对外贸易开放程度扩大，经常项目收支恶化，要求均衡汇率贬值来维持外部均衡。经济增长率增加导致均衡汇率贬值，说明我国的技术进步主要发生在非贸易品部门，这个结论与爱德华兹（Edwards, 1989）对发展中国家的研究结论是一致的。偿债率上升，本币贬值，反之升值。

从弹性系数上来分析，贸易条件改善一个百分点会引起均衡有效汇率 0.26 个百分点的变化，即贬值 0.26 个百分点。对外开放度对人民币均衡汇率的弹性系数为 0.89。国民经济增长率对均衡汇率的弹性系数为 0.40，即经济增长一个百分点，均衡汇率将贬值 0.40 个百分点。偿债率上升一个百分点，均衡有效汇率贬值 2.54 个百分点。

四、模型的局限性

上述模型分析虽然得到了我们想要的结论，但缺陷在所难免，主要存在以下局限性：（1）虽然我们选取的基本变量都很好地解释了人民币汇率值，但变量的代表性如何以及是否有更好的代表性向量空间存在还值得商榷。（2）由于有些变量的数值无法获得，所以我们采取近似的指标代替，或折算近似值，是否有更好的替代指标和数据质量方面都需要进一步探讨。（3）有些反映中国转型经济特点的基本变量在回归中不显著，所以被剔除掉，没有选入模型，影响了模型估计的准确性。（4）由模型估计得出的均衡实际汇率是无法直接观察的，因此如何测度它的精确性还值得研究。（5）各种均衡汇率理论都有其各自的优点和局限性，可以考虑把不同的模型结合起来，对人民币汇率进行综合测算，可能会得出更符合实际的结果。（6）现有的汇率理论虽然多种多样，但是对实际问题的解释能力依然差强人意，无法知道真实的均衡实际汇率水平的条件下，说人民币应该升值20%或50%是毫无意义的。

五、模型的后续研究

本章建立的有关人民币汇率的均衡模型具有很好的拟合效果，但还存在一定的缺陷。主成分分析在人民币均衡汇率的研究中是一种新型的研究视角，极具创新性和重要性。

（一）对均衡汇率模型的补充说明

影响汇率波动的基本经济因素有很多，而我们在选取指标进行实证分析时不可能列出所有的指标变量。通过统计分析各指标的显著性，我们选取了上文所列指标。但不可否认的是，选取过程中带有一定的主观性和经验性，例如由于中国的进出口需求在很大程度上并不完全是进口品和出口品的价格函数，使得在用最小二乘法将贸易条件对汇率作回归分析时，其参数并不十分显著。但由于大多数理论和学者都认为贸易条件是预测实际汇率变化的很好参数，所以我们按照大部分人的做法，将贸易条件包括在模型变量当中。

这里我们简要说明一下在模型构建和指标选取时应遵循的原则，希望对有志于研究人民币均衡汇率水平的人们有所帮助。

1. 模型的构建

均衡汇率模型的构建问题是均衡汇率理论的核心内容。在模型构建过程中，我们应该主要把握下面两个基本原则：（1）客观性原则。在实际应用中，由于各国国情的不同，我们要建立适合于各国国情的均衡汇率模型。模型应建立在客观数据的基础上，反映我国客观的经济运行情况，而不能任意编造、修改数据，那样得出来的结论也许合乎预期，但是是没有研究意义的，对学术研究来说更是不允许的。只有依靠能够解释客观经济现象并能通过实证检验的数据建立起来的模型才具有研究价值和政策含义。（2）可检验性原则。影响某个经济变量的因素有很多，在一个基础的模型中无法完全体现，即便全部选取进来，也会带来操作上的困难，数据的搜集和处理难度很大。选择何种数据处理方法是构建模型的关键。在实证分析中，我们要尽量用较少的变量说明较多的问题，使模型检验易行，操作简单，且能与现实经济情况相符。

2. 指标的选取

指标的选取是建立汇率均衡模型的首要环节。指标不同，系数就不同，采用不同的基本经济指标建立的均衡模型可能得出相差极远的结果。均衡汇率的影响因素门类众多，因此从众多的基本经济指标中选取哪些来研究均衡汇率模型更为有效成为在研究人民币均衡汇率过程中的一大难题。选取具体指标时应遵循的原则有：（1）规范性。所选取的指标应尽量采用国际国内通用的经济指标。为了与国外其他机构或历史数据进行对比，所选指标的名称、单位及数据结构应与国际惯例接轨。在适当的时候由于数据的可得性和操作性可以对数据进行近似处理，但应说明具体的处理方法及理由。（2）代表性。所选取的指标要能代表经济的综合状况，运行稳定，这样才能使建立起来的模型高效运作，不致发出错误信号，对未来均衡汇率具有预测作用和政策上的含义。（3）互补性。作为指标体系，各指标间应互相补充，结合成一个有机整体，但应注意信息的重叠，即多重共线性问题，这样才能全面反映经济的运行状况，全面解释汇率的调整机制。（4）灵敏性。所选指标的灵敏度要高，要求通过指标的一个微小变化能直接反映出均衡实际汇率的发展变化，以便迅速知晓经济的运行状况及对均衡实际汇率的影响，根据变动幅度大小来决定是否需要采取人为干预手段。（5）易操作性。各类经济指标数量庞大，影响均衡汇率变动的也为数众多，应选取数据易得、数值精确、操作简单的指标进行处理。

（二）主成分分析

上面我们介绍的选取基本经济指标时应遵循的一些基本原则，在现实运用中不只是对均衡汇率模型的研究，对其他经济模型的研究或存在对指标选取的情况都具有一定的指导性，但是人为地来选取指标变量无疑存在一定的主观性，带有一定的预期成分。并且容易产生多重共线性问题，影响模型拟合效果。但是如果完全根据统计分析来剔除不显著的变量，留取统计显著的变量建立的模型也有可能得到错误的结论，因为有的解释变量在计量分析中也许不够显著，但在解释现实经济现象中具有举足轻重的地位，不可或缺，如果予以剔除，剩下的指标就不具有代表性，反映不了真实的经济运行情况，结果出现偏差。

所以我们可以考虑在建立协整模型或其他模型之前，对所有影响因变量的自变量进行主成分分析或因子分析，从多数变量中提取出几个对模型有用的反映综合信息的主要变量。下面简单介绍一下这种方法。

在各个领域的科学研究中，为了全面客观地分析问题，往往需要对反映研究对象的多个变量进行大量观测，收集多个观察指标的数据以便进行分析寻找规律。多变量大样本无疑可以为科学研究提供丰富的信息，对研究的广度和深度都有很大的帮助。但同时在一定程度上增加了数据搜集的工作量，对某个课题的有限的研究时间来说也是不现实的。更重要的是，在大多数情况下，针对某个研究对象的多个变量之间会存在不同程度的相关性而使问题分析的复杂性增加，对分析带来不便。如果单个分析指标，分析又会是孤立的，无疑会造成对研究对象的片面认识，也不会得出综合的、一致性的结论。而盲目地减少指标会损失很多可能有用的甚至不可缺少的信息，容易产生错误的结论。因此我们就需要有一种合理的方法，减少分析指标的同时尽量减少原指标所包含信息的损失，以对所搜集的资料进行全面的分析。

主成分分析就是考虑各指标间的相互关系，利用降维的思想把多个指标转换成较少的几个互不相关的综合指标，从而使得进一步研究变得相对简单的一种统计方法。下面介绍一下它的基本思想。

我们考虑一般情形。有实际的观测变量 m 个，$x_1 \sim x_m$，共有 n 个观测值。在原始变量的 m 维空间中，找到新的 m 个坐标轴，这样我们可以将新变量与原始变量的关系表示为下面的关系式：

$$P_1 = l_{11}x_1 + l_{12}x_2 + l_{13}x_3 + \cdots + l_{1m}x_m$$
$$P_2 = l_{21}x_1 + l_{22}x_2 + l_{23}x_3 + \cdots + l_{2m}x_m$$

$$P_3 = l_{31}x_1 + l_{32}x_2 + l_{33}x_3 + \cdots + l_{3m}x_m$$

$$\cdots\cdots\cdots\cdots\cdots\cdots\cdots\cdots\cdots\cdots$$

$$P_m = l_{m1}x_1 + l_{m2}x_2 + l_{m3}x_3 + \cdots + l_{mm}x_m$$

在这 m 个新的变量中我们可以找到 l 个新变量（$l < m$），这 l 个新变量能够解释原始数据大部分方差所包含的信息。而其余的 $m - l$ 个新变量对方差的影响很小。我们就称这 m 个新变量是原始变量的主成分，每个新变量都是原始变量的线性组合。

每个成分的贡献率被定义为各成分所包含的信息占总信息的百分比，用方差来衡量就是每个成分所提供方差占总方差 m 的百分比。通常我们按累计贡献率大于等于 80% 来确定取前 k 个成分作为该研究问题的主成分。系统默认原则是提取特征值大于 1 的因子。

用统计软件 SPSS13.0 进行主成分分析。除上一节实证部分选取的变量外，我们选取经常账户差额（$JCZH$）、外汇储备（$WHCB$）、利率（R）、政府对非贸易品的花费（GOV）、货币供应量（$M2$）、通货膨胀率（P）、资本流入（FDI）等对均衡实际汇率有影响的指标变量，共 11 个变量进行主成分分析。数据来源于 CCER、《中国统计年鉴》和《中国人民银行统计季报》各期。样本区间仍为 1978—2003 年。

对这 11 个变量进行主成分分析，实际处理中由于个别指标的个别年份数据缺失，我们用统计方法进行了处理。由于得出的主成分无法直接得出表达式，有的原始变量与两个或两个以上主成分都有很紧密的相关性，无法决定它到底应该属于哪个主成分，所以我们考虑因子旋转，得出反映均衡实际汇率变动综合信息的几个因子。但由于指标数目众多及数据搜集难度较大引起的质量问题，进行主成分分析之后对各个影响均衡实际汇率的新序列无法找到合适的经济含义来命名，且各变量对均衡汇率的影响方向有正有负，严重影响了对均衡汇率的拟合度，所以对这方面的研究我们只进行了初步的试验。

通过上面初步的主成分分析，我们得出的结论是：主成分分析对提取因子信息、综合反映指标情况以及去除共线性是很有效的。虽然我们的回归结果不成立，但也是在预料之中的。在以后的研究中，我们一方面应该提高数据质量，尽量少用近似指标代替和统计处理，另一方面从对均衡汇率的影响显著性和符号方面对指标进行初步筛选，不考虑不显著的指标，尽可能使符号相同的指标出现在同一个主成分中，以免正负抵消对汇率的作用，使提取出来的因子具有很好的经济含义和解释能力。另外，除本书中提到的变量外，影响均衡实际汇率的因素还存在不少。数据的搜集整理需要大量的时间和精力，同时可能需要不断地对数据进行筛选，反复实验，才能得到令人满意的结论。但这无疑是一个很好的提高信息提取的充分度的方法，值得进一步深入研究。

第三节　基于均衡汇率模型的经济含义分析

基于上一节所建立的协整方程模型，我们进行进一步的研究来分析各经济基本面因素对均衡汇率的影响及样本期内人民币汇率的失调情况。

一、脉冲响应函数和方差分解

脉冲响应函数是用于衡量来自随机扰动项的一个标准差冲击对内生变量当前和未来取值的影响。对前面所建立的 VAR 模型进行脉冲响应函数分析。le 对自身和各个自变量的一个标准差新息的响应图见图 2 - 2。

Response to Cholesky One S.D. Innovations ± 2 S.E.

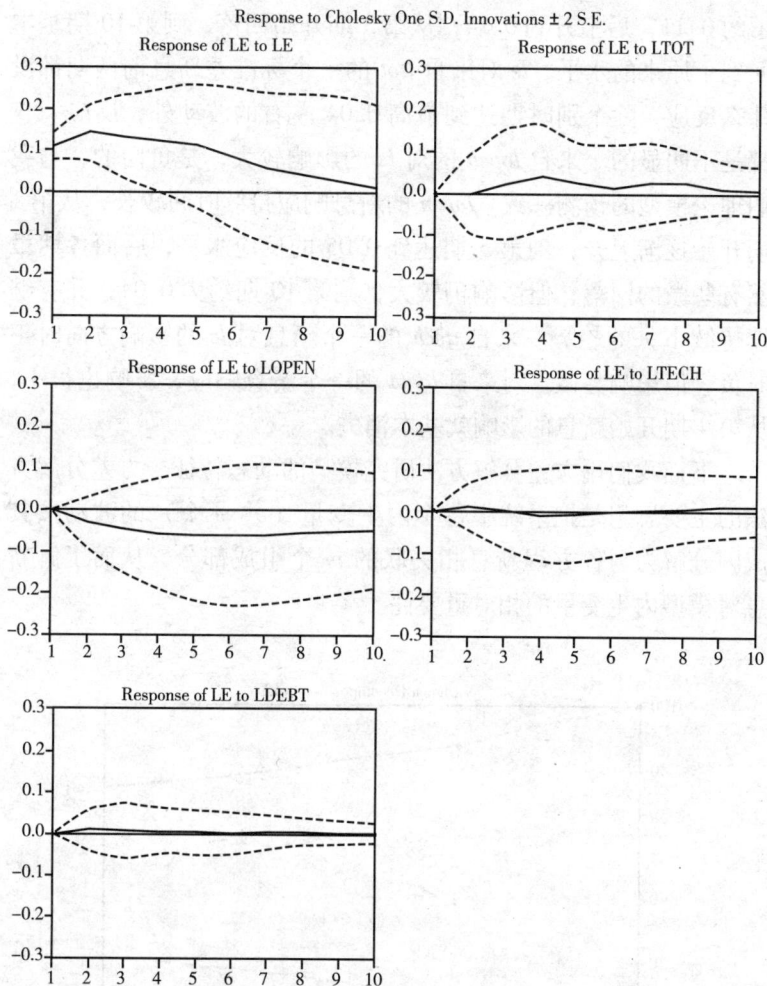

图2-2　*le* 对来自自身、*ltot*、*lopen*、*ltech*、*lp* 一个标准差新息的响应

　　图2-2中实线表示 *le* 的响应轨迹，两边的虚线表示响应函数值加减两倍标准差的置信带。从图2-2可以看出，实际有效汇率对来自自身的一个标准差新息立刻有了较明显的反应，上升

了约 0.11，后上升到 0.14，从第 3 期开始回落，到第 10 期基本回到了原来的水平。*le* 对来自 *ltot* 的一个标准差新息前两期都没什么反应，除个别时期达到最高 0.04 左右的波动外，反应一直都是不明显的。来自 *lopen* 的对 *le* 的影响较大，是负向的，与我们理论模型的预测一致。*lopen* 的新息响应持续时间较长，从第 1 期开始逐渐上升，到第 5 期达到 0.05 的反应水平，后面各期虽然有些微的回落，但影响仍较大，到第 10 期约为 0.04，并有继续持续下去的趋势。来自 *ltech* 的一个新息对 *le* 的影响方向时正时负，但影响甚微。对来自 *ldebt* 的一个新息响应，影响也很小，从第 4 期开始新息的影响就基本消失。

下面我们用方差分解方法研究模型的动态特征。方差分解方法的主要思想是把系统中每个内生变量（共 m 个）的波动按其成因分解为与各方程新息相关联的 m 个组成部分，从而了解新息对模型内生变量的相对重要性。

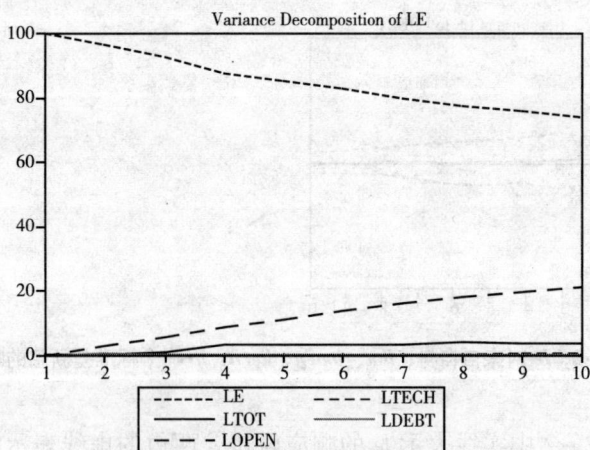

图 2 - 3　变量 *le* 方差分解结果图

图 2-3 是 *le* 的方差分解图，由图可知，*le* 的预测误差波动主要来自自身的影响，在第 1 期对预测误差的贡献率达到 100%，随后逐步下降，但远期逐渐稳定仍然超过整体的 70%。除自身影响外，*lopen* 对 *le* 来说最重要，其对预测误差的贡献度达到 21%。由表 2-7——*le* 的方差分解结果也可看出，从第 8 期开始，方差分解结果基本稳定，来自 *lopen* 新息的影响占 *le* 预测误差的 18%，由此可见，*lopen* 对 *le* 来说最重要。需要指出的是，方差分解的结果显示，*ltot* 对 *le* 的影响仅约为 4%，而 *ltech* 和 *ldebt* 对 *le* 的贡献率总和都不超过 1%，远远小于 *lopen* 的贡献率。在协整分析中，我们得出的结论是对外开放度对人民币汇率的弹性系数要高于贸易条件和技术进步对汇率的弹性系数，主要原因是因为在我们研究的样本期内，对外开放度的变化率要比贸易条件和技术进步的变化率快得多。至于偿债率的弹性系数较大，可能是因为在样本期变化较大有关，时正时负。与协整分析相同，方差分解的结果同样显示出技术进步对人民币汇率的影响不甚明显。整个方差分解结果与上面的脉冲响应函数是一致的。

表 2-7　变量 *le* 的方差分解结果

Period	S. E.	LE	LTOT	LOPEN	LTECH	LDEBT
1	0.111739	100.0000	0.000000	0.000000	0.000000	0.000000
2	0.185114	96.44554	0.018891	2.695559	0.445670	0.394343
3	0.233514	92.60002	0.945548	5.807911	0.290324	0.356201
4	0.273740	87.63938	3.151218	8.572293	0.321827	0.315281
5	0.303199	85.08693	3.260704	11.08043	0.290900	0.281029
6	0.321033	82.71001	3.101027	13.67075	0.264588	0.253623
7	0.332454	79.96448	3.480509	16.03029	0.266179	0.258533
8	0.340639	77.61066	3.874162	17.92850	0.311003	0.275673
9	0.346128	75.79110	3.868538	19.62715	0.442904	0.270301
10	0.350138	74.17923	3.828059	21.13032	0.594790	0.267601

Cholesky Ordering: LE LTOT LOPEN LTECH LDEBT

注：因四舍五入，故表中每行数据之和可能不等于 100。

二、人民币汇率失调情况分析

把基本面变量（*tot*、*open*、*tech*、*debt*）的实际值代入到协整方程（2.1）中，可以得到人民币的均衡实际汇率。虽然这样可以直接地看到人民币汇率的失调情况，但由于计算过程中使用的是经济基本面的当前值，这些数据包含了经济周期的影响，为了更清晰地看到经济基本面对人民币均衡有效汇率的持久性的影响，我们考虑提取基本面要素的可持续值来估计人民币汇率的长期均衡值。基本面要素的长期均衡值的估计有两类办法，一种是事前估计法，一种是事后估计法。鉴于通过事前估计法估计的基本面因素值多带有主观性，所以我们采用事后估计法，根据已发生过的基本面因素时间序列的数据特征来确定长期均衡值。有多种方法可用来提取时间序列的可持续值，如移动平均法、B－N分解法、H－P滤波法以及通过定性分析进行的政策模拟等。其中目前宏观经济普遍采用的是 H－P 滤波法。

H－P 滤波法由 Hodrick and Prescott 在分析战后美国经济周期的论文中首次使用。下面简要介绍一下。设 $\{Y_t\}$ 是包含趋势成分和波动成分的经济时间序列，$\{Y_t^T\}$ 是其中含有的趋势成分，$\{Y_t^c\}$ 是其中含有的波动成分，则

$$Y_t = Y_t^T + Y_t^c, \qquad t = 1, 2, \cdots, T$$

计算 H－P 滤波就是从 $\{Y_t\}$ 中将 Y_t^T 分离出来。在选取参数时，根据一般经验，年度数据取 100，季度数据取 1600，月度数据取 14400，所以本书中取 100。H－P 滤波法的运用比较灵活，不依赖于对经济周期波峰和波谷的确定，它把经济周期看成是宏观经济对某一缓慢变动路径的一种偏离，该路径在期间内是单调增长的，所以称为趋势。H－P 滤波增大了经济周期的频率，使周期波动减弱。H－P 滤波法应用方便，并可避免其他方法的

局限性。比如移动平均会丢失观测点，B－N分解法有时并不能适用等。

我们使用H－P滤波法提取变量的长期均衡值，各基本经济因素的H－P滤波结果见图2－4。并将它们代入到协整方程（2.1）中，得到长期均衡汇率值。

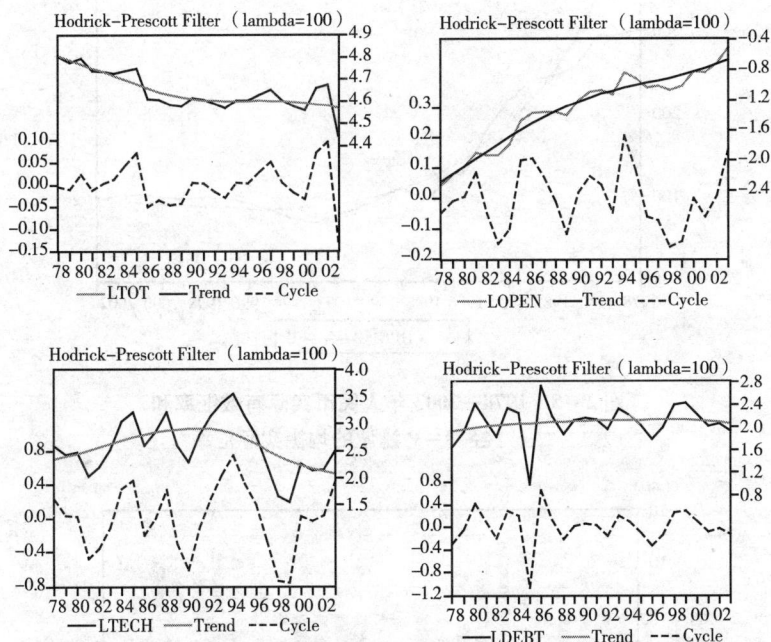

图2－4 各基本变量指标H－P结果图

另外，我们根据如下的计算汇率失调的公式，计算出基于经过H－P滤波的均衡实际汇率的人民币实际有效汇率的失调情况：

实际有效汇率 =（实际有效汇率 － 均衡实际汇率）/ 均衡实际汇率 × 100

其中基准汇率为均衡实际汇率，失调程度数值前面的正号表示币值高估，负号表示币值低估。

结果显示在表 2 - 8 中, 图形见图 2 - 5 和图 2 - 6。

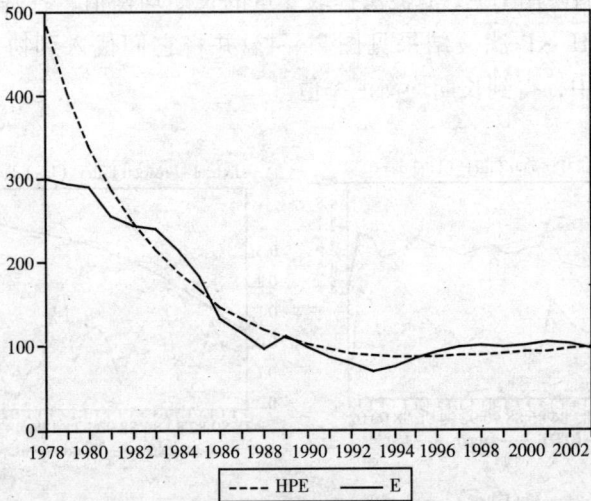

图 2 - 5 1978—2003 年人民币实际有效汇率和
经 H - P 滤波的均衡实际汇率

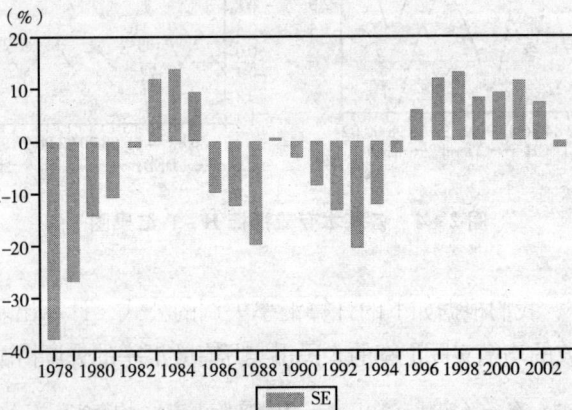

图 2 - 6 1978—2003 年人民币实际有效汇率失调情况

表2-8　人民币实际有效汇率、均衡实际汇率及失调程度表

年份	实际有效汇率(e)	经$H-P$滤波的均衡实际汇率(hpe)	失调程度%(se)
	（1）	（2）	（3）
1978	300	483.9734	-38.0131
1979	295	403.3683	-26.8658
1980	289.958	338.4553	-14.329
1981	256.879	288.1555	-10.854
1982	245.309	248.1959	-1.16317
1983	241.16	215.3866	11.9661
1984	214.996	188.8772	13.82843
1985	182.451	166.9293	9.298393
1986	132.855	147.461	-9.90501
1987	115.829	132.2706	-12.4303
1988	96.46	120.3236	-19.8328
1989	111.268	110.4887	0.705336
1990	98.941	102.3973	-3.37537
1991	87.751	95.94931	-8.54442
1992	78.901	91.14257	-13.4312
1993	69.814	87.92049	-20.5942
1994	75.899	86.51476	-12.2705
1995	84.571	86.65087	-2.40029
1996	92.756	87.53393	5.965767
1997	98.836	88.37619	11.83555
1998	100.813	89.1056	13.13879
1999	97.508	90.11767	8.200752
2000	100	91.63513	9.128452
2001	104.32	93.60485	11.44721
2002	102.641	95.73081	7.218356
2003	96.678	97.96139	-1.3101

人民币汇率失调大致有两种情况:一种是均衡汇率发生变化,而实际汇率的变化不能完全适应均衡汇率的变化以致汇率失调;另一种是均衡汇率没有发生变化,而实际汇率由于名义汇率或物价等因素发生了变化,导致汇率失调。一国汇率水平是否合理,有一系列的经济指标可以衡量,如国际收支、外汇储备等。下面我们结合本书所建模型的结果同时参考这些标准来判断近年来我国汇率失调的情况。结合表2-8和图2-5,我们可以看出,1978年以来人民币汇率的变动存在以下基本特点:在大多数年份,人民币汇率都处于失调状态,但失调程度不同,高估和低估呈现交替出现的状况。下面分两种情况分析人民币汇率的失衡情况。

(一)人民币汇率处于高估状态

第一次明显的汇率高估发生在1983至1985年,这次汇率高估持续时间比较长,程度也较为严重。高估的主要原因是在这段时期我国的开放度从1982年的0.1457迅速上升到1985年的0.2305,虽然人民币实际有效汇率从1982年的245.31贬值至1985年的182.45,但同期均衡汇率从248.20贬值到166.93,实际汇率的贬值幅度仍小于此时均衡汇率的贬值幅度。汇率高估使得这段时期我国对外贸易状况急剧恶化,1983年我国外贸出口开始出现负增长,贸易顺差从1982年的30.3亿美元锐减到8.4亿美元,1984年贸易出现逆差12.7亿美元,1985年逆差情况达到历史最大值149亿美元。第二次的汇率高估是在1989年。1989年汇率略有高估的原因在于当年通货膨胀率较高,导致实际有效汇率出现较大升值情况,由1988年的96.46升至111.267。当年我国外贸逆差为66亿美元,出口增长速度从前一年的20%降至10%。但在1990年我国人民币实际有效汇率又降至98.94,所以这次汇率高估对我国经济没有造成太大影响。第三次汇率高估是从 1996 年到 2002 年，这次高估持续时间较长，但只有 1997 年和 1998 年的高估情况较为严重。1993 以来人民币实际有效汇率不断上升，但同期人民币均衡汇率却大致不变，1996 年以来开始出现的高估原因之一是由于之前三年我国出现了较高的通货膨胀，人民币实际有效汇率迅速升值。另外 1997 年的汇率高估是由于 1996 年我国调低了出口退税率。1996 年，为了缓减财政压力和减少骗税，我国对出口退税率作了大幅度的调整，平均税率从 17% 降到 8%。1997 年和 1998 年的汇率高估程度达到了将近 12% 和 13%。1997 年的汇率高估与亚洲金融危机导致人民币实际有效汇率加快升值有关。1997 年的亚洲金融危机期间，我国政府采取盯住美元的政策，坚持人民币不贬值，直接导致人民币名义汇率大幅升值。尽管我国后来出现小幅通货膨胀，但由于幅度相对较小，人民币实际有效汇率仍明显高于均衡实际汇率。1998 年和 1999 年我国物价出现负增长，人民币实际有效汇率出现贬值，但贬值幅度不大，这也使得汇率高估幅度下降了约 5%。2000 年以来我国汇率面临的升值趋势明显。近几年我国外汇储备增长速度惊人，仅 2002 年就增加了 742.42 亿美元，总额达到 2864.07 亿美元。另外 FDI 的持续流入也不可避免地推动我国实际汇率上升。外商直接投资也促进了贸易品部门劳动生产率的提高，而 Balassa-Samuelson 效应是使得我国长期均衡实际汇率升值的核心力量。但人民币均衡汇率上升的幅度小于实际有效汇率上升的幅度，所以人民币汇率延续之前的高估。

（二）人民币汇率处于低估状态

从图 2-6 可以看出，从 1978 年至 1982 年，我国汇率经历了明显的低估。低估幅度过大，原因可能是因为在用外债余额折算偿债率时影响了早期的数据质量。从 1983 年开始，我国汇率经历的低估阶段首先是 1986 年至 1988 年，且幅度较大，不断加深。这段时期人民币官方汇率下调，放开了调剂市场汇率，人民币实际有效汇率迅速下降，从 1985 年的 182.45 降至 1988 年的 96.46，而同期的均衡汇率贬值幅度小于实际有效汇率。这次币值低估使得 1986 年至 1988 年我国贸易逆差减小了很多，但由于受到传统的体制影响，尤其是外贸体制和外汇管理体制的制约，其影响没有充分地发挥出来。第二个严重的低估阶段是从 1990 年至 1995 年。这次低估持续时间长，低估幅度大，以 1993 年最为严重，达到 20%。1993 年汇率低估的原因是比人民币官方汇率低很多的调剂市场汇率在人民币实际有效汇率中占的比重越来越大（经由外汇调剂市场交易的汇率比重达到 80%）。1994 年和 1995 年的汇率低估是由于我国在 1994 年实行大规模的税制改革，平均出口退税率从 1993 年的 11% 提高到将近 17%，突然的贸易政策大幅改变使得均衡汇率升值。另外同时期，我国出口快速增长，外汇储备的迅速增长导致均衡汇率升值。随着低估效应的逐渐体现和同期我国经济体制改革的快速推进，1994 年我国实现贸易顺差 60 亿美元，1995 年达到 167 亿美元。第三次汇率低估是在 2003 年。1999 年开始我国又将部分出口商品的退税率提高，一直到 2002 年还在提高，导致均衡汇率升值，实际有效汇率出现低估。同时由于我国汇率实际上是盯住美元的汇率制度，美元的一路走低导致实际有效汇率指数下降，导致人民币汇率低估。

三、模型结论

我们利用单方程协整方法估计了人民币实际有效汇率的长期均衡路径。经过计量分析发现，实际有效汇率与基本经济因素之间确实存在着系统关系。协整分析表明，对外贸易状况（贸易条件和对外开放度）、技术进步（经济增长率）和偿债率是人民币均衡实际汇率的长期决定因素。我国改革开放以来，人民币实际有效汇率始终围绕着均衡实际汇率上下波动，并经历了不同程度的高估和低估，人民币汇率的失调对我国国内经济和对外贸易都产生了一定的影响。通过以上分析我们得出的结论是，近年来由于巴拉萨—萨缪尔森效应和外汇储备的迅速增加以及 FDI 的持续流入使得我国均衡汇率不断上升，我国汇率确实存在着升值压力，也存在升值空间。2001 年以来，人民币实际有效汇率持续贬值与均衡汇率不断升值两种现象并存。由于数据有限本书只研究到 2003 年，事实上，我国名义汇率已经由 2005 年公布的 8.11 升至 2007 年 7 月的突破 7.60 关口，累计升值幅度接近 6.35%。从美国的现状来看，美元在未来一段时间内会继续呈贬值趋势，所以可以预见，在未来一段时间内，人民币应该考虑适当升值。从应对人民币汇率失调的角度来看，更为灵活的人民币汇率政策将更有利于我国经济的稳定健康发展。

随着全球经济一体化进程的加快，政府在制定宏观经济政策时要考虑到经济政策的效果及对总体经济目标的影响。国内外要求人民币升值的呼声越来越大，但是具体应该升值多少，升值前后我国经济发展会发生什么样的变化，我国经济是否能够承受汇率的不断升值，这是我们接下来要讨论的问题。

第四节　人民币汇率合理水平的确定

一、人民币升值压力分析

近几年以来，国内外要求人民币升值的呼声四起。改革开放以来，我国经济增长速度居世界前列，2003 年和 2004 年的国内生产总值增长率都达到了 9.5 个百分点，奠定了人民币汇率走强的经济基础。图 2-7 为 1978 年到 2005 年我国外汇储备增长情

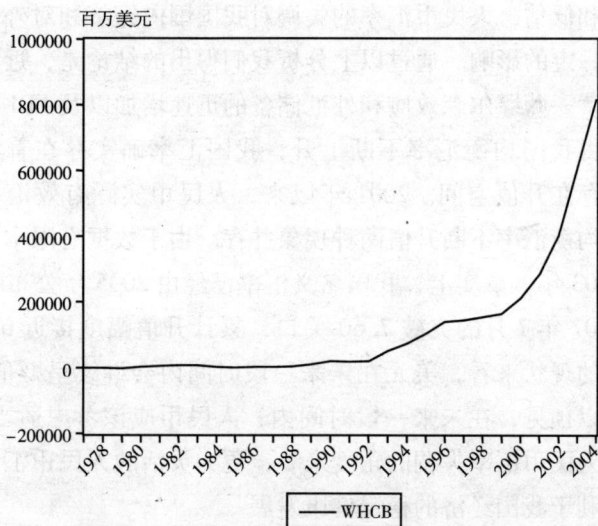

图 2 - 7　1978—2005 年我国外汇储备增长情况

资料来源：CCER。

况，虽然年变化率波动较大，但从总体趋势来看，一直处于上升趋势，从 2000 年开始，增长幅度更是居世界前列。2006 年 2 月底，我国外汇储备首次超过日本成为全球最大外汇储备国。2006 年 10 月底，我国外汇储备又超过万亿美元大观，成为历史上第一个拥有超过万亿美元外汇储备的国家，创造了新的历史纪录。如此庞大规模的外汇储备意味着我国充裕的支付能力，一定程度上也说明了我国的经济实力。但是专家认为，一个大国十多年保持国际收支双顺差是反常态现象，外汇储备激增是我国经济增长失衡的表现。过多的外汇储备必然对人民币升值造成压力。同时，高额的外汇储备增加了金融调控的难度。20 世纪 90 年代初期开始，我国外汇储备数量开始激增，主要原因是外资流入显著增加。图 2 - 8 为 1978 年至 2005 年我国外商直接投资的增长情况。自1994年我国实行外汇管理体制改革以来，人民币汇率开始稳中趋升。随着改革开放的深入，国内市场吸引了众多的国外投资者，外商投资大幅增加，仅1994年，外商投资资金净流入就达330多亿元。我国利率保持高位稳定是造成人民币升值压力的重要原因。2001年以来，全球经济衰退，各国相继降低利率以刺激经济复苏。而我国利率变动较小，2002年以来一直维持在较高的水平。利率上升引起国际资本流动，大量国际游资通过各种途径进入我国，以往的资本外逃变成了资本流入。大量的资本流入给人民币汇率带来了更大的升值压力。另外美元大幅下滑，人民币的升值预期进一步加大了升值压力。

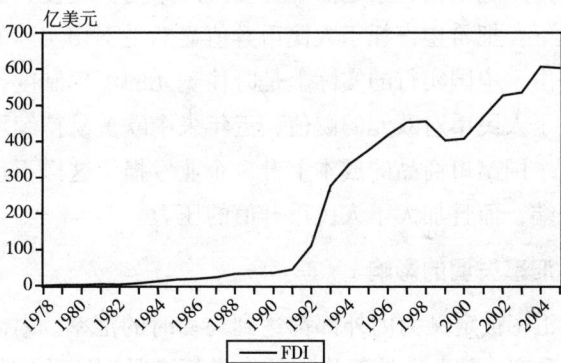

图2−8 1978—2005年我国利用外商直接投资情况

资料来源：CCER。

要求人民币升值的压力还来自国外。西方国家以人民币低估指责中国向全球输出通货紧缩，影响其他国家正常的经济增长。经常项目和资本项目长期双顺差是中国形成如此之高外汇储备的主要原因，我国对美国长期的贸易顺差也不可避免地引起贸易争端。美国之所以向人民币升值施压，是认为中国实行的盯住美元的汇率政策，使得美元贬值的积极效用未能得到发挥，而只是增强了中国产品的出口竞争力，刺激了中国的出口。美国持续增长的贸易赤字使得美国企图通过人民币升值来掩饰美元贬值，一方面能减轻其外债负担，另一方面刺激其产品出口。实际上美国外贸逆差剧增的原因是产业结构调整、对外直接投资扩大、个人消费支出增长等多种因素综合作用的结果。日本政府认为中国劳动力价格低廉，低价向国外大量销售商品，不仅使得商品输入国的经常项目处于逆差地位，也打乱了其国内市场，造成物价走低、带来通货紧缩的威胁。所以也极力想通过人民币的升值、日元相对贬值来改善日本的贸易状况，带动日本经济复苏。日本通货紧缩的原因是产业结构转型迟滞、劳动生产率增长缓慢、出口产品竞争力低下，把希望寄托于人民币升值显然是不切实际的。再来看欧元。由于中国实行的实际上是盯住美元的汇率制度，美元贬值也导致了人民币对欧元的贬值，近年来中欧贸易持续增长，欧盟企业对中国出口商品的成本上升，企业亏损。这样不仅引发中欧贸易争端，而且加大了人民币升值的压力。

二、汇率失调的影响

均衡汇率被定义为内外部都达到均衡时的汇率。内部均衡的衡量标准是充分就业，外部均衡的衡量标准是国际收支均衡。但由于我国人口数量庞大，要保持充分就业是一项很艰巨的任务，同时还要避免出现严重的通货膨胀。从长远来看，我国要完成四个现代化和经济市场化，使经济可持续发展，所以我国的经济政策目标一定要兼顾长期目标和短期目标之间的关系，一定要考虑就业和物价之间的关系。我国的长期经济目标是优化经济结构，转变经济增长方式，保持经济稳定增长。但要转变经济增长方式，就会影响到短期内的就业问题；为解决就业压力，就有可能影响到经济的长期发展。所以我们要在这二者之间进行权衡。针对我国国情来说,在内外部均衡冲突的情况下,就要优先以内部均衡为目标。

图 2-9 是我国 1982 年至 2005 年宏观经济指标变动趋势图。从这个综合图可以看出,近十几年来,我国经济增长十分迅速,外汇储备迅速增加。可以看出,各个宏观指标的变动幅度有放大的趋势。

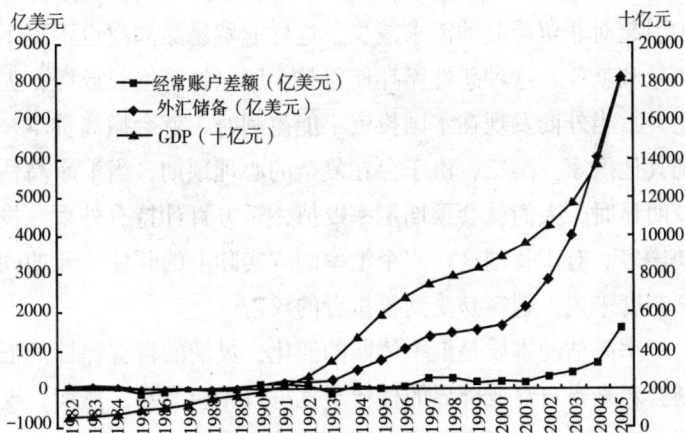

图 2-9　中国宏观经济指标

注:左边的纵坐标轴为外汇储备和经常账户差额,右边的纵坐标轴为 GDP。
资料来源:CCER。

我们来总结一下汇率失调对宏观经济的影响:

(一) 汇率高估

汇率高估对经济的危害主要有:第一,使本国产品的国际竞争力减弱,导致进口增加,出口减少。汇率高估对本国贸易的影响程度主要取决于本国产品与竞争者提供的产品之间的可替代程度,如果本国产品在国际市场上具有很高的可替代性,则汇率高估时,本国产品的市场迅速减小。我国是发展中国家,以出口加工业为主,出口产品主要是初级产品,技术含量不高,所以汇率高估带来的负面影响很大。而出口产品有较高技术附加值时，面对的不是完全竞争，具有一定的垄断能力，所以承受竞争损失的能力较强。第二，使国内生产、就业和财政收入遭受损失，投资减少。当进口产品相对价格较低，对外出口盈利能力降低时，贸易品部门就会减少产量，裁减职员，引致生产力下降，从而非贸易品部门的产品或原材料销售减少，非贸易品部门工资下降，进一步引起对非贸易品的需求减少，这样非贸易品部门也不得不压缩产量和就业，这种恶性循环使得整个国民经济增长放缓，失业率上升。当外商发现在本国投资不能盈利时，就会撤离资本，转移到其他国家。第三，由于存在复杂的心理预期，当汇率高估程度较明显时，人们就会预期汇率贬值，千方百计持有外币，投机活动增多。对于我国这样一个汇率制度实际上的盯住美元的固定汇率制度来说，越容易受到投机者的攻击。

汇率高估的本质是汇率体制的僵化，灵活的富有弹性的汇率机制会对来自自身或外界的任何干扰进行相应变动。然而，现实中完全自由浮动的汇率制度是不存在的。当汇率高估时，一方面可以将国内通货膨胀率控制在低于国外通胀率的水平上使实际汇率贬值，另一方面可以提高贸易品部门的劳动生产率使均衡汇率升值。而根据国际上的一般经验，一国货币高估 10% 左右时没有必要贬值，可以通过贸易条件的改善等加以解决。

（二）汇率低估

汇率低估会对经济带来严重影响：第一，从资源配置和长期经济增长的角度来看，汇率低估损害了非贸易品部门的发展，实际上意味着对贸易品部门和非贸易品部门采取了歧视性的差别政策。汇率低估使得本国产品的相对价格较低，出口竞争力加强，抑制了进口需求。汇率低估带来的持续贸易顺差意味着本国储蓄有一部分未完全投资于国内，这对通常缺乏资金的发展中国家的长期经济增长来说是不利的。第二，从国内宏观经济稳定的角度看，汇率低估带来国际收支顺差，人们形成升值预期，短期投机资本流入，对宏观经济稳定产生威胁。同时超额的外汇供给要求私人部门吸纳一部分，而私人部门只有当国内利率低于国外利率时才愿意持有更多外汇。所以汇率低估不仅给国内带来通货膨胀威胁，而且造成利率下调刚性，使得货币当局在一定程度上丧失货币政策独立性。第三，从收入分配的角度看，汇率低估对贸易品部门有利，不利于非贸易品部门。汇率低估使得贸易品相对非贸易品的价格上升，其产品价格的提高超过了所使用的非贸易品价格的提高。而非贸易品部门将从本币升值中获利，因为其产品的国内相对价格提高了。

近年来随着美元的持续贬值，人民币实际有效汇率也跟着发生较大幅度的贬值，而均衡实际汇率的运动趋势是升值，所以人民币升值存在内在压力。为了应对人民币升值压力，学术界提出了多项缓解人民币升值压力的措施。然而本质上的解决方法只有改变人民币实际上的盯住美元的固定汇率制度，适当扩大汇率的浮动区间，允许人民币适当升值，增加人民币汇率的弹性和政策的灵活性。

三、人民币汇率升值的利弊

（一）人民币升值对我国经济发展之弊

第一，给我国带来更大的通货紧缩压力。人民币汇率升值，进口商品相对价格降低，进口增加，将挤占国内市场，对国内产业造成冲击。同时我国企业不得不压低价格参与市场竞争，导致利润下降，给国内企业压力。利润下降导致投资减少，通过乘数效应影响我国经济发展，再一次形成通缩压力。

第二，给外贸出口带来危害。外贸出口不仅扩大了就业，而且大大增加了我国的外汇储备。人民币升值，受影响最大的将是我国的出口行业。我国以加工业出口为主，出口的大量是劳动密集型产品，技术含量不高，依靠廉价的劳动力，所以出口商品价格较低，市场竞争力较强。如果人民币汇率升值，我国出口商品的国际价格将会上升，从而外国消费者可能选择其他国家相对便宜的替代品进行购买，削弱我国商品的国际竞争力，使我国出口下降。出口下降，不仅减少出口企业收益，而且给国家财政造成压力；企业减少雇员，增大国内就业压力，影响社会稳定。

第三，减少外资吸引力。人民币汇率升值，会加大外商在华投资成本，外商可能选择将资本转移到成本更低的国家，从而导致资本外流，给经济发展造成冲击。

第四，不利于化解国有银行的不良资产。国有银行的巨额不良资产一直是威胁我国金融安全的严重隐患。解决的方法之一就是利用外资，让外国投资者购买相应的债权。而人民币汇率上升，势必增加外国投资者的成本，影响其投资积极性。

（二）人民币升值对我国经济发展之利

第一，有利于缓解我国"双顺差"局面，使我国经济稳定均衡发展。从短期来看，我国"双顺差"持续扩大，国际收支失衡日趋严重。货币政策的独立性受限，升值预期无法消除，投机资本大量流入，经济泡沫严重。人民币升值在一定程度上能够缓解上述局面，抑制投机资金的流入。

第二，有利于我国企业国际竞争力的提高和"走出去"的基本战略的实施。人民币汇率升值，使国外商品的相对价格降低，降低了企业的引进成本，有利于进口。尤其是对于原材料依赖型的企业，人民币汇率升值能大大降低其成本，使其在国际竞争中处于有利地位。同时推动企业引进新技术进行技术革新，提高生产力。从中长期来看，人民币升值的负面效应能够被生产力的提高抵消。人民币汇率升值，企业境外投资的成本也将降低，有利于将产品打入国际市场。

第三，有利于吸引外商直接投资。人民币汇率升值，在企业经营状况不变的情况下，外商在华投资的盈利会增加。吸引更多的对华投资，也给我国创造了更多的就业机会，减轻我国的就业压力。

第四，有利于减轻我国政府的外债压力。2001 年以来，我国外债总规模和短期外债规模均有所上升。一般国际上短期外债标准安全线是占外债余额比例为 25％，而 2004 年 6 月我国短期外债占外债余额的 35％。我国政府面临着沉重的外债负担，人民币汇率升值将缓解这一压力。

第五，有利于提高人民生活水平。人民币汇率升值，进口商品的相对价格降低，在收入不变的情况下提高了购买力，居民对进口商品的需求增大，国际购买力增强，人民生活水平提高。

第六，有利于提高我国的国际地位。汇率升值意味着经济增长和货币稳定，人民币的信用度提高，逐渐将成为国际公认的准国际储备货币，提高我国和人民币在国际金融中的地位。

第七，有利于减轻人民币升值的预期。人民币升值预期给我国央行制定货币金融政策造成了很大的压力。当前我国金融体系还比较脆弱，升值预期带来的资本大规模流动，将对金融体系的稳定造成很大冲击。

综上所述，人民币汇率升值有利有弊，我们应慎重对待。我国"双顺差"的不稳定性，就业形势和"三农"问题的严峻性，市场经济的不完善性，金融体系的脆弱性，都说明我国汇率在短期内是不能进行大幅调整的。面对有升无减的升值压力，我们可以考虑小幅度的升值或调整，让人民币汇率在一个特定的区间内自由浮动，变刚性为弹性。

四、脉冲响应函数显示人民币汇率变动对经济的影响

从本章第四节的经济含义分析我们可以看出基本面因素一个

标准差新息对均衡汇率的影响。下面我们来看来自均衡汇率的一个标准差对自变量有多大的影响。

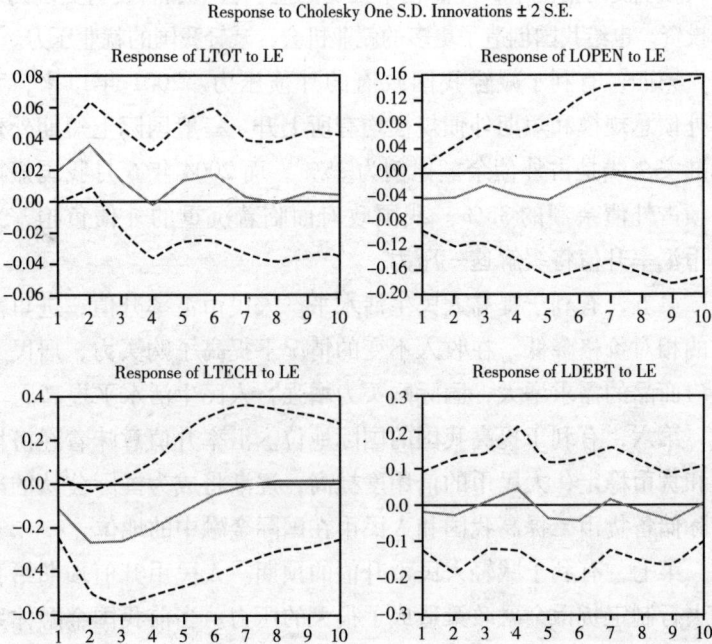

Response to Cholesky One S.D. Innovations ± 2 S.E.

图 2-10 来自 *le* 的一个标准差新息对 *ltot*、*lopen*、*ltech* 和 *ldebt* 的影响

从图 2-10 可以看出，*le* 变化一个标准差新息，对 *ltot* 的影响第 1 期时为 0.02，到第 2 期就达到最大为 0.038，然后迅速下降，到第 4 期下降为 0 后又有 0.018 的小幅上升，从第 8 期开始影响较小。来自 *le* 的一个新息对 *lopen* 的影响也较大，一直是负向的，第 1 期就达到 0.04，后幅度缓慢减小。*le* 对 *ltech* 的影响最大，第 1 期为 -0.12，第 2 期最大为 -0.28，从第 3 期开始回落，从第 7 期开始，影响基本消失，甚至有些微的正面影响，这说明汇率变动只会对我国宏观经济产生短期的负面影响。*le* 对

ldebt 的影响不甚显著，方向也不确定，时正时负，我国偿债率一直以来都没有稳定的变化方向，这与我国国情是相符的。

五、基于汇率目标区的汇率波幅设定

布雷顿森林体系瓦解之后，世界各国汇率经历了频繁剧烈的动荡，给经济、贸易带来了很大的影响。为了寻求更合理的汇率制度，世界各国政府和学界提出的最具代表性的方案就是"汇率目标区"。它是对固定汇率制度和浮动汇率制度的调和折中，同时具有稳定性和灵活性，有利于保持汇率的长期有效性，增强货币政策的独立性，所以对我国的汇率制度变革具有很好的借鉴意义。

汇率目标区的基本内容包括中心汇率和汇率的变动范围。依据我们在实证部分建立的人民币均衡汇率模型所求解出来的均衡汇率，即可作为汇率目标区的中心汇价，即以当前的均衡汇率水平作为今后汇率目标区启动的基准汇率水平，然后根据经济运行的情况不断进行调整。接下来的问题就是确定汇率的浮动区间。允许汇率在一定幅度内变化可以赋予汇率更大的弹性，充分发挥市场的自我调整机制。但是浮动区间过宽则形同虚设，会影响我国对外贸易和资本流动的稳定性；区间过窄则容易受到国际游资的冲击，当局被迫频繁干预，使汇率缺乏灵活性。

（一）汇率目标区波幅设定的要求和目的

从中长期看，我国若建立人民币汇率目标区，要满足三个要求：一要具有中长期的灵活性，即从制度安排上保证人民币汇率与国内国际经济形势变化同步，保证人民币具有自我调节的空间；二要具有短期的稳定性，这样人民币汇率在面对短期的外部冲击时不至于产生过大的波动甚至崩溃；三是要保证货币当局能够对汇率波动进行有效干预。

为实现我国宏观经济上的内外均衡，理论上需达到两个目

的：一要保证跟汇率有关的各个层次的市场效率的改善，如外汇市场、货币市场、资本市场和商品市场；二要保证各个层次之间市场的匹配。

（二）人民币汇率目标区波幅的确定

按照汇率波动幅度可以将布雷顿森林体系以来的国际汇率制度划分为三种类型：

第一类是小波幅的汇率目标区。布雷顿森林体系在早期规定各国货币对美元的汇率目标区波动幅度为1%，后期规定波动幅度为2.25%。

第二类是中波幅的汇率目标区。布雷顿森林体系在后期规定除美元以外的各国货币对美元的汇率目标区波动幅度为4.5%，欧洲货币体系汇率机制也曾经规定意大利里拉与其他成员国货币之间的汇率目标区波动幅度为6%。

第三类是大波幅的汇率目标区。1992年发生了欧洲货币危机，各国货币多次不同幅度地贬值。为避免欧洲货币体系汇率机制的崩溃，除德国马克和荷兰盾以外的其余7种货币的汇率目标区波幅被迫扩大到15%。

大波幅的汇率目标区是只有在发生货币危机之后才不得不采取的紧急政策，市场往往把它的出现看做是货币不稳定或可能发生货币危机的前兆，这会影响公众对央行的信心，降低其可靠性，所以人民币汇率不宜选取大波幅的目标区。为保持人民币汇率调节的长期灵活性和短期稳定性，我们可以考虑在开始时选择2.25%的作为汇率自由浮动的幅度。然而目前我国的外汇市场无法完全自由调节，目标区过窄可能使得市场无法找到合适的汇率水平，不利于我国经济的持续发展。随着经济基本面的变化、利率的进一步市场化和资本项目的逐渐开放，可以考虑适当地放大区间，但是短期内不宜超过4.5%。

六、从另一个角度探讨人民币汇率的浮动区间

均衡汇率是与内外部均衡相一致时的汇率。但是内外部均衡本身却可能是冲突的。如何协调内外部均衡的冲突，首先要判断内部均衡和外部均衡的相对地位。外部均衡的目标是国际收支均衡，内部均衡的目标是经济增长和充分就业。从当今世界范围来看，绝大多数国家都以内部均衡为优先目标。归根结底，国家最关心的是本国经济增长和社会稳定以及人们生活水平的提高和福利的改善。均衡汇率本身不是目标，而是实现这一目标的手段。

经济增长是我国经济政策的第一个目标。但是经济增长的同时要保持价格的稳定，即控制通货膨胀。通货膨胀与经济增长呈正相关。经济增长率越高，出现高通货膨胀的可能性就越大。通货膨胀会影响经济主体的预期，进而影响其行为，破坏经济稳定。越来越多的国家实行通货膨胀目标制，确定适合本国经济发展状况的通货膨胀目标区间。对于长期的通货膨胀目标，发达国家一般将区间控制在1%—3%，新兴市场经济国家稍高于此。这取决于各国的经济结构和发展程度以及国家对宏观经济的调控能力。所以我们应该根据控制通货膨胀的需要规定经济增长的上限。

充分就业是我国经济政策的第二个目标。失业率伴随着经济增长而来。从长期关系来看，失业率与经济增长呈现负相关。经济增长率上升，失业率就下降；反之，上升。我国社会主义市场经济体制尚不完善，还处在由计划经济向市场经济过渡的时期。扩大就业，解决城镇下岗职工的再就业和农村剩余劳动力的转移等问题是我国经济增长中需要面对和解决的中长期问题。庞大的就业压力要求我国经济必须保持较高的增长速度，以现阶段年均经济增长率为9%来看，每年新增就业岗位仅为800万—900万个，劳动力仍然远远供大于求。所以我们要以维持就业稳定为经济增长的下限。

　　将经济增长维持在以可容忍的通货膨胀率为上限、以需要维持的最低就业为下限的区间内，经济就达到了内部均衡。与经济增长的均衡区间相对应的就是均衡汇率的区间。

　　我们通过建立均衡汇率模型确定了中心汇率，只要确定汇率的波动幅度就可以找到一个均衡汇率的区间。在这个区间里，政府可以根据经济形势调整汇率，短期内可以维持经济的稳定增长，长期内实现经济增长方式的转变，使我国经济可持续发展。

　　2004 年在"经济开放、金融稳定和人民币汇率"的研讨会上，十多位专家学者就人民币汇率的相关热点话题展开了广泛而深入的讨论。总体来说，认为人民币汇率制度的发展方向就是要不断增加市场因素。关于汇率波动幅度的问题，有的与会者提出按照黄金分割原理来确定，即 1/3 或 2/3；有的专家提出应该在 1% 或 2.25% 之间。若建立人民币汇率目标区，就可以有较大的灵活性。威廉姆森提出人民币汇率波幅可设为 10%。

　　刘阳（2006）在《均衡汇率与人民币汇率机制改革》一书中定量分析了 1980—2005 年人民币汇率变动的宏观经济效应。他利用误差修正模型对人民币汇率不同的升值幅度进行了分析。结论是人民币适当升值有助于平衡贸易顺差，促进产业结构升级和国内消费升级，同时有利于国内资本形成和边际资本比的上升。但是大幅升值对我国就业和收入差距有负面影响，不利于经济长期增长。他认为将人民币升值幅度定在 5%—10% 比较合适。最后他建议要使汇率与当前的内部均衡一致，就需要继续升值 5% 左右。

　　在经济运行中，实际 GDP 总是由于经济周期的原因围绕潜在 GDP 上下波动，若实际 GDP 持续超过潜在 GDP，则会出现经济过热，通货膨胀问题加重。但是潜在 GDP 是很难估计的。近年来国内学者开始近似采用实际 GDP 的平均值作为潜在 GDP。该种计算虽不十分精确，但基本上反映了我国经济发展的状况。

排除通胀率过高和通货紧缩的年份后，1978—2003 年我国 GDP
年均增长率为 8.8%。此结论与部分学者认为我国当前潜在经济
增长率为 9% 左右十分吻合。

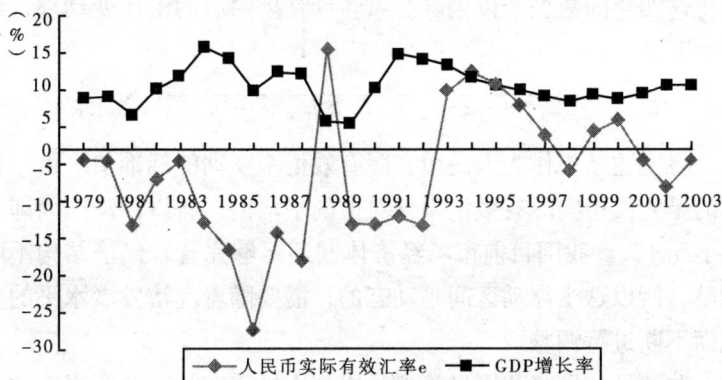

图 2 - 11　1979—2004 年经济增长率与人民币实际有效汇率的变动趋势

　　由图 2 - 11 可以看出，改革开放二十多年来，我国经济的潜
在增长率约为 9%。当经济增长率偏离这个幅度较远时，经济环
境开始紧张，通货膨胀严重或出现通货紧缩。这时人民币实际有
效汇率就会出现较大的变动，明显上涨或下跌，但稍滞后于经济
增长率的变化。近年来随着我国市场经济体制的不断完善，价格
机制的相对稳定，我国经济发展也进入到一个相对平稳的阶段。
由图 2 - 11 可以看出，人民币实际有效汇率的变动也渐趋平稳。
1998—2004 年，人民币实际有效汇率变动范围基本保持在 5% 以
内。经济增长率与通货膨胀率都是影响我国人民币汇率变动的重
要因素，所以我们觉得这种方法在初步估计汇率变动幅度上是可
行的。下面利用这种方法来计算我国汇率的可浮动区间。

　　首先计算 1979—2004 年人民币实际有效汇率变动率绝对值
的几何平均数：

$$E = \sqrt[26]{e_{1979} \times e_{1980} \times e_{1981} \times \cdots \times e_{2004}} = 6.2\%$$

由于 1985 年、1986 年、1988 年、1989 年四年人民币实际有效汇率变动较大，会加大数据波动的幅度从而使目标区过宽，所以将这四年的数据予以剔除。重新计算剔除后的汇率变动率，结果如下：

$$E' = \sqrt[22]{e_{1979} \times \cdots \times e_{1984} \times e_{1987} \times e_{1990} \times \cdots \times e_{2004}} = 5.1\%$$

将上述结果作为人民币实际有效汇率变动的标准值。由于计算的是人民币实际有效汇率绝对值的平均值，所以浮动区间即为上下 5.1%。我国目前市场经济体制还不够完善，经济结构不断调整，所以这个浮动区间是动态的，需要随着经济发展水平的变化而不断进行调整。

改革开放以来我国经济增长率与人民币实际有效汇率变动率的比值平均值大致为 2.1∶1。我们可以大致估计，在今后一段时期内，我国经济增长率与实际汇率变动率的比例关系大体为2∶1。以目前平均经济增长率为 9% 来估算，排除特大意外部因素的干扰，短期内我国人民币实际有效汇率变动幅度不宜超过 5%。这一结论再一次论证了我们上面的结果是正确的。

以上分析说明，均衡汇率与经济情况相一致时才是合理的汇率。笔者认为在今后一段时间内我国汇率应该以当前的均衡汇率为中心，在 5% 的幅度内变动。

本 章 小 结

近几年来，人民币升值问题被世界各国政府和学术界广泛关注。面临日益加大的来自国内外的升值压力，如何确定人民币汇率的均衡水平，当前人民币汇率对均衡汇率的偏离程度如何，这是本章所回答的问题。

本章首先在对各类均衡汇率理论进行比较分析的基础上，选择建立了简约形式下的单方程均衡汇率模型。通过协整分析证明了一系列基本经济要素（贸易条件、对外开放度、技术进步和偿债率）与均衡实际汇率之间的长期均衡关系，并确定了均衡汇率水平。然后对所建立的均衡模型进行脉冲响应和方差分解分析，求出各年人民币实际有效汇率对均衡汇率的偏离度，发现大多数时期我国汇率处于失调情况。建模过程当中尝试用主成分分析法寻找可以替代众多基本经济变量的因子，并分析其优点和有待继续研究之处，希望能够给对这方面研究有兴趣的人们以启发。最后分析人民币汇率变动对我国宏观经济的影响，在以均衡汇率模型所得均衡汇率为中心汇率的基础上，介绍了基于汇率目标区理论的波幅设定情况，并从另一个角度确定人民币汇率的波动幅度，得到人民币汇率的一个浮动区间从而得到人民币汇率的合理水平。

2005 年 7 月 21 日，美元对人民币交易价格调整为 8.11，一年之后为 7.99，到 2007 年，人民币名义汇率继续小幅升值。当前我国的经常项目顺差进一步扩大，外汇储备进一步上升。通过定性和定量分析发现小幅升值对我国的经济发展短期内不会有太大的负面影响，甚至能够促进经济的持续稳定增长。本章所确定的升值幅度是针对我国内部经济均衡的实现的，虽然对外部均衡不会有很好的调节效果，但与我国当前的内部经济均衡是一致的。当前我国汇率处于升值路径上，作者基于全章研究认为，人民币实际有效汇率还有 5% 左右的升值空间。

第三章 汇率波动的传导机制及
其效应分析

汇率波动涉及两个层面，一是汇率平均水平的上下浮动，即是指货币汇率随市场供求关系的变化而上下波动，但其法定平价并未调整；二是汇率波动的频率和剧烈程度。由于对后者没有一个较为公认的衡量标准，所以本章的研究主要针对第一个层面，但对汇率波动的剧烈程度也有所涉及。

1944年7月英美日等44国在美国共同签署了《国际货币基金协定》和《国际复兴开发银行协定》，从而建立起二战后以美元为中心的国际货币体系，即布雷顿森林体系。按协定要求，各成员国公布各自货币按黄金或美元来表示的对外平价，其货币兑美元的汇率一般只能在平均上下1%的幅度内波动。在布雷顿森林体系时代，各国汇率变动被人为地控制在很小的范围内进行。

由于美元的国际地位不断下降，1971年后许多国家放弃布雷顿森林体系下的汇率波动规则，实行汇率的自由波动。1976年，国际货币基金组织达成《牙买加协定》，并通过方案允许成员国自由的做出汇率方面的安排，同意固定汇率与浮动汇率制并存，从而使汇率的自由浮动合法化。外汇市场的供求关系成为汇率变化的决定性因素，汇率波动则是自由涨落。

毋庸置疑，汇率波动对一国经济的各个方面将产生一定影响。在各国经济联系日益密切，经济发展全球一体化的背景下，汇率波动更是引人关注。因此，正确认识汇率波动的传导机制及其效应，并从中获得对中国经济的借鉴具有十分重要的意义。

本章的研究主要围绕布雷顿森林体系后各国的汇率波动进行。因为在布雷顿森林体系下，各国政府对外汇市场直接干预，汇率波动幅度很小。而布雷顿森林体系瓦解后，汇率不再限于围绕均衡汇率上下较小范围内波动。

第一节 汇率波动传导机制的理论分析

汇率波动的传导机制是指汇率的运动变化引起经济其他各方面发生相应变化，从而对整个经济产生影响的过程。

一、汇率波动传导机制模型

汇率波动要对经济产生影响就离不开有效的传导机制。对汇率波动传导机制的研究重点在于揭示汇率波动对其他何种经济变量产生影响，即汇率波动通过何种途径影响本国经济乃至区域经济、世界经济。图 3-1 展示了汇率波动引起经济变化的这一流程。

从图 3-1 可以看出，汇率波动传导过程的基础是相对价格的形成。众所周知，汇率的本质是两国货币所具有的或所代表的价值的交换比例，其本身即为一种价格。汇率具有价格转换功能使各国物价具有了可比性，它的变化使得商品的相对价格也发生相应变化，从而影响到其他经济因素，如利率、对外直接投资、对外贸易等的变化。

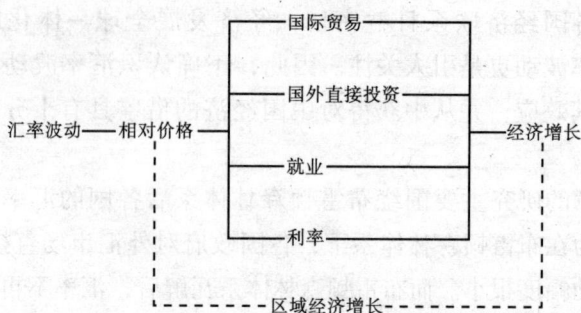

图 3 - 1 汇率波动传导

汇率波动各传导途径并不是相互独立的。形象地说，汇率传导途径是一张错综复杂的大网，各因素在汇率波动影响下变化的同时又影响了其他因素的变动。比如：汇率波动影响了利率，而利率变化又引起 FDI 流入流出的变化，FDI 的变化又反过来影响了利率、汇率和就业等变量的一系列变化，其结果最终表现为宏观经济增长的变化。经济增长的变化又会引起各相关经济因素的变化。如此反复循环，整个汇率波动传导就是一个动态的、长期的过程。

二、汇率波动传导机制的功能

汇率波动之所以能够成为一国政府实现国家内外均衡，调节宏观经济利用的工具，是因为其传导机制具有两个方面的基本功能。

1. 信息传递功能

一国汇率波动是一国对外经济活动状况的指示器。在开放经济条件下，汇率波动的传导机制能够把一国对外经济活动的变化或趋势通过一系列经济变量的连锁反应传递给国内外宏观管理部门和微观经济部门，进而，各部门据此为实现既定目标而做出相应调整。假如，一国国际收支长期出现逆差，此时外币供给小于需求，本币供给大于需求。这样，微观经济部门将减少对国外商品及劳务的需求。宏观管理部门也可审时度势，做出一些决策，如减少本币的投放或增加外币的投放等，以稳定经济。外商可以判断增加对该国的投资将有利可图，而国外政府部门也需采取相应对策，以防"城门失火，殃及池鱼"。

2. 经济调节功能

汇率波动可通过其传导机制影响一个国家、一个经济体甚至整个世界的生产、供求、贸易和货币状况等。汇率变动引发一系列经济变量的变化使得汇率成为调节经济的重要工具。一个国家汇率的波动传导机制有着"自动调节器"的作用。如：一个国家对外贸易长期逆差，国际收支赤字严重导致汇率下降，本币贬值。由此，本国的生产要素相对价格下降，外商投资增多，同时本国商品在国际上的竞争力增加，出口增加，贸易条件得到改善。

汇率波动传导机制的上述功能是相互促进，缺一不可的，并有机地融于一体，使汇率的波动通过影响国内外产品、服务、资产以及资本等相对价格的变动，进而引起其他经济要素的变化，成为影响并调节经济的重要原因、手段。

三、汇率波动传导机制的影响因素

汇率的波动受诸多因素影响，如国际收支、通货膨胀差异、经济增长率等。而汇率波动的传导机制也受到一系列因素诸如社会经济形态、经济体制、汇率制度选择、对外开放程度、经济运行状况以及市场供求等的制约。在对汇率波动的传导效应进行研究时，就必须考虑以上制约因素对汇率波动传导所发生的影响，否则，得出的结论可能发生偏差。

1. 社会经济形态

一般而言，汇率作为价格信号更多更直接的对相对发达、自由的经济实体产生影响。在市场经济起步较晚的社会主义国家，政府大多采用外汇干预或行政命令手段来干预经济活动，因而汇率波动传导机制的信息传递和经济调节功能相对来说受到较大约束。而在市场经济较为发达的资本主义社会市场自发调节，汇率波动传导的灵敏度相对较高，可以更好地发挥作用。

2. 经济体制

通常认为，市场经济环境中汇率波动传导机制发挥作用较为充分。因为市场经济条件下经济活动更多依赖于市场价格信号进行调节，政府干预较少。而计划经济条件下更多采用行政命令手段来调控经济活动，价格信号往往受到排斥、限制甚至扭曲，汇率很难发挥出真正意义上的杠杆作用。

3. 汇率制度选择

汇率制度是指规定各国货币交换比例的各种规则与安排。汇率制度选择在很大程度上为汇率的波动提供了制度性框架。1999年国际货币基金组织将汇率由完全固定到完全浮动重新分类，其划分的主要标准为汇率波动幅度的大小。一般认为，浮动程度越高汇率波动传导就越迅速有效。在一国国际收支出现失衡时，在固定汇率制度下，政府需动用外汇储备或特定的政策组合加以解决，来保持汇率稳定。汇率无波动，其传导机制更是无从说起。而在浮动汇率条件下，汇率波动能够通过自动影响相对价格，在国际收支出现失衡时对国际收支状况自发调节，实现经济调节功能。而该国汇率的变化也将一定信息传导给了各经济部门及其他国家。

4. 对外开放程度

如果一个国家对外开放度较高，汇率就能够反映大量重要的经济信息，汇率波动的传导机制也就更加灵敏，反之，一国开发程度较低，汇率几乎不能反映任何有价值的信息。比如在一个自给自足、完全封闭的国家，汇率甚至没有存在的价值，更谈不上传递信息和调节经济。

5. 经济运行状况

任何一国的汇率形成与波动都与其相关经济条件互相联系。由于各国在一定时期内的相关条件，或者同一个国家在不同时期的经济状况都不一致。因而汇率波动传导机制发挥作用的效果与程度也存在差异。如一些面临高通货紧缩的国家可能正在实施通货膨胀的调控政策；而一些经济条件较宽松、发展态势比较健康的国家，则可能较多的利用汇率传导来调节经济。

除了上述原因外，其他因素，如国家规模大小、国家政治经济环境等也会对汇率波动传导产生一定的影响。

四、研究汇率波动的必要性

很多人质疑，中国实行的不是浮动汇率制度，而且汇市上的人民币汇率也鲜有较大的变化，那么研究汇率波动的经济效应到底有什么意义呢？

自 1972 年布雷顿森林固定汇率制度崩溃以来，各国的汇率制度呈多样化发展趋势，概括起来可分为浮动汇率和盯住汇率两大类。美国、日本等重要经济大国实行独立浮动汇率；而大多数国家实行盯住汇率制度——无论是盯住单一货币，还是盯住一篮子货币，抑或根据一组指数调整汇率，其名义汇率是相对稳定的汇率安排。但从全球角度看，盯住汇率制度实际上是一种间接的浮动汇率安排：只要被盯住货币汇率发生波动，实行盯住汇率国家的名义汇率即使不变，但相对其他国家货币的汇率也随之改变。如 2002 年 5 月，长达 7 年之久的强势美元风向突变，对欧元、日元，甚至其他货币分别出现贬值，欧元兑换美元的汇率在 5 月份冲破 0.90、0.94 等关键价位，6 月份更是直逼 1.00 大关；2005 年 5 月上旬，美元兑换日元的汇率出现逆转，跌至 125 日元的价位后，到 2005 年 7 月 9 日纽约外汇市场 1 美元兑换 118.56 日元，比 4 月 24 日 1 美元兑 130.1 日元贬值 8.9%，在此期间，其他实施盯住美元制度的国家，名义上对美元的汇率保持稳定，实际上由于美元的贬值，其货币随着美元的贬值对于欧元、日元而言也贬值了。

而 1997 年亚洲金融危机期间，包括日本在内的其他东亚各国纷纷让本币对美元贬值，只有中国保持了对美元的汇率稳定，使得人民币相对升值。这说明即使盯住汇率制度国家的货币与盯住目标货币保持不变，而其他相关国家汇率改变，也会使得本国的实际有效汇率发生变化。

除此之外，如果两国相对的名义汇率保持不变而它们的物价水平发生了变化，只是变化方向或幅度不一样，真实汇率也是有变化的。假设 A 国兑换 B 国的汇率是保持固定的 1:1 关系。现在两国物价水平发生了变化，A 国发生通货膨胀，价格上涨了 100%，而 B 国发生通货紧缩，价格下降为原来的 50%。假如这时名义汇率价格保持不变依然为 1:1，而在购买力平价下的实际有效汇率则变成 4:1 了。即 A 国货币发生贬值，而 B 国货币升值。

因此，即使是固定汇率制度的国家，其实际汇率也是有波动的，汇率制度的非浮动不代表汇率的不波动，只是不同汇率制度安排下的汇率波动对一国货币政策与经济增长的影响程度与结果是不同的。布雷顿森林体系崩溃以后，世界汇率制度安排实际上已从固定汇率转变为直接或间接的浮动汇率。这一制度安排转变的直接结果是各国汇率的波动性或不稳定性增大。随着世界经济一体化程度的不断深化，汇率波动对各国的货币政策和经济增长的影响也日益增强。

这样看来，即使中国在 2005 年以前实行的是相对较为固定的汇率制度，人民币实际汇率也是有波动的。而 2005 年 7 月 21 日中国人民银行发布公告，自即日起我国开始实行以市场供求为基础的，参考一篮子货币进行调节的，有管理的浮动汇率制度，人民币不再单一盯住美元，形成了更富弹性更具波动性的人民币汇率制度。

综上所述，研究汇率波动对经济各因素的影响从而获得一定的经验、启发对正在不断发展的中国，同时对固定汇率制度下的国家皆具重要意义。

前面从理论上分析了汇率波动的传导机制、传导机制的功能、影响因素及其意义所在。本章接下来的几节将通过建立汇率波动与其他经济变量之间的单方程模型，对汇率波动的传导效应进行实证分析。由于研究对象为汇率"波动"，所以选取的均为布雷顿森林体系崩溃后的数据，即排除了布雷顿森林体系下的固定汇率数据；又因为汇率波动影响因素的多样性；后面的实证研究部分并不局限于一个国家，但是主要偏重于研究本国汇率波动带来的经济传导效应。研究的最终目的是从各国汇率波动对经济的影响中吸取有益的经验，以期对我国未来的汇率政策或汇率制度选择有所启发。

第二节 汇率波动对价格的传导效应

汇率波动引起经济变化的最基本的前提条件就是汇率变动带动相对价格的变动，从而引起其他相关经济变量的变化。汇率波动可以通过直接、间接两种渠道影响国内价格水平。考虑一国货币贬值的情况，直接影响包括：进口商品的国内价格上升，导致以其为原料的国内厂商的生产成本上升。两者的共同作用致使国内价格水平上升。间接影响包括：出口产品的相对价格下降，产品竞争力增强，国际市场对该国制造产品的需求增加，由此出口产品及其替代品的国内价格也上升，从而带动国内价格总体水平的上升。

由于汇率波动对价格水平方向上的影响是大家一致认同的：本币贬值，价格水平上升；本币升值，价格水平下降。所以本节研究的重点放在汇率波动对价格到底有多大程度的传导作用。

一、理论分析

上文提到的汇率变化对商品价格的影响被称为汇率的价格传导效应，即价格传递效应（Pass-Through Effect）。价格传递效应是指汇率的波动在多大程度上传递到价格上，在多大程度上由国内价格吸收。例如，以本国货币计价的价格完全不变，而海外销售价格随汇率的波动而发生同比例的波动，这种情况就叫汇率对出口价格的 100% 传递；反之，如果汇率波动，而国内外价格保持不变，则汇率对价格为 0% 传递。一般情况下，汇率对价格的传递是不完全的，也并非完全无影响。

"汇率波动的价格传递效应"这个概念是以一价定律（The Law of One Price）为基础的。"一价定律"的主要思想是指在自由贸易条件下，同一商品在世界各地的价格是一致的。即同一商品在各国以不同货币标示的价格经换算后应是一致的，否则，会产生国际间的商品套利行为，商品的国际流动最终会消除同一商品在各国间的价格差别。用公式表示为：$P = RP^*$，其中 P 表示价格，R 表示汇率，$*$ 表示国外。如果等式不成立，就会出现套利现象，直到等式重新成立。这一套利调节机制在固定（或盯住汇率）汇率制和浮动汇率制下起作用的形式是不同的。在固定汇率制（或盯住汇率）下，如果 $P > RP^*$，由于存在套利交易：从国外买，在国内卖。则商品在国外的价格就会上升，在国内的价格就会下降，使等式重新成立。在浮动汇率制下，如果 $P > RP^*$，就会出现以本币兑换外币的压力，本国居民就可以用外币购买较便宜的外国商品，这会使本币贬值。这样在价格水平不变的情况下，依靠汇率变化的调节即可使等式重新成立。在一价定律成立的情况下，价格传递系数为1。一价定律的前提是假设两个国家只生产可贸易品，且商品同质，没有任何贸易限制，如关税壁垒或交易成本，不存在资本流动，经济处在充分就业水平。

我们一般所提到的汇率传导效应是指名义汇率每波动一个百分比对进口国进口价格的影响。汇率的价格传递效应通常取决于一国的开发程度、市场结构等。经济理论认为，对于不同类型的经济体，汇率和进口价格对国内价格的影响是不同的：对于小国开放经济，汇率和国外物价水平的变化完全传递到国内经济中，即汇率与国内物价同比例变动；对于大型开放经济，一方面，国内价格水平对国际市场价格有较强的影响力，另一方面，国内价格在一定程度上也受到汇率和国际市场价格的影响，对于大型开放经济而言，国内和国外产品不是完全可替代的，其价格的主要决定因素取决于国内，汇率波动的传递率也较低；对于半开放经济，它介于前两者之间，随着开放程度的加深，国内价格有向国际价格收敛的趋势，同时国内因素仍然对价格水平有显著影响。

早在1987年，Krugman 和 Dornbusch（1987）建立了一个寡头市场模型考察了汇率波动对进口价格的传递作用，在该模型中，企业制定的价格并非一成不变的，而是随汇率波动而不断调整，但是由于不完全竞争的存在，汇率的价格传导效应不完全。Dornbusch（1987）认为在市场分割、通过转卖难以决定交易的情况下，每个市场可以设定不同价格，即市场设定价格（Pricing

To Market)。

Marston（1990）发现某进口国货币贬值，外国出口者往往会降低其出口的价格以适应进口国的贬值，保持其在市场上的竞争力，这种对价格的调整可以看做对汇率波动的防卫性定价（Defensive Pricing），即以较低的定价原则防止竞争者侵入，来争取企业的长远利益。

Taylor（2000）认为，在全球的竞争压力最大和稳定的通货膨胀的经济环境中，企业将难以将汇率波动对价格的影响完全传递到进出口商品上，进而推导出汇率波动对国内物价的影响也减弱。

Devereux 和 Engel（2001），Bacchetta 和 Van Wincoop（2003）研究了企业在商品定价时的货币选择。认为，一般企业都会选择汇率波动较低或实行稳健货币政策的国家的货币作为定价标准，因此，导致了汇率波动的较低价格传递效应。而 Goldberg 和 Tille（2005）却持不同观点：定价货币的选择由出口国出口商品的构成决定，而非宏观经济因素。

Campa 和 Goldberg（2002）利用了 1975—1999 年的季度数据研究发现，25 个国家中的 22 个国家在短期内不存在汇率波动的完全价格转移。他们以产品组合贸易转移（Shifting Product Composition of Trade）来解释价格的不完全传递，认为汇率波动的价格传递系数呈下降趋势。

综上所述，汇率的价格传递效应通常是不完全的。其解释理论主要可以概括为：不完全竞争理论、市场分割理论、沉淀成本理论、结算货币选择理论、当地通货价格设定理论和粘性价格设定理论等等。

二、实证分析

近年来，许多经济学家发现美国的进口商品的价格传递效应降低了。Olivei（2002）利用 1981—1999 年美国制造业商品的进口价格研究发现，汇率传导系数从 20 世纪 80 年代的 0.5 下降到 90 年代的 0.2，价格传递效应可能影响到进口价格指数的内部转移，即进口商品之间的价格传递系数有高有低，调整幅度各不相同。随后 Sekine（2006）和 Ihrigetal（2006）发现了与此类似的结果。但 Campa 和 Goldberg（2004）在此问题上得出了不同结果：他们将数据分为 1975—1987 年和 1988—1999 年两个阶段，但是并没有发现美国进口商品的汇率价格传递效应有显著的不同。

（一）建立模型

接下来，我们也将对美国进口商品的汇率价格传递效应进行研究分析。基于 Knetter 早期研究的模型，我们将汇率波动对进口价格传递的模型定式为：

$$\Delta \ln IMP = \alpha + \beta \Delta \ln ER + Y \Delta \ln CP + \mu \qquad (3.1)$$

其中，IMP 表示进口商品的价格；ER 表示汇率（我们在计算汇率变量 ER 时考虑了汇率变化对出口国生产成本的影响）；CP 表示国内主要商品的价格，加入此变量即考虑到进口商品价格的变化还受到国内因素的影响。Δ 表示一阶差分；$\ln$ 表示变量取对数。以上变量均是以美元表示的。进口商品的范围包括了主要的商品，但是剔除了石油、电脑和半导体产品，因为这些产品的价格变化受到人为操纵的可能性比较大，其价格的波动不同于一般进口商品的变化。

（二）方程回归

我们搜集了 1972 年 Q4（1972 年第四季度，以下不再做说明）—2004 年 Q4 的季度数据对方程进行回归分析。鉴于许多经济学家认为美国汇率的价格传递系数有不断下降的趋势，我们运用事件研究法（即对所要研究的事件进行定义，并确定涉及该事件影响的考察时期，一般称这个时期为"事件窗口"）将数据划分为三个时间段进行分段回归：1972 年 Q4—1984 年 Q4，1985 年 Q1—1994 年 Q4，1995 年 Q1—2004 年 Q4。估计结果如下所示：

表 3 - 1　模型估计结果

	1972 年 Q4—1984 年 Q4	1985 年 Q1—1994 年 Q4	1995 年 Q1—2004 年 Q4	1972 年 Q4—2004 年 Q4
β	0.72 *** (4.66)	0.52 *** (9.64)	0.12 (1.42)	0.65 *** (9.23)
Y	0.19 ** (2.15)	0.11 *** (3.69)	0.16 *** (3.69)	0.18 *** (5.56)
R^2	0.74	0.89	0.77	0.62
变量个数	49	40	40	129

注：表中数字上标符号 *、** 和 *** 分别代表显著性水平 1%、5% 和 10%。

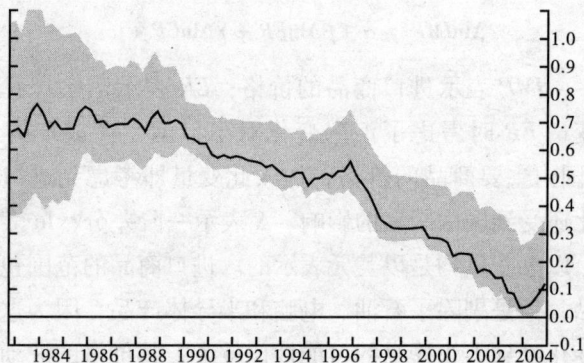

图 3 - 2　美国汇率的进口价格传递率的长期趋势

注：灰色区域为 95% 置信度下的置信区间。

表 3 - 1 和图 3 - 2 均显示出美国汇率的进口价格传递率呈下降的趋势。在 1972 年 Q4—1984 年 Q4 期间，进口价格传递率为 0.72；1985 年 Q1—1994 年 Q4 期间，进口价格传递率下降为 0.52；然而到了 1995 年 Q1—2004 年 Q4 期间，进口价格传递率

骤然下降到 0.12，并且缺乏统计上的显著性。从图 3 - 2 可以看出，传递系数从 1997 年开始大幅下降，此时正值亚洲金融危机。这些结果与近年来研究亚洲新兴工业化国家的出口价格变化对汇率波动的弹性增大的结论相呼应，认为这也是美国进口价格传递率降低的原因之一。

为了做更深入的研究，我们对估计方程的稳健性进行检验。分别以 15 年和 5 年为一个窗口事件考察期进行回归。

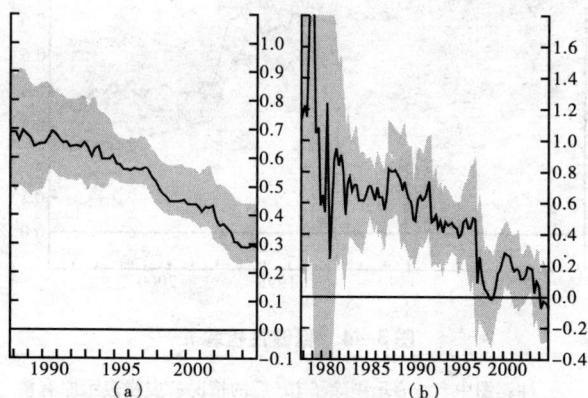

图 3 - 3 稳健性检验 I

注：图（a）以 15 年为一个考察期；图（b）以 5 年为一个考察期。

当我们以 15 年为一个考察期时，传递系数从 20 世纪 90 年代初的 0.6 多下降到最近的 0.3 以下。可以看出，1997 年左右，价格传递系数有一个显著的下降。以 5 年为一个考察期的图表显示，价格传递系数的波动性比较大，但是总体而言呈下降的趋势。从图 3 - 3 上也可以发现，亚洲金融危机开始后，价格传递系数下降迅速，到近几年，系数几乎为 0。通过以上检验，可以推断，价格传递系数的下降趋势并非我们对考察期选择的结果，而是这种趋势客观存在。

接下来我们剔除 CP 变量（商品价格）的影响来作为对稳健性的另一个检验。结果如图 3-4 所示：

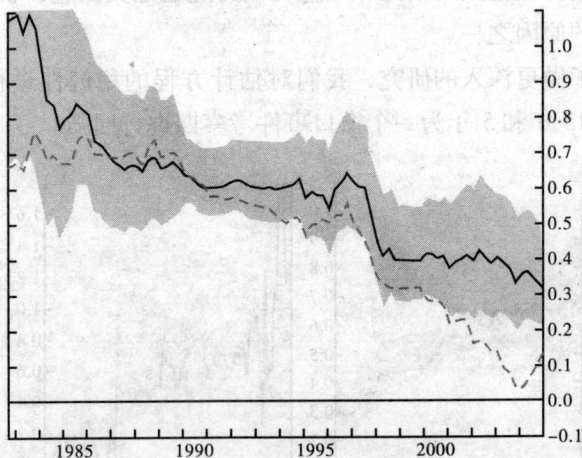

图 3-4　稳健性检验 II

注：图中实线表示剔除了 CP 后的情况；虚线表示原有模型下的情况。二者均是以 10 年为一个考察期。

从图 3-4 中可以发现，在剔除了 CP 变量后，汇率的价格传导系数变化较为平缓了。这说明汇率波动对进口价格的传导效应有相当一部分已间接转移到了国内主要商品价格 CP 上。这也间接证实了国内商品价格在近年来变得对汇率更为敏感了。

（三）结论分析

我们在以上研究中详细分析了近 30 年来美国汇率波动对进口价格的传导作用，各个时间段内的传导系数 β 符号均为正，这证实了多数学者的一致观点：本币贬值，价格水平上升；本币升值，价格水平下降。同时，结果也证实了美国汇率波动的进口价格传导系数是不断下降的，从 20 世纪七八十年代的 0.5 以上下降到了近年来的 0.2。因为进口价格的传递是汇率波动影响国内价格的一个重要渠道，因此汇率的价格传递系数对国内通货膨胀乃至货币政策的稳定性都有重大影响。此外，汇率的进口价格传导效应很可能是美国对外赤字的一个重要因素，而由于进口价格传递系数的不断下降，美国如果想要通过汇率贬值来实现对外贸易平衡，也就需要更大幅度的美元贬值。

那么，美元汇率的进口价格传递系数的不断下降的因素何在呢？除了在回归时排除了石油、电脑等产品对此造成的影响。我们对此进行了分析：第一，进口商品的构成发生了变化，原材料型产品的比例减少，而这类产品对汇率的敏感性是最高的。第二，汇率变化对国内商品的传递作用增大了，同时出口国更多的关注美国国内价格的变化来调整出口价格，这与市场设定价格、当地通货价格设定理论一致。第三，随着世界经济的整体向前发展，国与国之间的竞争越来越激烈，出于竞争上的原因，各出口国在定价上也相互制约和影响。为了获得竞争上的优势，各国想尽一切办法降低其出口价格，这符合防卫性定价理论。除了以上原因外，诸如技术的进步、运输价格的下降、贸易壁垒的降低以及宏观经济政策的完善都可能影响到汇率波动的价格传导效应。

第三节　汇率波动对国际贸易的传导效应

汇率是各国之间进行贸易往来的前提条件，是连接各国国际贸易的纽带。汇率波动对一国经济最直接的影响是其国际贸易。

理论上，汇率对一国国际贸易的影响有两方面：一方面，汇率水平的升降经由价格机制作用而促进或阻碍出口，同时限制或刺激进口；另一方面，汇率波动所带来的汇率风险通过影响贸易部门厂商决策而影响进出口，这种影响会因厂商对待风险态度的不同而不同。

一、理论分析

汇率波动对国际贸易的影响除了对进出口的贸易收支直观上的效应外还影响了一国长时间的贸易条件。事实上，贸易收支为贸易条件的一个方面。实际中常用的贸易条件有四种不同形式，即价格贸易条件、收入贸易条件、单要素贸易条件、双要素贸易条件，这些形式的贸易条件分别从不同角度表示一国出口盈利能力或贸易利益的变动情况。一般所提到的贸易条件是指净贸易条件，它是用某一货币衡量的进口商品的单位价格指数与出口商品单位价格指数的比率。货币贬值是否能改善一国的贸易条件取决于出口商品的本币价格的上升幅度是大于还是小于进口商品价格的上升幅度，或者说出口商品的外币价格的下降幅度是小于还是大于进口商品的外币价格的下降幅度，即取决于进出口商品供求的价格弹性。

1930 年在金本位体制崩溃后，剑桥大学经济学家提出弹性分析法。其中最著名的为美国经济学家勒纳研究在进出口供给弹性既定下一国采取货币贬值对国际收支的影响时提出的马歇尔—勒纳条件（Marshall-Lerner Condition）。马歇尔—勒纳条件指出本币贬值改善贸易收支的充分必要条件为：出口商品的需求价格弹性与进口商品的需求价格弹性之和大于 1。马歇尔—勒纳条件认为，在本币贬值情况下：当 $\eta(SX) \times \eta(SM) > \eta(DX) \times \eta(DM)$，货币贬值恶化了一国的贸易条件；当 $\eta(SX) \times \eta(SM) = \eta(DX) \times \eta(DM)$，货币贬值对贸易条件不起影响；

当 η（SX）×η（SM）<η（DX）×η（DM），本币贬值则改善了一国的贸易条件。其中，η（SM）、η（SX）分别为进出口供给的价格弹性，η（DM）、η（DX）分别为进出口需求的价格弹性。

而随后的毕克迪克—罗宾逊—梅茨勒条件（Birkerdike-Robinson-Metzler Condition）则认为，本币贬值能否改善贸易收支以及能在多大程度上改善贸易收支，不仅取决于进出口商品的需求价格弹性，而且取决于进出口商品的供给价格弹性。只要两种商品的供给价格弹性绝对值充分小，尽管马歇尔—勒纳条件不成立，本币贬值仍能改善贸易收支：如果出口供给价格弹性无限大，则毕克迪克—罗宾逊—梅茨勒条件归结为马歇尔—勒纳条件；对于给定进出口价格的小国，只要出口价格弹性大于进口价格弹性，本币贬值就能改善贸易收支。

但是从 20 世纪 30 年代中期的研究到二战前后的实证分析结果表明，由于进出口需求弹性极低，不能满足马歇尔—勒纳条件，一国汇率贬值不能有效改善贸易收支，从而出现了弹性悲观论（Elasticity Pessimism）。而后随着工资刚性导入蒙代尔—弗莱明模型，研究者发现，在汇率波动对进出口价格高度弹性的前提下，名义汇率的变动对实质经济变量不产生影响，弹性悲观论依然存在。1985 年后美元开始不断贬值，但是美国的经常收支赤字不断增加，这和传统的弹性分析法背道而驰。针对这种情况，经济学家开始从沉淀成本理论和当地通货价格设定理论等入手继续发展弹性悲观论。

"J 曲线效应"（J-Curve Effect）理论认为：当一国货币贬值后，最初产生的不是扩张性效应而是收缩效应即逆差扩大，然后才会逐渐弥补贸易逆差从而对经济产生扩张性效应。由于贸易收支差额曲线沿时间坐标呈字母"J"形，因此被称为"J曲线"。

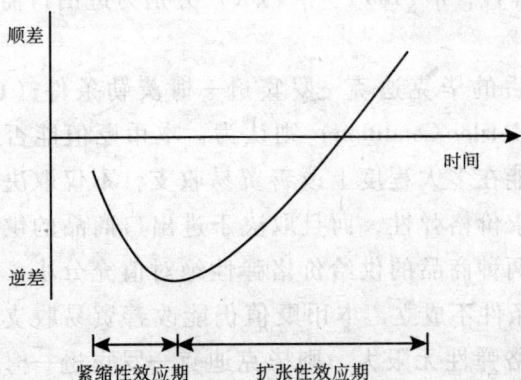

图3-5 贸易J曲线

J曲线出现后，经济学家对其原因进行了多方面的分析，主要是认为贬值后进出口贸易量与相对价格变动之间存在一段时间的时滞。因此，贬值对国际贸易的刺激作用要过一段时间才能显示出来。根据弹性理论的解释，由于贬值后的短期内需求缺乏弹性，所以价格变动对贸易量的刺激作用不明显，经过一段时间后，弹性会逐渐增加，贸易收支也随之得到改善。汇率贬值后的效应传导时间被分为紧缩性效应期和扩张性效应期，于是贬值后的贸易收支形态呈现出随时间变化而先恶化后改善的局面。

二、实证分析

从汇率波动对国际贸易影响的一般理论分析中可知，货币贬值将改善贸易收支，反之，货币升值会使贸易陷入恶化的境地。但实际情况并非完全如此。一些经济体在汇率波动过程中，货币贬值并没有达到改善贸易收支的目的，反而使贸易收支逆差进一步扩大。如 2001 年初以来，美元对主要国际货币的汇率出现显著波动，总的趋势是美元汇率下降（间接标价法下，即汇率下降，美元贬值），其他货币相对美元升值。但是美国商品贸易逆差不仅没有缩小，反而呈进一步扩大的趋势，如图 3 - 6 所示：

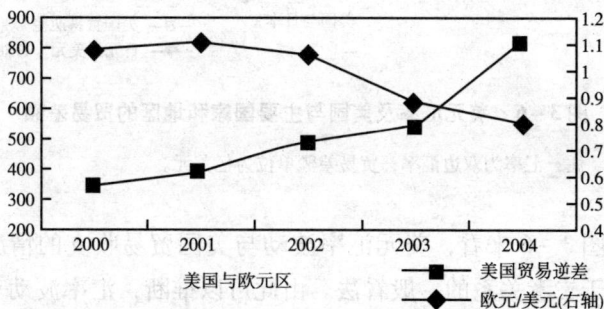

美国与欧元区 ■ 美国贸易逆差 ◆ 欧元/美元(右轴)

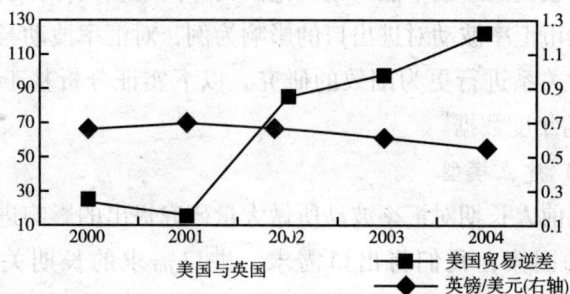

美国与英国 ■ 美国贸易逆差 ◆ 英镑/美元(右轴)

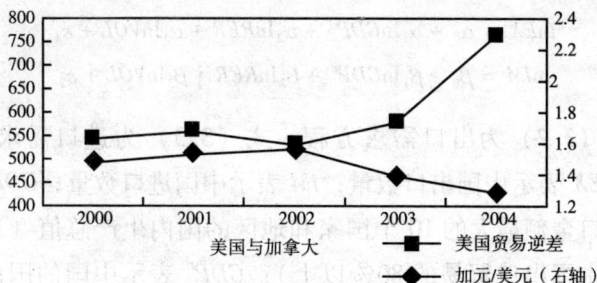

美国与加拿大 ■ 美国贸易逆差 ◆ 加元/美元（右轴）

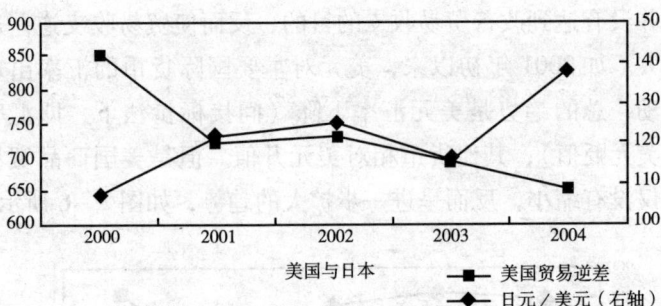

图 3 - 6　美元汇率及美国与主要国家和地区的贸易差额

注：汇率为双边汇率；贸易差额单位为亿美元。

就图 3 - 6 来看，美元汇率波动与美国贸易收支的情况并不符合关于二者关系的一般看法。由此可以推断，汇率波动对一国国际贸易收支的影响不能一概而论。具体问题应具体分析，下面将以人民币汇率波动对进出口的影响为例，对汇率波动与国际贸易之间的关系进行更为细致的研究。以下实证分析基于 1980—2004 年的年度数据。

（一）建立模型

根据前人长期对汇率波动所做大量研究提出的影响进出口商品需求的因素，我们将出口需求、进口需求的长期关系模型设为：

$$\ln EX = \alpha_0 + \alpha_1 \ln GDP^f + \alpha_2 \ln RER + \alpha_3 \ln VOL + \varepsilon_1 \qquad (3.2)$$

$$\ln IM = \beta_0 + \beta_1 \ln GDP^d + \beta_2 \ln RER + \beta_3 \ln VOL + \varepsilon_2 \qquad (3.3)$$

式（3.2）为出口需求方程，式（3.3）为进口需求方程。其中，EX 表示中国出口数量；IM 表示中国进口数量；GDP^f 为占中国出口金额最大的 10 个国家和地区的国内生产总值（这些国家占到中国出口贸易的 80% 以上）；GDP^d 表示中国的国内生产总值；RER 表示直接标价法下的真实汇率；VOL 为借鉴 Doroodian（1999）提出的理论方法，使用 H – P 滤波处理，利用 Eviews 软件所得到的实际汇率波动率；ln 表示对变量取自然对数。其他字母均表示待估系数。

经济理论一般认为，对于一国长期国际贸易来说，贸易往来国的 GDP 增长会对本国出口产生积极影响，即期望由此带来的收入效应使模型中的 α_1 为正值；本国国内生产总值增加会增加对进口产品的需求，即期望 $\beta_1 > 0$；而本币贬值，本国商品相对价格下降，此种变化会产生替代效应，使本国商品更具竞争力，而外国商品相对昂贵，在直接标价法下，RER 上升表示本币贬值，由此期望 $\alpha_2 > 0$，$\beta_2 < 0$。至于 VOL 对进出口的影响则有待实证研究检验，其系数符号不确定。

如果上述验证能检验长期关系存在，就可以用误差修正模型估计短期进出口方程：

$$\Delta\ln EX = \alpha_0 + \alpha_1\Delta\ln GDP^f + \alpha_2\Delta\ln RER + \alpha_3\Delta\ln VOL + k\mu_1 + \varepsilon_1 \quad (3.4)$$

$$\Delta\ln IM = \beta_0 + \beta_1\Delta\ln GDP^d + \beta_2\Delta\ln RER + \beta_3\Delta\ln VOL + k\mu_2 + \varepsilon_2 \quad (3.5)$$

其中 μ_1、μ_2 为误差修正项，即进出口回归方程的滞后一阶残差。此误差修正模型可以用来估计进出口与其决定变量之间的短期关系，反映各变量短期波动偏离它们长期均衡的程度。由于汇率作用的滞后性，短期进出口受汇率的影响不确定，因各国情况而异，所以其系数符号不确定。

（二）检验与回归

在现实经济中许多时间序列是非平稳的，因此先对变量进行单位根检验（即 ADF（Augmented Dickey – Fuller）检验）。检验中滞后长度根据 AIC 与 SC 值最小准则确定。

表 3 - 2　ADF 单位根检验

变　量	检验形式	ADF 统计量	变　量	检验形式	ADF 统计量
lnEX	$(c,t,0)$	-2.5688	ΔlnEX	$(c,t,0)$	-3.0948^{*}
lnIM	$(c,t,1)$	-2.7180	ΔlnIM	$(c,t,0)$	-2.2889^{**}
lnGDP^{f}	$(c,t,2)$	-2.3492	ΔlnGDP^{f}	$(c,t,1)$	-2.4362^{**}
lnGDP^{d}	$(c,t,2)$	-0.7017	ΔlnGDP^{d}	$(c,t,1)$	-1.9824^{***}
lnRER	$(c,t,2)$	-1.3945	ΔlnRER	$(c,t,1)$	-2.6680^{**}
lnVOL	$(c,t,1)$	-1.8802	ΔlnVOL	$(c,t,0)$	-3.5188^{*}

注：*** 代表 10% 的显著水平，** 代表 5% 的显著水平，* 代表 1% 的显著水平；Δ 表示相应的一阶差分序列；C 表示截距，t 表示时间趋势，n 表示滞后阶数。

表 3 - 2 显示的 ADF 单位根检验表明，lnEX、lnIM、lnGDP^{f}、lnGDP^{d}、lnRER、lnVOL 都是一阶单整，即都是 I（1）形式的变量，这样可以对进出口方程中变量进行协整，利用最小二乘法（OLS）得到：

出口方程：

$$\ln EX = 15.649 + 0.431\ln GDP^{f} + 1.478\ln RER - 0.204\ln VOL \quad (3.6)$$
$$(4.560)^{*} \quad (4.819)^{*} \quad (-5.256)^{*} \quad (-3.058)^{*}$$
$$R^{2} = 0.760 \quad adjR^{2} = 0.755 \quad s.e = 0.21 \quad F = 155.44$$

对残差进行单位根检验，ADF 值为 -3.2296，小于 1% 显著性水平下的 -2.6724。因此，可以推断各变量间存在稳定的长期关系。

进口方程：

$$\ln IM = -3.099 + 0.8571\ln GDP^{d} - 0.493\ln RER + 0.142\ln VOL \quad (3.7)$$
$$(-0.927) \quad (10.374)^{*} \quad (1.709) \quad (2.637)^{**}$$
$$R^{2} = 0.778 \quad adjR^{2} = 0.775 \quad s.e = 0.14 \quad F = 292.94$$

进而对残差进行单位根检验，ADF 值为 -3.3840，小于 1% 显著性水平下的 -2.6724。各变量间关系亦存在。

在长期进出口方程确定后对短期动态方程进行估计，结果如下：

$$\Delta \ln EX = 0.104 + 0.0017\Delta \ln GDP^f - 0.8363\Delta \ln RER -$$
$$0.0710\Delta \ln VOL - 0.39\mu_1 \qquad (3.8)$$
$$(2.659)^* \qquad (0.1008) \qquad (-1.9772)$$
$$(-1.1582) \quad (-2.126)^{**}$$
$$R^2 = 0.364 \quad adjR^2 = 0.215 \qquad s.e = 0.127$$
$$F = 2.437$$

$$\Delta \ln IM = 0.01 + 0.704\Delta \ln GDP^d + 0.050\Delta \ln RER +$$
$$0.1225\Delta \ln VOL - 0.447\mu_2 \qquad (3.9)$$
$$(0.260) \qquad (3.06)^* \qquad (0.155)$$
$$(2.399)^{**} \quad (-1.971)^{***}$$
$$R^2 = 0.591 \quad adjR^2 = 0.495 \quad s.e = 0.12$$
$$F = 6.162$$

（三）结论分析

我们估计了 1980—2004 年汇率波动对我国进出口贸易流量的传导效应，分析了汇率波动对长期和短期贸易流量的影响。实证研究发现：（1）长期进口方程中，GDP^f、GDP^d 的符号均符合经济理论预期。在出口方程中，$\ln RER$ 的符号为正，表明人民币汇率贬值，出口增加。然后，在进口方程中，$\ln RER$ 与进口流量间缺乏统计相关性，这说明我国进口对汇率缺乏敏感性。这种情况与我国贸易结构有关，出口商品大多属于劳动、资源密集型的商品，进口商品多为资本密集型商品，其知识、技术附加值较高，国内缺乏对进口商品的替代物。（2）短期内，当期汇率波动对进出口并无显著影响，这在一定程度上反映了汇率波动传导效应的滞后性。

总的看来，对长期而言，人民币汇率波动对我国国际贸易的传导效应显著。本币升值会减少净出口，可能导致国际收支逆差的出现，影响我国贸易收支的稳定。但从更长远的眼光来看，人民币升值能够在一定程度上优胜劣汰、重新配置资源，将会起到调整外贸出口结构、促进本国产业调整升级的作用，这将为中国企业走出国门，改善贸易结构带来机遇。

第四节　汇率波动对国外直接投资的传导效应

国外直接投资（Foreign Direct Investment，简称 FDI），指一个国内企业在国外建厂或拥有国外企业资产的所有权，而不是在证券市场上购买国外企业的股份。

前文提到了国际贸易，既然一国可以通过进出口商品来互通有无，调整本国生产，又是何原因导致了国外直接投资的产生呢？1970 年，美国经济学家阿利伯（R. Z. Aliber）提出了用不同国家的资本化率差异来解释国际投资。资本化率 $K = C/I$，其中 C 为资产价值，I 为资产收益流量。资本化率指收益流量资本化的程度。世界各国货币有强弱之分，强币的币值稳定，汇率坚挺而上浮；弱币容易贬值，汇率疲软而下浮。阿伯利认为，持强币国的资本化率高于持弱币国。因此，国外直接投资是持强币国向持弱币国流动的。如果进行投资的国家拥有相对坚挺的货币，还可以在汇率上获得通货溢价的额外收益。投资货币的不同，使投资者拥有当地竞争对手无法具备的特殊优势。

随后，海默（S. H. Hymer，1976）构建了结构性市场不完善理论，提出了厂商垄断优势理论，认为投资国企业拥有比东道国的同类企业更有利的垄断优势；巴克利（P. J. Buckley，1976）和卡森（M. C. Casson，1976）的内部化理论认为跨国公司可以用有效率的行政结构去替代不完善的市场结构，将不完善的市场内部化；以及邓宁（J. H. Dunning，1985）把厂商垄断优势、内部化优势和区位优势理论融为一体的折衷理论（OLI 理论），认为所有权优势、内部化优势和区位优势决定了直接投资行为。

上文简单回顾了有关 FDI 产生原因的各种理论，下面将重点分析汇率波动对国外直接投资的影响。

一、理论分析

在过去几十年中，欧洲、美国及日本的资本流入流出增长迅速。20 世纪 80 年代，世界资本的流出以平均每年 30% 的速度增长，这个增长速度是出口增长速度的两倍，国内生产总值增长速度的三倍。很显然，资本在国际上的流动比商品贸易更使得全球化以及经济一体化向前发展。

有关汇率波动（升值或贬值）对 FDI 的传导效应的理论主要有"相对生产成本效应"理论（Cushman，1988）和"相对财富效应"理论（Froot and Stein，1991），认为一国货币贬值会促进 FDI 的流入。"相对生产成本效应"强调汇率水平变动对东道国生产成本的影响，认为当其他因素相同时，一国货币贬值将会降低当地相对于外国的生产成本，特别是劳动成本，而这种成本的降低意味着相同数量的外资可以雇用更多的劳动力，提高包括 FDI 在内的资本收益率，从而促进 FDI 的流入。同理，当一国货币升值时，以本国货币表示的在出口对象国的生产成本下降，当因汇率升值导致的本国生产成本与在出口对象国本地的生产成本的差额大于在出口对象国直接投资的成本时，就可能发生对外直接投资，即本国对外国进行投资，其他国家对本国的 FDI 就减少。Froot 和 Stein 将本币贬值造成外国投资者在本国投资成本下降的作用称为"财富效应"，并以此概念解释了 20 世纪 80 年代日本跨国公司因日元汇率大幅升值而大举收购美国企业资产的现象。"相对财富效应"理论认为，东道国货币贬值能够提高外国投资者的相对财富，从而更有利于它们并购东道国国内的企业，或者在东道国建厂。

认为货币贬值将会抑制 FDI 流入的研究者以 Campa（1993）为代表。他认为跨国公司的海外投资决策取决于其未来收益的期望值，一国货币越坚挺，进入该国市场未来收益的期望值就越高，也就会吸引越多的 FDI 流入，而货币贬值使投资者丧失信心，将会阻碍 FDI 的流入，同时使本国货币流向货币坚挺的国家。

绝大部分有关汇率波动对 FDI 传导效应的实证研究得到的一个结论是：东道国的货币贬值会吸引国外直接投资流入，而本国货币升值会导致本国货币流向货币贬值国。本书作者对此持中立态度，接下来将以实证回归来检验。

二、实证分析

鉴于各学者在汇率波动对国外直接投资传导效应上的争议，为了更好地说明二者之间的关系，下面的实证研究将以欧洲 11 国家（包括比利时、丹麦、法国、德国、希腊、意大利、荷兰、葡萄牙、爱尔兰、西班牙、英国）、美国及日本等为对象来研究汇率波动与 FDI 之间的关系，以及汇率波动对 FDI 传导效应的大小。

（一）建立模型

众所周知，美国是对外直接投资的大国，每年大量的资本自美国流向欧洲或其他发展中国家。然而近年来，这种资本的流动方向有所改变，很大程度上转化为欧洲和日本对美国的直接投资。下文提到的汇率均为直接标价法下的汇率（即汇率上升，货币贬值；汇率下降，货币升值）。

这个部分将讨论 FDI 与真实汇率之间的关系，因此建立两个模型。

$$RER = h(FDI, P, P^*, I, I^*) \qquad (3.10)$$

$$FDI = f(RER, Y, Y^*, R, R^*) \qquad (3.11)$$

其中，P 为 CPI（消费物价指数），用来衡量一国的通货膨胀程度；Y 为真实 GDP（作为市场规模指标）；I 为国内短期利率；R 为国内长期利率。带上标 $*$ 指国外（除本国外的经济合作发展组织中的其他成员国）各变量。

上文中的 RER 表示真实汇率，用每个国家与其他 21 个工业国家的汇率经单位劳动生产成本调整而来。外国直接投资 FDI 则以 1980 年为基准，即令 1980 年的国外直接投资流量为 100。数据为 1960—1997 年的年度数据，其中四个国家由于早期 FDI 记录的缺失而从较晚开始：比利时始于 1965 年；希腊、爱尔兰与丹麦始于 1968 年，葡萄牙始于 1972 年。

参考以往的研究，国内 CPI 上升，通货膨胀率上升，本币贬值，直接标价法下，汇率上升；而国外 CPI 上升，本国货币相对升值，即汇率下降；国内短期利率的变化与直接标价法下汇率的变化成正比，国外短期汇率则与之成反比。国内生产总值增加，本国市场规模扩大，会引致更多 FDI 的流入，而外国 GDP 增大，国外市场扩大，本国资本流出；本国长期利率的上升吸引国外直接投资，而下降导致资本流出，国外长期利率的作用相反。由此，我们预期 P，I，Y，R 的系数符号为正；P^*，I^*，Y，R^* 的系数符号为负。而 FDI、RER 在方程中的符号有待实证研究确定。

（二）检验与回归

首先将所有时间序列进行 ADF 单位根检验，将不平稳的 RER 与 FDI 协整并对其修正，使两变量成为协积的（即，两变量间存在有长期或均衡关系，使二者协积可避免谬误回归）。接着对两个方程进行对数线性回归，而非最小二乘法（OLS）。变量选择遵循诊断检查结果，因此，并非所有模型中的变量会出现在结果中。而滞后阶数的确定遵循 ACI（赤池信息）准则。最后，对两方程进行联合的两阶段最小二乘法进行估计。

表 3-3 和表 3-4 分别为方程（3.10）、方程（3.11）的对数线性回归的结果。

表 3-3 方程（3.10）：自变量为 Δln（RER）

国　家	Δ ln FDI	ΔlnFDI(−1)	P	P*	I	I−I*	RER(−1)	LM(1)	LM(4)
比利时	0.09** (1.78)		0.01 (2.12)	−0.69 (1.41)		0.01 (0.22)		0 (1)	0 (1)
丹　麦	−0.10* (3.37)	−0.02** (1.64)					−0.13 (0.49)	0 (1)	4.45 (0.35)
法　国	−0.10** (1.70)		0.17 (0.29)	−1.17 (0.29)				0 (1)	5.59 (0.23)
德　国	0.06* (2.04)					0.09* (2.32)	0.17 (0.82)	0 (1)	0 (1)
希　腊	0.17** (1.67)		0.01 (1.24)				0.44 (1.10)	0 (1)	0 (1)
意大利	0.05* (2.06)					0.01** (1.62)	0.27 (1.13)	0 (1)	0 (1)
荷　兰	0.10* (3.10)		0.01* (3.80)	−0.84* (3.19)		0.01* (1.97)		0 (1)	0 (1)
葡萄牙	0.15* (1.98)	0.11* (2070)			0.01 (1.39)			0 (1)	3.07 (0.55)
爱尔兰	0.06* (2.11)		0.00 (1.11)				0.05 90.130	0 (1)	0 (1)
西班牙	0.25* (3.83)		0.00* (2.24)				0.12 (0.59)	0 (1)	7.22 (0.14)
英　国	−0.00 (0.00)	0.03* (4.26)	0.00 (1.10)		0.00 (0.96)		0.69* (2.05)	1.12 (0.30)	0 (1)
美　国	0.02 (0.73)			−1.04** (1.68)	0.02* (2.56)		0.02* (0.83)	0 (1)	0 (1)
日　本	0.00 (0.12)	−0.00* (1.99)	0.01* (2.15)	−1.85* (2.74)				0.47 (0.50)	4.95 (0.29)

表 3 – 4　方程（3.11）：自变量为 $\Delta \ln FDI$

国　家	RER	RER(-1)	Y	Y*	Y-Y*	R	FDI(-1)	LM(1)	LM(4)
比利时	4.58* (1.99)		0.05** (1.80)	-0.35 (0.60)					
丹　麦	-7.30* (3.06)					-0.80 (0.74)	-0.40* (2.65)	0 (1)	0 (1)
法　国	-7.94* (2.03)		0.13** (1.67)				-0.52* (2.17)	0 (1)	0 (1)
德　国	11.04** (1.68)		0.03 (0.62)	-0.56 (0.53)			0.44* (1.63)	0 (1)	4.26 (0.37)
希　腊	12.42* (1.93)				0.14* (1.98)			0 (1)	4.58 (0.33)
意大利	14.7** (1.72)					0.08 (1.50)	-0.40** (1.84)	0.20 (0.65)	3.15 (0.53)
荷　兰	2.89** (1.50)		0.08** (1.92)	-3.10 (1.25)			-0.14 (0.37)	0 (1)	4.58 (0.33)
葡萄牙	5.34** (1.81)				15.44 (2.02)	-0.13 (1.54)	-1.32* (2.20)	0 (1)	0.35 (0.98)
爱尔兰	51.23* (2.21)		0.13 (1.48)				0.28 (0.84)	0 (1)	2.11 (0.71)
西班牙	7.78* (4.28)		0.00** (1.73)				-0.56* (2.46)	0 (1)	3.01 (0.56)
英　国	-14.18** (1.82)		0.16 (1.14)			0.17 (0.89)		0.83 (0.36)	2.42 (0.66)
美　国	7.52** (1.77)	-4.62** (1.84)	0.09* (2.19)			0.03 (0.54)		0 (1)	2.26 (0.69)
日　本	50.87** (1.99)		2.28* (2033)	-519.3* (4.03)				1.28 (0.26)	3.02 (0.55)

注：表 3 – 3，表 3 – 4 中 LM 为一阶或四阶自相关拉格朗日乘数（Lagrange Multiplier），最后两列的括号内数值表示可能值。而其他列的括号内数值为 t 统计量。表中数字的上标 * 、** 和 *** 分别代表显著性水平 1%、5% 和 10%。

从表 3 - 3、表 3 - 4 中的回归结果可观察到，价格、利率以及真实产出的系数符号均符合预期。方程（3.10）中，丹麦、德国、意大利、荷兰、葡萄牙、爱尔兰、西班牙等国家 *FDI* 前的系数在 5% 的显著性水平下不为 0，比利时、法国、希腊在 10% 的显著性水平下不为 0。而英国、美国和日本的相关系数在统计上不显著。方程（3.11）中，丹麦、法国、希腊、爱尔兰、西班牙及日本等国家 *RER* 前的系数在 5% 的显著性水平下不为 0，德国、意大利、荷兰、葡萄牙、英国以及美国的系数在 10% 的显著性水平下不为 0。

三、结论分析

在上面的实证中，我们讨论了 FDI 与真实汇率之间的关系。以上结果表明，在自由浮动汇率制度的国家，如美国、英国和日本，汇率与 FDI 之间的因果关系为：汇率波动影响 FDI。在小的国家，如欧盟内部国家货币与欧元直接相关的成员小国，FDI 与真实汇率波动相互作用。此种情形下，FDI 政策会对真实汇率产生影响，而真实汇率的波动也会促进或限制 FDI 的流入流出。

从方程（3.11）的回归结果可以看出，汇率的波动变化对 FDI 的影响是不确定的。一国货币贬值（直接标价法下），汇率值增大，促进了美国、日本以及多数欧洲国家（丹麦、法国及英国除外）的外国直接投资（FDI）的流入。这与"相对生产成本效应"理论（Cushman，1988）和"相对财富效应"理论（Froot and Stein，1991）相一致。日元 20 世纪 70 年代的几次大升值与国外直接投资的实际经济情况也证明了此结论的正确性。

至于丹麦、法国和英国的情况则可以换个角度思考，其原因可用 Campa 的理论来解释。我们可以认为，跨国公司投资汇率升值的国家，是为了避免货币贬值国家的汇率风险。

上面实证研究的变量为国外直接投资（FDI），事实上，一国的国外直接投资通常是该国对外投资的主体。因此，汇率波动对一国 FDI 传导效应的研究同时说明了它对该国对外投资的影响。近年来，中国的国外直接投资和对外投资均以惊人的速度增长。对国外汇率波动对 FDI 传导效应的研究对我国汇率政策的制定以及汇率制度改革的进行颇具启发，将在后面进行论述。

第五节　汇率波动对就业的传导效应

美国制造业在 2000 年、2001 年和 2002 年共丧失了近 270 万个就业岗位。与此同时，美中贸易逆差不断扩大，从 1994 年的 300 多亿美元上升至 2002 年的 1000 多亿美元。于是，美国指责中国通过人为的保持人民币低估，控制汇率，以推动出口贸易，并因此抢夺了美国工人的就业机会。

按照美国方面的说法，两国间汇率的不平等造成了美国制造业的严重失业。那么中美汇率真的是近年来美国制造业失业率上升的主要原因吗？下文将就汇率波动对就业的传导效应进行分析。

一、理论分析

通常认为汇率波动对就业的传导效应主要体现在两个方面：其一，汇率波动对就业率有一定的影响；其二，汇率波动会引起工人工资的变动。现有关于汇率波动对就业的影响的研究基本得出了一致结论：即货币贬值会促进就业增加，失业率降低；货币升值则使就业减少，失业率上升。

Branson 和 Love（1987）利用 1970—1986 年间的季度数据对美国制造业的实证研究发现：美元升值会显著地导致产量和就业

的下降，特别是对耐用品部门而言；在 Burgess 和 Knetter（1998）的跨国研究中发现，美国、日本、加拿大和意大利的汇率能迅速自动调整，而德国和法国的汇率在向着长期均衡汇率的运动过程中速度缓慢，且制造业就业率受汇率波动的影响不明显；Klein，Schuh 和 Triest（2000）在对美国制造业 1973—1993 年期间的数据的研究也发现升值会显著减少就业岗位。经过进一步的研究，Klein 发现，美元真实汇率对岗位流动影响显著，当美元升值时，真实汇率通过工作岗位的缩减降低了生产部门的就业率，从而导致劳动力在部门间的流动；Belke 和 Gros（2002）对欧洲国家的研究认为，汇率波动通过贸易渠道对就业率的作用微小，然而，对某个出口公司而言，因为必须考虑到存在着投资的沉没成本，汇率的波动会引起公司的资本投资和劳动需求的变化；Roberto（2004）对阿根廷、巴西和智利等南美洲国家的研究则得出了贬值会促进制造业就业的结论。

较例外的是，Edwards（1989）在研究发展中国家汇率波动对制造业就业的影响时得出了一个相反的结论：在许多发展中国家货币贬值导致产出减少，同时真实工资降低。Edwards 认为这种"反常"的现象有以下几个原因：第一，货币贬值通过价格机制对经济平衡产生消极影响，从而导致产出减少；第二，货币贬值产生一个收入传递效应，使得财富从边际储蓄倾向较高的人传导到边际储蓄倾向较低的人，同时使货币贬值对债务人有利，对债权人则造成一定损失；第三，如果一国进出口商品的需求价格弹性很低，即不能满足马歇尔—勒纳条件（Marshall-Lerner Condition），货币贬值会导致贸易条件恶化，贸易收支逆差扩大，这些可能进一步导致国内经济的萎缩；第四，货币贬值造成中间产品价格上升，使总供给曲线左移，从而减少了产出。

与汇率波动对就业的影响相比，现有研究在实际汇率波动对工资的影响上则存在分歧。Campa 和 Goldberg（1998）的研究发现美元贬值会显著的增加出口导向企业的长期工资；Goldberg 和 Tracy（2001）发现美元升值会使制造业工资大幅度下降，且反应程度超过就业；但 Lebow（1993）指出：当同时考虑贸易部门和非贸易部门时，不仅实际汇率波动对总体工资水平影响是不确定的，就连对各个部门工资的影响都要视劳动力流动程度而定，他对美国贸易和非贸易部门的实证研究结果也支持该观点。与其他人的研究相比，Lebow 的研究优点在于将非贸易部门也纳入了实际汇率波动效应的分析。

所有这些研究有一个共同观点：一个国家或相关部门的开放度越高，汇率波动对就业的传导效应越大。

二、实证分析

针对美国国内就业状况或失业率是由于美元币值走高或贸易逆差扩大的观点。首先以图表法考察 20 世纪 80 年代初以来美国失业率数据与美元实际有效汇率指数以及贸易差额之间的直观关系。

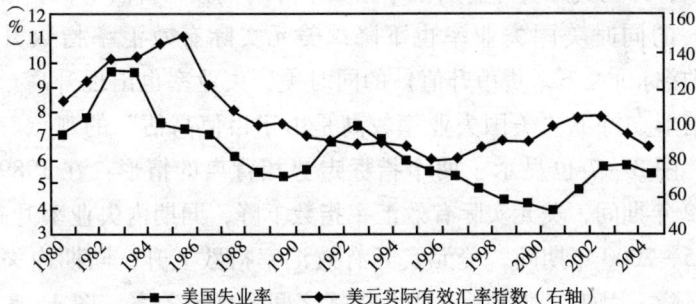

图 3 - 7　1980—2004 年美元实际有效汇率指数与美国失业率

注：美元实际有效汇率数据来源于《国际金融统计年鉴》；失业率数据来源于《世界经济展望》；令 2000 年有效汇率指数 = 100；数据均为年平均数。

资料来源：引自《环球金融》2006 年第 8 期。

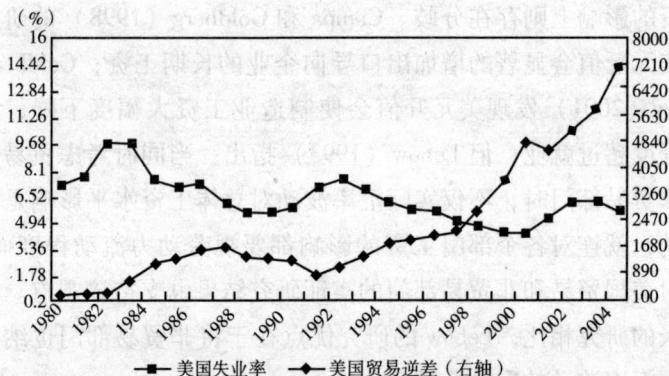

图 3 - 8　1980—2004 年美国贸易逆差与失业率

注：逆差单位为亿美元。失业率数据来源于《世界经济展望》，贸易
逆差数据来源于世界贸易组织数据库。

资料来源：引自《环球金融》2006 年第 8 期。

　　图 3 - 7 显示了 1980—2004 年美国失业率与美元实际有效汇
率的走势。从图中可以看到，在大多数年份，两个指标走势相互
一致，即在美元实际有效汇率指数下降（间接标价法下，货币贬
值）的同时美国失业率也下降；美元实际有效汇率指数升高
（间接标价法下，货币升值）的同时美国失业率也出现升高。这
种情形支持了"美国失业率较高是由于币值高估"的观点。然
而，图 3 - 7 也显示了两个指标走势相背离的情形：在 1989—
1992 年期间，美元实际有效汇率指数下降，同期内失业率升高；
1995—2000 年期间，美元实际有效汇率指数上升，同期内失业
率下降。因此，难以断定两个指标之间的确定关系。图 3 - 8 概
述了美国贸易逆差与失业率在 1980—2004 年期间的变化。观察
期内，美国贸易逆差不断扩大，而失业率有升有降，二者之间并
没有确切的一致关系。由此看出，武断地将美国失业率的上升归
咎于人民币币值低估和中国对美国的贸易顺差是无依据的。

现有的大部分实证研究试图从消费和劳动供给的跨期替代效应来解释就业情况。这是因为就业与真实经济周期密切相关。而接下来，我们将从利率和真实汇率（开放效应）入手来建立一个长期模型。这样，一方面我们考虑到了国内经济因素对就业的影响因素，另一方面，也考究了汇率波动对就业的传导效应。

（一）建立模型

为了对以上美国汇率波动对失业率的直观上的传导效应做个检验，同时有个参照国进行比较，我们建立一个模型，用美、英两国 1972 年 Q1—2001 年 Q4 的季度数据对其进行回归检验。模型如下：

$$\ln EMP = \alpha + \beta \ln REER + \Gamma R + \delta \ln W + \mu \tag{3.12}$$

其中，EMP 为就业量；$REER$ 为真实有效汇率；R 为真实利率；W 为工资水平。α、β、Γ 及 δ 为系数，$\ln$ 表示对数据取自然对数。

就业量以美国私人机构的工作时间总数来衡量，对于英国，从 20 世纪 90 年代初才有记录，因此之前的数据从私营部门的就业情况推算；$REER$ 是经济合作与发展组织以贸易量为权数经过调整后的真实有效汇率；R 为政府长期债券利率减去当期通货膨胀预期后的值；W 是经 CPI 调整后的工资。利率数据来源于国际货币基金组织（IMF）的国际金融统计（IFS）；其他数据来源于经济合作与发展组织的主要经济指标。所有数据都经过季节性调整。

我们预期，真实工资的上涨将导致劳动供给增加，从而使就业也增加；同样，真实利率的上升通过跨期替代作用也将导致就业的增加；而汇率波动对就业的传导效应是未知的：汇率上升（间接标价法下，货币升值），现有财富用外币表示是增加的，这就对收入有一个积极的影响，工人可能在"相对高薪"的诱惑下选择工作更多的时间，但相反的，前面在汇率波动对国际贸易的传导效应中提到了货币升值导致本国出口减少，从而减少了贸易部门的工作机会，这就有可能使得就业量减少，难以判断汇率波动带来的这两种作用孰大孰小，因此不确定 *REER* 的系数符号。

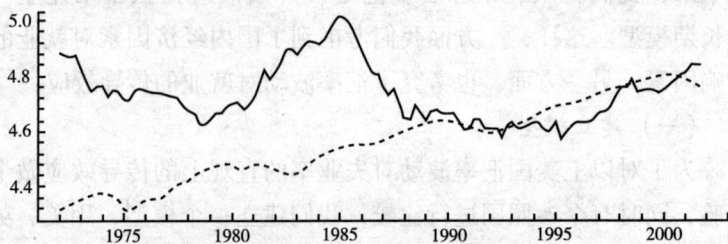

图 3 – 9　美国汇率波动和就业情况

注：图中实线表示 ln*REER*，虚线表示 ln*EMP*。

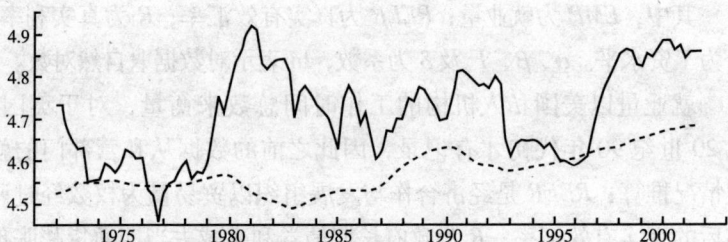

图 3 – 10　英国汇率波动和就业情况

注：图中实线表示 ln*REER*，虚线表示 ln*EMP*。

关于美国汇率波动与失业之间直观上的关系在上文有了叙述，在此不赘述汇率波动与就业间的关系。从图 3 – 10 可以看出，在间接标价法下（同上文，下文实证分析均为间接标价法下），英国的汇率波动与就业变化的方向似乎相反，但二者间的关系并不很明显。

（二）检验与回归

因为各变量为时间序列，首先运用 ADF（Augmented Dickey-

Fuller）检验对其进行单位根检验，结果显示，所有变量均为一阶单整，即都是 I（1）形式的序列。接下来从八阶滞后开始往前推对序列进行逐步回归，再根据 AIC 与 SC 值最小准则选择滞后长度。发现在三阶滞后的条件下结果比较稳定。我们选择了一个有常数且无显著的确定性趋势的协积向量，这样，变量遵循带漂移的随机游走。

表 3 – 5　LR 最大特征值检验

美　　国		英　　国		协积向量数
统计值	95% 临界值	统计值	95% 临界值	
28. 453	28. 270	25. 827	28. 270	0
18. 127	22. 040	14. 426	22. 040	最多为 1
11. 239	15. 870	10. 460	15. 870	最多为 2
2. 6737	9. 160	6. 641	9. 160	最多为 3

表 3 – 6　LR 迹检验

美　　国		英　　国		协积向量数
统计值	95% 临界值	统计值	95% 临界值	
58. 320	53. 480	64. 402	53. 480	0
32. 039	34. 870	30. 741	34. 870	最多为 1
13. 913	20. 180	15. 736	20. 180	最多为 2
2. 6738	9. 160	6. 641	9. 160	最多为 3

表 3 – 5 和表 3 – 6 分别列举了英、美两国的似然比（Likelihood Ratio）检验：LR 最大特征值检验和 LR 迹（Trace）检验。结果显示，美国各变量中仅存在一个协积向量，而英国只有在 LR 迹检验才能拒绝协积向量为零的假设。尽管英国数据的协积关系不明显，我们还是假定两国各有一个协积向量。

为了更好地对比各变量间关系的强弱程度，我们使用三种不同的回归方法进行回归，分别为：完全修正最小二乘法（Fully Modified OLS, method of Phillips and Hansen, 1990）；极大似然值法（Maximum Likelihood, method of Johansen, 1991）；动态最小二乘法（Dynamic OLS, method of Stock and Watson, 1993）。其中，DOLS 能够矫正回归中的参数性问题；FMOLS 则能够矫正回归中的非参数性问题，从而比 OLS 能产生一个更为可靠的标准误差。考虑到 ML 方法的一些优越性：在很一般的条件下，参数估计还是一致的，我们在分析中使用 ML 回归得到的结果。

三种方法的回归结果如表 3 - 7 所示：

表 3 - 7　方程 $\ln EMP = \alpha + \beta \ln REER + \Gamma R + \delta \ln W + \mu$ 回归结果

系数	美　国			英　国		
	ML	FMOLS	DOLS	ML	FMOLS	DOLS
α	-4.090	-3.388	-3.309	4.919	3.457	3.172
	(-3.574)	(-5.745)	(-11.220)	(13.295)	(15.756)	(3.182)
β	-0.534	-0.289	-0.218	0.022	0.050	0.006
	(-3.505)	(-3.296)	(-2.973)	(0.319)	(1.058)	(1.360)
Γ	0.233	0.142	0.145	-0.024	-0.005	0.001
	(4.350)	(2.973)	(3.147)	(-4.800)	(-2.967)	(4.067)
δ	0.234	0.182	0.183	-0.047	0.220	-0.008
	(11.407)	(17.592)	(34.619)	(0.528)	(5.412)	(-1.739)
LR 检验	6.802		10.476	3.032		2.122
	<0.009>		<0.002>	<0.094>		<0.145>
Wald 检验		7.211			1.119	
		<0.008>			<0.290>	
Lag (4)	-0.026	-0.033	-0.040	0.041	-0.003	0.023
	(-2.370)	(-2.755)	(-2.337)	(6.123)	(-1.362)	(2.331)

注：括号 ( ) 内为 T 值；LR 检验和 Wald 检验均为不同回归方法下对变量 *REER* 的显著性检验；括号 < > 内为 P 值；Lag (4) 分别为 FMOLS 估计法下的巴特利四阶滞后和 DOLS 估计法下的四阶截断滞后。

根据表 3 - 7，美国相关变量的系数均符合预期。真实有效汇率（间接标价法下）对就业有一个消极的影响，即汇率上升，货币升值，就业减少，且其作用具统计上的显著性。真实汇率的上升导致了就业的减少。这么看来，我们可以理解为，货币升值带来一个正的收入效应，工人减少工作时间就能将效用维持在不变水平。而利率对就业的作用高度显著，且符号为正，这符合跨期替代假说的推测。真实工资对就业有显著的积极作用。

对英国而言，方程的整个回归不显著。真实有效汇率对就业有积极作用，但是缺乏统计上的显著性。利率对就业有负的作用。真实工资对就业的作用在 ML 和 DOLS 中均为负。产生该结果可能是由于英国 20 世纪 90 年代以前的就业数据为推算而来的。

比较这三种回归方法，FMOLS 和 DOLS 对美国的估计结果非常相似。而 ML 方法估计出来的结果数值比较大。但英国的回归结果在三种方法下有显著差异，这也表明了回归结果的不显著。

为了测定汇率波动对就业的传导效应，我们对方程因变量 REER（真实有效汇率）的显著性进行了 LR 检验和 Wald 检验。结果显示，美国在 99% 的显著性水平下汇率波动对就业有一个传导效应；而英国在 95% 的显著性水平下，汇率波动对就业无影响。

三、结论分析

我们对英、美两国近 30 年来汇率波动对就业的传导效应进行了回归分析。考虑在一个开放经济体中，国内就业总量同时受到国内经济因素和对外经济关系的影响，我们用真实有效汇率、真实利率、真实工资为因变量。结果发现，美国的汇率对就业有显著作用，而英国的汇率波动对就业的传导作用不显著。而美国国内因素对就业量也有显著作用。这证实了一个国家的开放程度越高，汇率波动对就业的影响就越大。

ML（极大似然值法）回归美国真实有效汇率（*REER*）（间接标价法下）的系数为：-0.534。说明美国就业率的下降（失业率上升）与汇率确实有一定的关系。但同时，国内因素对就业的影响也是显著的。而真实有效汇率的变化相对于真实工资的变化是微小的。因此不能一味将失业率的上升归咎于币值的高估。

近年来，美国不断向中国施压，认为人民币与美元的汇率水平损害了美国的贸易利益和经济利益，并导致了其国内失业率的不断上升，因此要求中国货币当局调整人民币与美元的汇率水平。通过以上实证研究，我们不能否认汇率对就业有一定影响。但这种影响相对国内经济因素来说是微小的。况且，人民币与美元的汇率只是美元真实有效汇率的一个因子，这个因子所占的比重应该由中美双边贸易额占美国对外贸易总额的比重所确定。近年来这个比重有所升高，从 20 世纪 90 年代末的 5% 上升到 2005 年的 8%。但如果用这个权重去折算前面计量方程的结果（即美元实际有效汇率波动对美国就业的影响系数），不难发现中美间汇率对美国就业的影响是微不足道的。因此，不应该将人民币兑美元汇率和美国国内就业的减少、失业率的上升简单联系起来。

第六节　汇率波动对利率的传导效应

经济理论中关于汇率和利率关系的理论研究有很多，而最早直接给出利率与汇率之间关系的理论是英国经济学家凯恩斯（John Keynes）于 1923 年首先提出的利率平价理论（Theory of

Interest Rate Parity)，利率平价理论的假定有两条：第一，资本在国际间可自由流动；第二，外汇市场高度发达与完善。根据这样的假定前提，得出利率平价公式：$\rho = I - I^*$。其中：ρ 为即期汇率与远期汇率之间的升（贴）水率，I 为一国国内市场利率，I^* 为外国市场利率。公式的经济含义是：当本国利率高于（低于）外国利率时，本国货币预期贬值（升值），汇率的远期升（贴）水率等于两国货币利率之差。

现实经济中究竟是利率决定汇率，还是汇率波动影响利率的变化呢？在研究汇率与利率关系的许多文章中，绝大多数的判断是利率决定汇率。但我们以为，大多数内生变量是相互决定的。接下来将着重讨论汇率波动对利率的传导效应。

一、理论研究

在浮动汇率制度下，汇率因外部原因发生变化或者货币当局运用货币政策改变了汇率会自发地引起利率变化，现在假设一国货币升值的情形。本币升值导致出口减少的同时进口增加，由乘数效应导致产出的下降，经济开始低落，增长速度放慢，利率下降。

汇率波动对利率的传导效应除了自发情形外还可能通过政府的政策进行。在一国开放程度较高且是浮动汇率制度的条件下，别国利率的变化会引起汇率的变化从而再引起本国利率的变化。假使外国的名义利率下降导致本国货币升值，从而出口减少，官方外汇储备减少，货币供应减少，通货紧缩压力加大。为了遏制通货紧缩，政府被迫降低利率。关于汇率波动对利率的传导作用有两种截然不同的观点：

一种观点认为二者之间存在负相关，这是因为汇率的更大波动释放了压力，使得诸如利率、货币供应以及产出等宏观经济变量更加稳定。Frenkel 和 Mussa （1980），Frankel 和 Rose （1995）

发现固定汇率会以其他经济变量的波动为代价。Reinhart 和 Reinhart（2001）提出浮动汇率的一个好处就是减轻了货币当局维持固定汇率的重担，使利率更加稳定。

另一种对立观点则认为汇率波动与利率变化之间为正相关关系。Cooper（1999）主张实行固定汇率制，认为汇率的波动往往是过多的，而且与基本经济变量无关。McKinnon（2001）认为汇率弹性本身就存在外汇风险，从而可能阻碍国际商品和金融资金的往来。二者的这种从汇率波动传导到利率上的正相关假设被称为"风险加强假说"（Enhanced Risk Hypothesis）。

1997 年亚洲爆发了大规模的金融危机，各涉及国家纷纷采取利率调整政策甚至改变原有汇率制度来调整经济。那么在此情况下，汇率的波动对利率究竟有怎样的作用？汇率波动更加有弹性能够有助于利率波动减少吗？

二、实证研究

1997 年的亚洲金融危机波及甚广，我们对涉及危机较严重的四个国家：印度尼西亚、韩国、菲律宾以及泰国的汇率和利率之间的关系进行研究。我们将汇率定义为当地货币的美元价格，即直接标价法下的兑换美元汇率；利率为当期名义利率。利用 1990 年 1 月 1 日—2005 年 4 月 30 日（其中韩国与泰国的利率数据缺失前几年）的每周数据做直观、实证分析。

（一）经验分析

当我们对汇率和利率的相互作用进行考察时还有必要引入一些相关的额外因素。在研究亚洲金融危机前后二者关系的问题中，我们考虑了三个对地区金融有重大影响的变量：美国利率、日元兑美元汇率、周边国家兑美元的平均汇率。其原因在于：第一，美元为世界通用货币，美国经济变化对世界都有影响，在此美元利率是以联邦基金利率来衡量的；第二，日元兑美元的汇率波动对亚洲经济影响极大，而1995年开始的日元大幅贬值被认为是亚洲金融危机的导火索之一；第三，周边国家对美元的汇率则体现了亚洲各国在经济上竞争的影响，Baig和Goldfajn，Glick和Rose（1999）认为溢出效应是亚洲金融危机的一个重要原因，而在贸易上的竞争是亚洲金融危机蔓延的一个重要渠道。

Reinhart和Rogoff（2002）将以上四国的汇率体制归纳为：印度尼西亚和韩国为爬行盯住美元制；菲律宾为围绕美元的汇率带浮动制；泰国为美元化的盯住美元制。我们将样本划分为三个时期：危机前、危机中以及危机后。

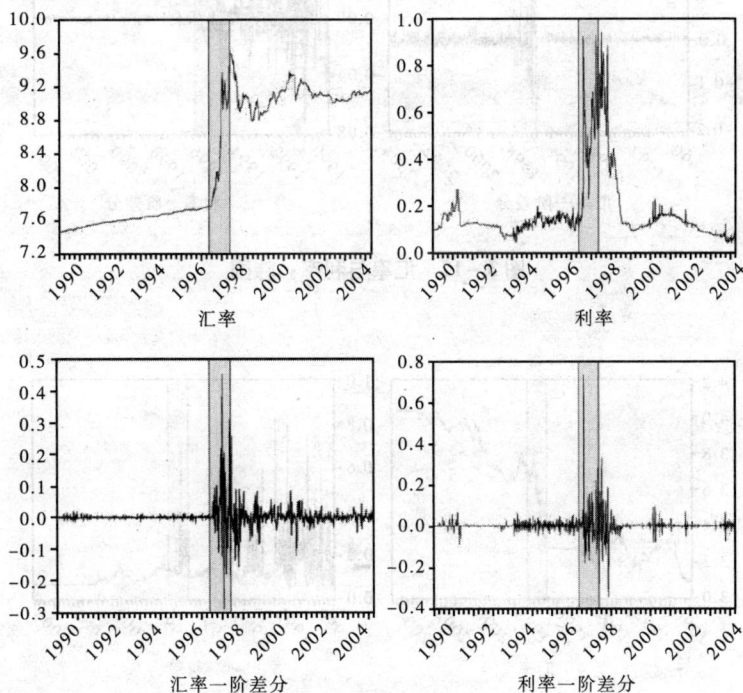

图3-11 汇率与利率：印度尼西亚

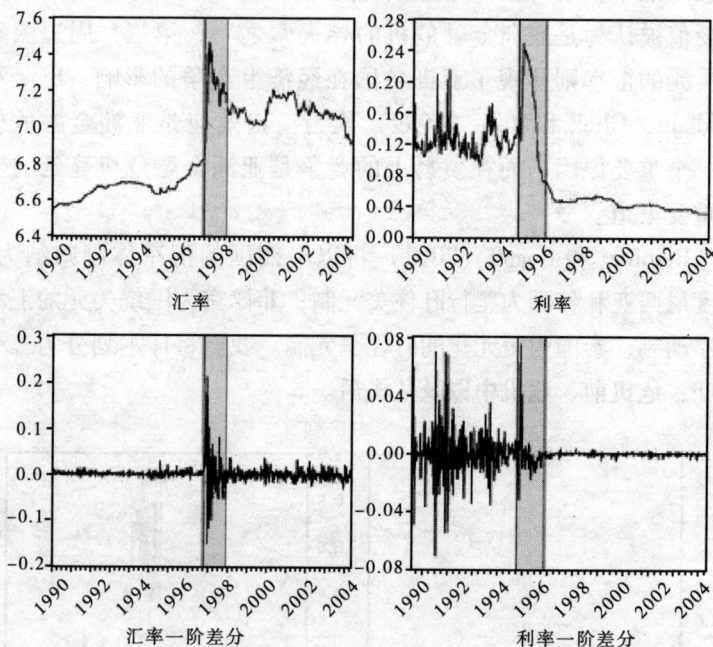

图 3-12 汇率与利率：韩国

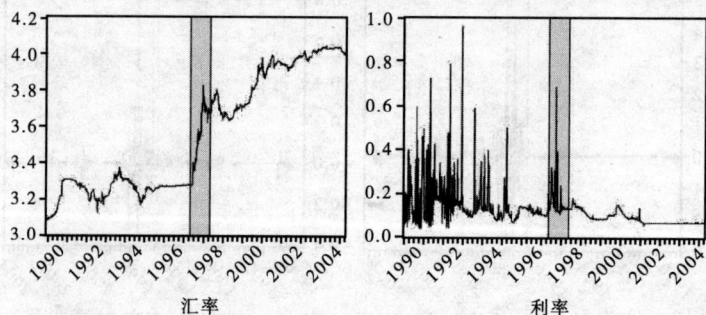

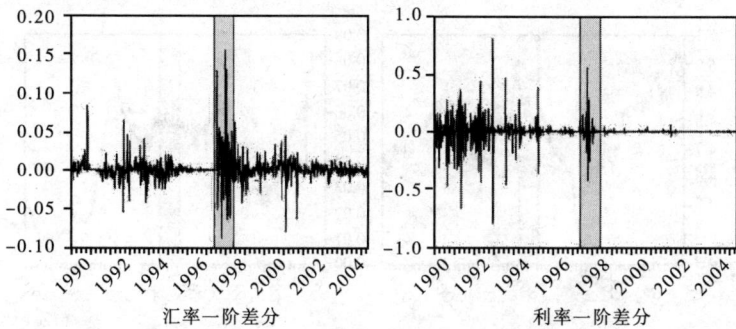

图 3 - 13　汇率与利率：菲律宾

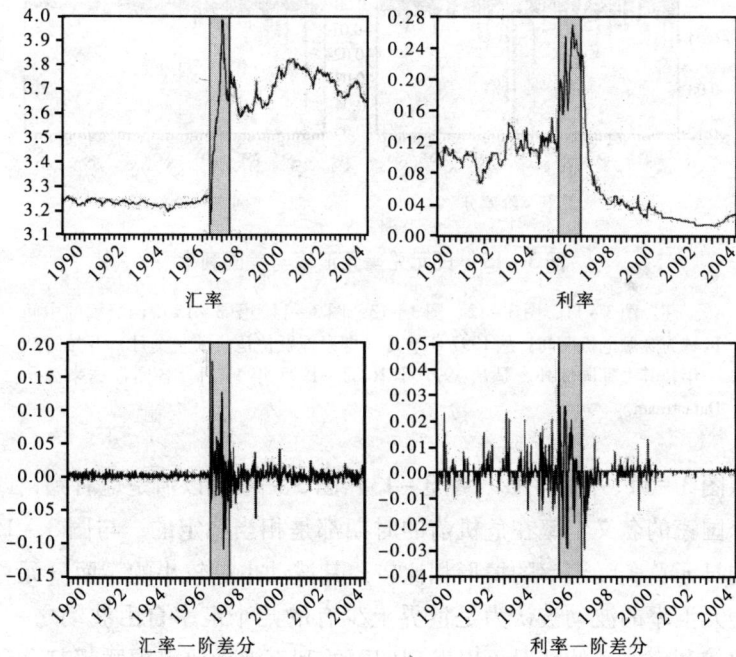

图 3 - 14　汇率与利率：泰国

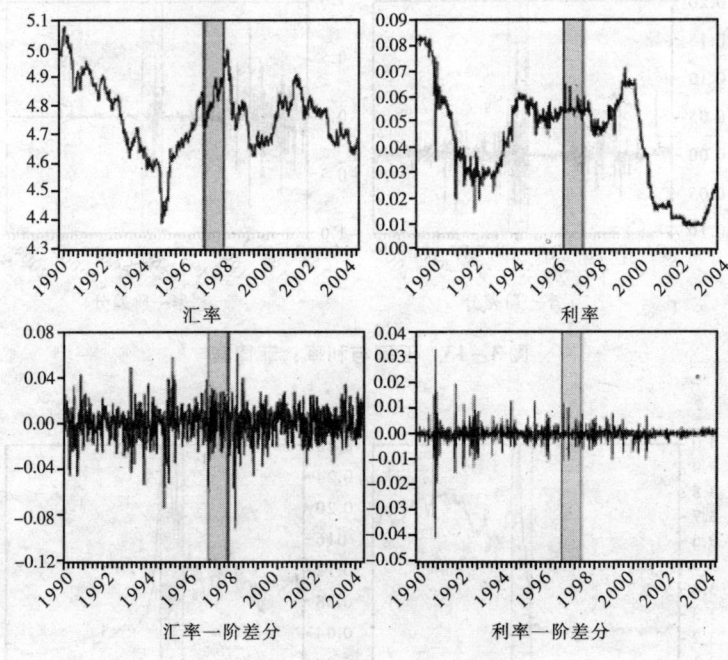

图 3 - 15　日元兑美元汇率与美国利率

注：图 3 - 11、图 3 - 12、图 3 - 13、图 3 - 14、图 3 - 15 中两竖线的中间区域为金融危机期间：从 1997 年 6 月（即泰铢贬值危机前一个月）开始为期一年，其中韩国例外，是从 1997 年 10 月—1998 年 11 月。各图数据来源于 Datastream。

从图 3 - 11、图 3 - 12、图 3 - 13、图 3 - 14 可以清楚地看到，四个国家的名义汇率在危机前的时期都是相当稳定的，与图 3 - 15 的日元兑美元汇率的情形相比较，其波动也是较小的，而日元兑美元汇率的波动被认为是世界上少有的几个汇率自由波动之一。比较利率波动的情况可以发现四国的利率波动比美国联邦基金利率的要剧烈得多。Calvo 和 Reinhart（2002）将利率的高波动称为"信心问题"（Confidence Problem）。

　　在危机初始阶段，四个国家均遭受了大幅的贬值，金融市场开始失控。危机过后，波动稍有减缓，但比起危机前仍稍显过高。有趣的是，图3-11、图3-12、图3-13、图3-14显示出各国利率的表现有很大不同，其仅有的共同点可能就是：除了当时正在遭受政治风暴的印度尼西亚，其他几国危机后的利率波动明显低于危机前的波动。而很明显的是，汇率在金融危机后比危机前更具波动性。

　　为了检查危机前后汇率和利率波动的差异性是否显著，我们进行显著性检验。表3-8显示了在1%显著性水平下的结果。

表3-8　标准差的显著性检验

		汇率波动情况（对数化后）		利率波动情况	
		S. D.	F 值	S. D.	F 值
印度尼西亚	P1	0.32		1.64	
	P3	3.19	99.38 *	4.36	0.14 *
韩　国	P1	0.38		1.75	
	P3	1.00	6.93 *	0.08	478.52 *
菲律宾	P1	1.06		12.50	
	P3	1.14	1.16 *	0.55	516.53 *
泰　国	P1	0.38		0.59	
	P3	1.06	7.78 *	0.34	3.01 *

注：P1表示危机前的时段；P3表示危机后。* 则表示在1%的显著性水平下显著。

　　从表3-8中可以发现，除了印度尼西亚，危机后的利率标准偏差是显著低于危机前的水平。这说明了危机过后，在各国汇率波动更为自由的情况下，利率变动更为平稳了。从表面上看，这是汇率和利率波动负相关关系的证明。

（二）VAR—GARCH 模型

我们研究的数据均为经济时间序列数据，因此，使用双变量 VAR—GARCH 模型进行分析。VAR 使得与汇率制度相联系的汇率波动可以看成是连续的而非离散的，而双变量 GARCH（广义自回归条件异方差）模型比单变量 GARCH 能更好地解释汇率与利率波动之间的关系。

$$\begin{bmatrix} y_{1t} \\ y_{2t} \end{bmatrix} = \begin{bmatrix} G_{10} \\ G_{20} \end{bmatrix} \alpha + \sum_{n=1}^{p} \begin{bmatrix} G_{11}^n & G_{12}^n \\ G_{21}^n & G_{22}^n \end{bmatrix} \begin{bmatrix} y_{1,t-n} \\ y_{2,t-n} \end{bmatrix} +$$

$$\begin{bmatrix} C_{11} & C_{12} & C_{13} \\ C_{21} & C_{22} & C_{23} \end{bmatrix} \begin{bmatrix} Z_{1,t-1} \\ Z_{2,t-1} \\ Z_{3,t-1} \end{bmatrix} + \begin{bmatrix} u_{1t} \\ u_{2t} \end{bmatrix} \begin{bmatrix} u_{1t} \\ u_{2t} \end{bmatrix} \mid \Omega_{t-1} \sim N(O, H_t) \quad (3.13)$$

$$\begin{bmatrix} h_{11,t} \\ h_{22,t} \end{bmatrix} = \gamma + \begin{bmatrix} A_{11} & A_{12} \\ A_{21} & A_{22} \end{bmatrix} \begin{bmatrix} h_{11,t-1} \\ h_{22,t-1} \end{bmatrix} + \begin{bmatrix} B_{11} & B_{12} \\ B_{21} & B_{22} \end{bmatrix} \begin{bmatrix} u_{11,t-1}^2 \\ u_{22,t-1}^2 \end{bmatrix} \quad (3.14)$$

$$h_{12,t} = \rho [h_{11,t} \quad h_{22,t}]^{1/2} \quad (3.15)$$

其中，$y_{1t} = \Delta e_t$ 为汇率对数化后的变化，$y_{2t} = \Delta r_t$ 为利率的变化。$[u_{1t}, u_{2t}]$ 是一个 2×1 的条件误差向量。$H_T = [h_{ij,t}]$ 为 2×2 条件协方差矩阵。$Z_{1,t}$ 为美国利率变化；$Z_{2,t}$ 为日元兑美元汇率对数化后的变化；$Z_{3,t}$ 为各周边国家平均汇率对数化后的变化。矩阵 G^n 测量的是当前汇率和利率同过去 n 期以前的值相比的变化，最佳滞后期根据 AIC 准则选定。ρ 为条件相关系数。矩阵 A 测度条件方差当前值和过去值的相关程度，描述了汇率和利率波动的长期关系。而 B 描述了对于条件方差短期脉冲值的影响。

方程（3.13）表示汇率和利率随 VAR 中阶数 P 的变化而变化；方程（3.14）是利用残差向量条件方程的过去值和脉冲值平方 u^2 而成的线性函数模型，该方程抓住了变量之间的和时间上的波动关系；方程（3.15）用来保证条件方差为半正定的（假定 ρ 为正，且不随时间变化）。

表 3-9 和表 3-10 给出了双变量 VAR-GARCH 模型的结果。G_{11}^i 和 G_{22}^i（i=1，2，3）中至少有一个在滞后 2 期或 3 期时是显著的，这说明了 3 阶滞后的 VAR 模型能充分反映利率和汇率前期数据的影响。金融危机后，G_{21}^i（i=1，2，3）的系数变得更为显著，这说明汇率与利率间的作用更为紧密了。

系数 C_{12} 衡量国内汇率对日元兑美元汇率波动的反应；C_{13} 衡量国内汇率对周边国家平均汇率波动的反应；C_{21} 代表对美国联邦基金利率的反应。

A_{21} 和 B_{21} 的系数解释了汇率波动对利率的长期影响和短期冲击。不出所料，B_{21} 的估计量在危机后显著为负，这说明汇率波动对利率的波动有对冲作用，即汇率波动反而使得利率更为平稳。而危机前 B_{21} 只对菲律宾是显著为负的，对其他国家则不显著。然而，A_{21} 的系数在普遍情况下不显著（危机前泰国系数为负显著，危机后印度尼西亚和泰国系数均为正显著例外），这说明模型结果并没有提供汇率波动的增大在长期来说对利率有正的或负的作用的证据。

汇率和利率的相互作用可以用脉冲响应分析来更简洁地描述。由于我们研究的重点放在汇率波动对利率的传导效应上，因此，我们在图 3-16 中列举了危机前后利率对汇率波动的脉冲响应情况。

从图 3-16 可以看出，在危机前汇率波动——当货币急剧贬值时，诱导了除菲律宾外所有国家的利率下降；而在危机过后，汇率冲击使得除韩国外所有国家的利率上升。韩国的利率似乎对汇率波动无甚反应，这可能是由于危机过后，未预期到的货币贬值刚好碰上国内的货币紧缩政策。

表 3 - 9 VAR-GARCH 模型 : 汇率和利率

地区	变量	$\begin{pmatrix}G_{11}^1&G_{11}^2&G_{11}^3\\G_{21}^1&G_{21}^2&G_{21}^3\end{pmatrix}$			$\begin{pmatrix}G_{12}^1&G_{12}^2&G_{12}^3\\G_{22}^1&G_{22}^2&G_{22}^3\end{pmatrix}$			$\begin{pmatrix}C_{11}&C_{12}&C_{13}\\C_{21}&C_{22}&C_{23}\end{pmatrix}$	
印度尼西亚 危机前	Δe	-0.189(-2.669)*	-0.062(-0.690)	0.138(1.669)	0.002(0.127)	-0.019(-1.509)	0.711(2.456)	-0.014(-0.905)	0.046(3.354)*
	Δr	-0.177(-0.326)	0.641(1.132)	0.189(0.431)	-0.542(-5.847)*	-0.228(-2.328)*	0.328(0.194)	0.048(0.499)	-0.021(-0.192)
危机后	Δe	0.008(0.156)	0.093(1.889)	0.060(1.189)	0.058(0.606)	-0.004(-0.043)	-0.001(-0.001)	-0.108(-1.361)	0.277(8.098)*
	Δr	0.037(-3.321)*	0.037(1.871)	0.061(3.787)*	-0.248(-4.96)*	-0.053(-1.153)	0.605(1.531)	-0.098(-4.417)*	0.005(0.687)
韩国 危机前	Δe	-0.101(-0.868)	0.089(1.206)	0.053(0.834)	0.017(0.732)	0.022(1.268)	-0.617(-2.670)*	0.003(0.308)	0.005(1.478)
	Δr	0.250(1.744)	-0.053(-0.307)	-0.334(-2.147)	-0.378(-8.164)*	-0.197(-5.146)*	-1.814(-2.557)*	0.147(4.419)*	0.004(0.234)
危机后	Δe	0.032(0.576)	-0.072(-1.478)	0.0308(0.562)	0.836(1.231)	0.278(0.361)	-1.049(-1.894)	0.181(4.209)*	0.061(5.031)*
	Δr	0.001(0.216)	-0.002(-0.682)	0.007(2.772)*	-0.282(-3.378)*	-0.084(-1.261)	0.075(4.560)*	0.003(0.985)	0.001(1.397)
菲律宾 危机前	Δe	-0.264(-2.980)*	0.141(1.602)	0.067(0.797)	-0.005(-0.219)	0.010(0.559)	0.033(0.267)	-0.005(-0.555)	0.028(3.212)*
	Δr	-0.036(-0.086)	0.559(1.352)	3.004(8.522)*	0.348(-3.929)*	-0.234(-3.395)*	1.030(0.885)	-0.015(-0.167)	-0.118(-1.097)
危机后	Δe	0.012(0.181)	0.085(1.762)	0.084(1.986)*	-0.068(-0.424)	-0.006(-0.055)	0.153(1.389)	-0.012(-0.430)	0.100(11.055)*
	Δr	0.063(1.958)	0.032(0.813)	-0.028(-0.827)	-0.292(-10.440)*	-0.058(-0.517)	0.560(1.801)	-0.015(-0.496)	0.024(4.620)*
泰国 危机前	Δe	-0.049(-0.635)	0.038(0.545)	0.019(0.313)	-0.021(-1.463)	0.002(0.035)	0.106(0.629)	0.109(16.904)*	0.014(1.396)
	Δr	-0.554(-2.548)*	-0.244(-1.321)	0.045(0.274)	0.261(2.947)*	-0.049(-0.617)	-0.202(-0.389)	-0.086(-3.357)*	0.096(3.696)*
危机后	Δe	-0.003(-0.074)	0.046(1.491)	0.023(2.676)*	-0.086(-0.416)	-0.309(-1.704)	0.418(1.349)	0.169(8.342)*	0.105(15.101)*
	Δr	-0.002(-0.494)	-0.017(-1.690)	0.023(2.676)	0.158(1.593)	0.150(1.659)	0.035(0.725)	-0.001(-0.274)	-0.001(-0.767)

表 3 – 10　VAR-GARCH 模型：方差方程

	ρ	$\begin{pmatrix} h_{11} \\ h_{22} \end{pmatrix}$	$\begin{pmatrix} A_{11} & A_{12} \\ A_{21} & A_{22} \end{pmatrix}$		$\begin{pmatrix} B_{11} & B_{12} \\ B_{21} & B_{22} \end{pmatrix}$	
印度尼西亚　危机前						
Δe	-0.159(-1.559)	0.211(1.253)	-0.912(-0.716)	-0.023(-0.766)	-0.030(-0.939)	-0.002(-1.376)
Δr		-2.438(-0.404)	33.100(0.639)	0.830(0.873)	1.158(0.743)	0.174(1.341)
危机后						
Δe	-0.007(-0.092)	0.059(4.121)*	0.908(78.606)*	0.002(0.198)	0.033(3.892)*	0.030(0.957)
Δr		-0.077(-2.001)*	0.140(5.103)*	0.046(1.706)	-0.010(-2.665)*	2.651(9.764)*
韩国　危机前						
Δe	-0.076(-0.626)	0.045(3.454)*	0.343(3.292)*	-0.034(-3.219)*	0.547(3.408)*	0.073(7.011)*
Δr		1.078(5.956)*	0.011(0.023)	-0.045(-1.302)	-0.245(-0.809)	0.946(5.091)*
危机后						
Δe	0.034(0.500)	0.038(0.945)	0.851(12.293)*	6.444(1.594)	0.039(1.688)	-0.985(-0.387)
Δr		0.006(4.871)*	-0.003(-1.892)	-0.009(-0.181)	-0.001(-3.211)*	0.804(4.482)*
菲律宾　危机前						
Δe	-0.009(-0.065)	0.805(2.115)*	0.946(2.951)*	-0.047(-2.135)*	0.119(1.601)	0.025(4.344)*
Δr		22.573(3.803)*	7.226(1.066)	-0.318(-0.940)	-1.248(-3.437)*	0.477(3.019)*
危机后						
Δe	0.044(0.633)	0.077(0.688)	0.023(0.576)	1.053(2.357)*	0.618(5.632)*	0.077(0.589)
Δr		0.226(19.371)*	-0.005(-1.257)	-0.121(-4.642)*	-0.003(-4.658)*	0.213(3.602)*
泰国　危机前						
Δe	-0.345(-3.474)*	-0.019(-1.974)*	0.390(4.294)*	0.097(2.731)*	0.269(2.605)*	-0.003(-1.320)
Δr		0.266(6.767)*	-0.815(-2.015)*	-0.036(-0.370)	0.620(1.061)	0.554(3.228)*
危机后						
Δe	-0.036(-0.576)	0.161(5.063)*	0.144(1.463)	0.839(2.011)*	0.309(5.252)*	0.180(0.653)
Δr		-0.005(-3.702)*	0.025(4.426)*	0.637(20.420)*	-0.002(-6.643)*	0.380(7.973)*

注：＊表示在 5% 的水平下显著。

危机前　　　　　　　　　　　危机后

印度尼西亚

韩国

菲律宾

泰国

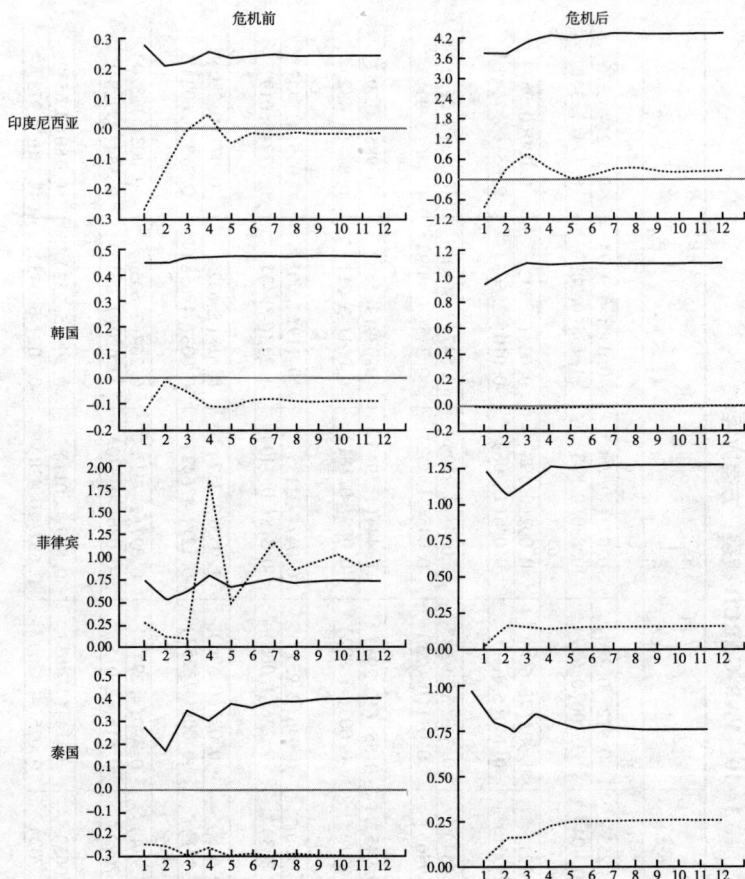

图 3 – 16　脉冲响应图（汇率冲击利率响应）

注：图中实线代表汇率响应；虚线代表利率响应。

　　无疑，汇率与利率之间的波动关系取决于波动的类型。总的来说，金融危机后，短期内各国汇率变得更为灵活，波动性也增大。而长期看来，没有明显的证据来解释汇率波动的增大是使得利率变动减少或是增加，对此的一个解释就是整个样本期内，各国面对的冲击类型不是始终一致的。

三、总结分析

本节针对亚洲金融危机的四个国家：印度尼西亚、韩国、菲律宾和泰国，搜集了四个国家 1990 年 1 月 1 日—2005 年 4 月 30 日（其中韩国与泰国的利率数据缺失前几年）的每周数据，采用 VAR-GARCH 模型，主要考察了汇率波动对利率的传导效应，但是并没有定量地进行分析。结果显示，金融危机后，汇率灵活性增加从而波动性增大在短期内能够稳定利率。但是，没有得出汇率波动与利率长期间的关系。

我们的研究暗示，没有必要耗费太多人力财力去降低汇率波动性使得汇率保持在一个不变的均衡水平，这反倒可能增加利率的波动性。另一个启发就是，亚洲各成员国间可以继续推进地区汇率的调和，而无须担心汇率波动的减少在长期内导致利率波动的增加。同时，必须指出我们的这些研究启发可能由于国际资本的流动、国家对外汇市场的介入或对利率的限制而得不到证实。这些作为另一个课题需要更为深入的研究。

第七节　汇率波动对经济增长的传导作用

经济增长最常见的理解有两种：第一种认为，经济增长是指全球或一个国家、地区的经济所生产的物质产品和劳务在一个相当长时期内的持续增长，即实际总产出的持续增长。第二种认为，经济增长是指人均实际产出的持续增长。分析中，前者多用于分析一国或一地区的经济发展水平，后者多用于不同国家和地区经济发展水平的比较。本节研究的经济增长是指实际总产出的增长与变化。

从短期看，根据凯恩斯主义宏观经济学理论，经济增长主要取决于三个因素：投资、消费和净出口。一般来说，投资因素是各国经济发展初级阶段的主要拉动力量，投资增加会带动生产资料的销售和产品的生产，进而生产资料企业产品价格实现后会增加工人工资，这样会提高工人劳动的积极性，就业率提高，同时带动产品的购买，这样的循环带动消费的增加，进而拉动经济增长。一国净出口的扩大会直接对本国经济的增长做出贡献。

本章前面几节研究分析了汇率波动对各经济要素的传导效应。无疑，汇率波动通过这些经济要素的传导，必然对经济的增长造成一定影响。由于汇率是一个国家与其他国家联系的纽带，那么汇率波动除了影响到本国经济增长也会对相关国家或地区产生一定影响。最简单的实例就是经济危机的蔓延，如1997年亚洲金融危机从泰国开始在短短时间内便波及众多周边国家。

中国是一个发展中国家，发展才是硬道理，在相当长的一段时间里，经济增长是中国政府优先考虑的宏观经济政策目标，汇率政策的制定必须兼顾经济增长。因此，了解汇率波动对经济增长的影响具有重要意义。

一、理论回顾

汇率波动受到一系列经济因素的制约，反过来，又会对另一些经济因素产生广泛影响。经济学家们在研究汇率波动对经济增长的作用时也得出了不一致的结论。

在开放经济条件下，汇率对国际贸易和资本流动具有至关重要的作用。汇率波动通过相对价格的变化，首先影响的就是对外贸易，一般来说，汇率贬值会刺激出口，而限制进口；而汇率升值则会增加进口而减少出口。在开放经济中，净出口是总需求的重要组成部分，不仅直接决定着总供求的均衡，而且影响到经济增长的快慢。同时汇率波动会影响本国投资与外国投资的收益率，从而影响资本流动，而外国直接投资作为资本流动的一部分也对经济增长起着重要作用。除此之外，汇率对一国的就业、利率都有一定影响。弹性分析说认为，在满足马歇尔—勒纳条件（Marshall-Lerner Condition）下，汇率贬值对经济的影响是扩张性的。由于数量变动效应慢于价格变动效应，即由于货币合同、汇率传导以及商品数量调整的相对滞后性，汇率贬值在最初产生的可能不是扩张性效应而是收缩效应，恶化外部均衡，只有经过一段时间的调整之后，贸易收支才会逐渐好转并改善，进而净出口在乘数作用下使得总产出成倍增长。该理论即为著名的"J曲线效应"（J-Curve Effect）。

Edwards（1988）认为发展中国家的实际汇率行为和经济增长关系密切。他选取12个发展中国家1965—1980年相关变量的年度数据作为样本，运用简约方程形式，以各国产出为因变量，将实际汇率、贸易条件、货币供应、政府支出作为自变量进行回归分析，发现汇率贬值在一年内有紧缩效应，而一年后紧缩效应发生逆转，所以从长期看，汇率贬值效应为中性。随后，Edwards（1989）运用样本期内相关发展中国家的面板数据，将实际GDP对货币增长、政府支出、名义与实际汇率、贸易条件进行了回归分析，发现货币贬值倾向于减少产出。

Agenor（1991）将贬值分为预期性贬值和非预期性贬值，他通过运用面板数据，将产出对实际汇率的当期值和滞后值以及国外收入、货币供给、政府支出、实际汇率等变量的实际值与预期值之间的背离值进行回归，发现非预期性贬值能促进产出增长，而预期性贬值却使产出减少。

Morley（1992）以面板数据作为样本，将生产能力对货币供给量、贸易条件、进口增长、财政结余等进行回归，发现实际汇率贬值倾向于使产出减少，而且这一效应至少需要两年才能完全显示出来。

Rogers 和 Wang（1995）运用包括产出、政府支出、通货膨胀、实际汇率、货币增长 5 个变量的 VAR 模型，以墨西哥1977—1990 年为研究样本期，发现产出变化幅度主要从自身冲击得到解释，但是，汇率贬值冲击却导致了产出的降低。

Rodriguze 和 Diaz（1995）用一个具有产出增长、实际工资增长、汇率贬值、通货膨胀、货币增长、索洛残差 6 个变量的VAR 模型，对秘鲁经济进行分析，发现产出增长同样主要从其本身的冲击得到解释，但汇率贬值对产出具有不利的影响。其研究结果与同年 Rogers 和 Wang 对墨西哥的实证分析结果相差无几。

Copelman 和 Werner（1996）通过使用包括产出、实际汇率、名义汇率贬值率、实际利率、实际信贷 5 个变量的 VAR 模型，对墨西哥经济进行分析，同样发现了汇率贬值引起产出下降的证据。

Razin 和 Collins（1997）认为实际汇率通过两种途径影响经济增长：首先，实际汇率会影响国内和外商投资，从而影响资本积累过程，而资本积累是经济增长的重要源泉；其次，实际有效汇率影响贸易部门和产品的国际竞争力，而贸易部门的表现是影响经济增长的重要因素。

Sachs 和 Larrain（1997）研究了盯住汇率制下的汇率贬值对一个国家经济增长的影响。其前提是资本完全自由流动和购买力平价的存在，他们的结论是汇率贬值会导致盯住汇率安排下本国货币供给增加和价格水平上升。他们认为汇率贬值会引起货币需求的增加，出现超额货币需求。私人部门为满足货币需求，只有出售外国生息资产，增加货币供给，货币供给的增加又会导致本国价格的上涨，这一过程直到货币供给按与货币贬值及由此导致的本国价格上升相同的比例增加时才会结束。此时私人部门的超额货币需求得到满足，但结果是中央银行储备增加，私人部门财富缩水，货币贬值类似于征税，从而导致经济增长速度减慢。

Mills 和 Pentecost（2000）运用条件误差纠正模型分析波兰、匈牙利、斯洛文尼亚、捷克共和国 4 个国家汇率对产出的影响，结果发现实际汇率贬值对波兰经济增长具有积极效应，对捷克共和国的经济产出却是不利因素，对匈牙利和斯洛文尼亚的影响不明显。

Kamin 和 Rogers（2000）以 1981—1995 年的季度数据为样本，采用产出、实际汇率、通货膨胀 3 个内生变量和美国利率这一外生变量的 VAR 模型，发现产出的改变主要从其自身冲击得到解释，但是永久性汇率贬值对产出的不利影响具有持久性。

McKinnon（2003）与传统理论相反，他批判了汇率调整能够影响贸易余额的理论，他认为在一个金融开放的经济中弹性模型是无效的，名义汇率变动不影响一国的经常项目余额，而只会导致通货膨胀或通货紧缩，因此汇率变动不影响实际的经济增长。用 McKinnon 的原话，那就是"在一个开放经济中，经常项目盈余所反映的全部内容只不过是净储蓄倾向，后者不受名义汇率变动可预见的影响。而名义汇率变动最终决定的是该国通货膨胀或通货紧缩"，并据此提出了"两难的美德综合症"。

Berument 和 Pasaogullari（2003）利用土耳其 1987 第一季度至 2001 年第三季度的数据，运用单位根检验、协整检验、VAR 模型的脉冲反应函数和预测误差方差分解等计量分析手段对该国实际汇率贬值的经济效果进行实证分析。结果显示，当诸如世界利率、国际贸易、资本流入等外部变量被控制以后，该国实际汇率贬值对经济增长具有紧缩效应。

相对于汇率波动对本国经济增长的效应的较多研究。鲜有学者对汇率波动带来的区域经济影响做深入调查。一个较为认同的观点就是如果汇率波动使得本国的福利得到提高那么很有可能损害了别国的利益。本国货币贬值，出口增加，进口减少，产出增加。那么相对而言贸易往来国的贸易条件变差，产出减少。这是一种典型的"以邻为壑"（Beggar-Thy-Neighbor），本国产出扩张的一部分是以外国产出的相应下降实现的。

Kwan（2001）的实证研究结果表明，日元兑美元汇率每升值1%，东亚经济体的 GDP 就增加 0.099%。Mckinnon 和 Schnabl（2003）认为，日元兑美元汇率是东亚各经济体（新加坡除外）经济增长的核心决定力量，当日元兑美元升值时，东亚经济体的经济形势较好，而当日元兑美元贬值时，东亚经济体的经济形势较差；规模较小的东亚经济体受日本产出和日元汇率变化的影响很大；中国的经济增长相对不受日元汇率和东亚经济体汇率变化的影响。根据摩根士丹利的一份研究报告显示，如果美国对欧元和日元贬值 20%，亚洲地区除日本之外的经济体经济都会增长 1%。

从理论角度看，汇率对经济增长既有扩张效应又存在紧缩效应。所谓扩张效应是指：在短期内，汇率贬值能扩大出口产品和进口替代产品的生产，从而刺激总需求；在中长期内，汇率贬值能促进生产能力扩张，从而有利于增加总供给。所谓紧缩效应是指汇率贬值所带来的一系列不利影响：第一，外债增加。当汇率贬值时，政府、企业和个人所欠外债将同比例增加，这往往会使它们紧缩开支，造成经济紧缩。对于那些具有较多债务的国家，这个不利影响可能是致命的。第二，资本外流。汇率贬值常常伴随资本外流，特别是在货币疲软的国家。由于资本是经济增长不可缺少的基本要素之一，这样一来经济下滑就有可能发生。第三，通货膨胀。汇率贬值可能引发通货膨胀，政府为了稳定物价，不得不采用紧缩性经济政策，也会对经济产生不利影响。第四，供给减少。如果国家必须依靠进口大量原材料和中间产品才能生产最终产品，汇率贬值意味着进口货物的价格上升，从而引起垂直产品成本上升，这将导致生产曲线上移，从而减少产出。

可见，从理论定性分析来看汇率贬值对一国经济增长的最终影响存在不确定性，如果扩张效应大于紧缩效应，汇率贬值对该国经济具有促进作用；反之，如果紧缩效应大于扩张效应，汇率贬值对于该国经济具有阻碍作用。

二、实证分析

货币贬值对经济增长的影响究竟是扩张性的还是紧缩性的，一直是个有争议的问题。在开放经济条件下，汇率对国际贸易和资本流动具有决定性作用，而国际贸易和资本流动又通过与投资、消费、物价、货币供给、外汇储备、就业等各种经济因素的内在联系对经济增长产生重大影响。

（一）建立模型

日本是世界上少数几个汇率波动相对较自由的国家之一，从1971 年开始，日元兑美元进入浮动汇率时期。接下来我们将考察1971—2005 年间，日元兑美元汇率与日本名义 GDP 之间的关系。

从图 3 –17 可以看出，日本 GDP 的变化与汇率波动之间有着较为明显的相关关系，两个变量大体上是同方向的变动着。根据前人所做的研究，二者相互作用，存在着一定的相互关系，我们则主要考察汇率波动对经济的影响，因此将方程简单设定为：

$$LNGDP = F(LNER) \tag{3.16}$$

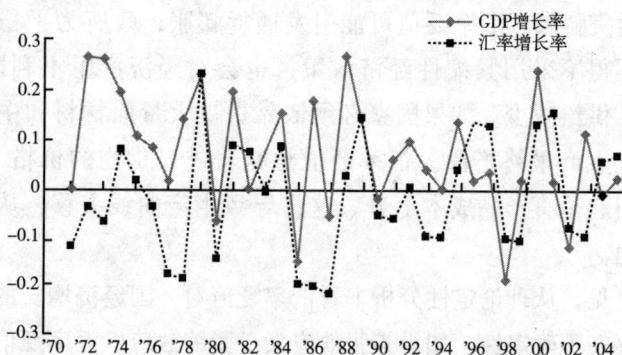

图 3 – 17 日本 GDP 增长率和汇率增长率比较

资料来源：数据来源于日本官方统计网站及《国际统计年鉴》
（2000—2005）。

其中，LN*GDP* 为对数化后的名义国内生产总值；LN*ER* 表示对数化后的名义汇率，汇率取日元兑美元年末中间价。简单方程将在对数据进行各检验后具体化。

（二）实证分析

首先对时间序列的平稳性进行检验，这里采用的单位根检验方法是 ADF 检验法，从无位移无趋势（不带截距项和趋势）、有位移无趋势、有位移有趋势三种模型逐步进行检验。结果如下：

表 3 – 11 日本 GDP 和汇率的单位根检验

变　量	无位移无趋势		有位移无趋势		有位移有趋势		滞后期
	检验值	临界值	检验值	临界值	检验值	临界值	
LN*GDP*	2. 0798	− 2. 6344	− 3. 0595	− 3. 6353	− 1. 0943	− 4. 2625	0
ΔLN*GDP*	− 3. 4281	− 2. 6344	− 4. 3976	− 3. 6496	− 5. 4959	− 4. 2712	1
LN*ER*	− 1. 4762	− 2. 6321	− 1. 4944	− 3. 6353	− 1. 8828	− 4. 2505	0
ΔLN*ER*	− 4. 0917	− 2. 6344	− 5. 0631	− 3. 6422	− 5. 0750	− 4. 2605	0

注：Δ 为一阶差分；临界值是在 1% 的显著性水平下；滞后期根据 Akaike、Schwarz 准则来确定。

从表 3 – 11 可以看出，日本的 GDP、汇率均为非平稳序列，而其一阶差分后都是平稳的时间序列，即，所有变量序列都是一阶单整序列。两变量情况下，同阶单整可能存在协整关系，接下来进行协整检验。

由于只有两个变量，我们采取 Engle-Granger 两步法进行协整检验。首先用 LNER 对 GDP 进行 OLS 回归，得到残差序列。再对残差序列进行 ADF 检验：

表 3 – 12　残差的 ADF 检验

ADF Test Statistic – 5. 432116	1%	Critical Value*	– 3. 6422
	5%	Critical Value	– 2. 9527
	10%	Critical Value	– 2. 6148

由于检验统计量值 – 5. 43 小于显著性水平为 1% 时的临界值 – 3. 64，因此可以认为估计残差序列为平稳的，表明序列 LNGDP 和 LNER 具有协整关系，即二者间存在长期的均衡关系。为了进一步说明二者之间的关系，我们进行格兰杰因果检验 (Granger Causality Test)。

表 3 – 13　格兰杰因果检验

Null Hypothesis：	Obs	F – Statistic	Probability
LNGDP does not Granger Cause LNER	34	3. 84877	0. 05882
LNER does not Granger Cause LNGDP		2. 38605	0. 13257

从因果检验结果可以看出，汇率为 GDP 的格兰杰原因，而 GDP 不是汇率的格兰杰原因。通过以上相关检验，建立关于日本 GDP 及汇率的长期方程如下：

$$\text{LN}GDP = 5.691^* - 0.714^*\text{LN}ER + 0.370^{**}\text{LN}GDP(-1) +$$

$$0.255^{***} LNGDP(-2) \qquad\qquad (3.17)$$
$$(5.437) \quad (-4.976) \quad (2.346) \quad (1.986)$$
$$R^2 = 0.986 \quad DW = 2.360 \quad AIC = -1.635 \quad SC = -1.453$$

方程（3.17）中括号内为 t 值，*、**、***分别表示 1%、5% 和 10% 的统计水平下显著；方程通过 LM 检验。

方程（3.17）中，汇率的系数为 -0.714，与二者协整方程的关系一致。由于在直接标价法下，本币贬值，汇率上升，那么该方程说明汇率贬值对经济有一个负的作用，即对日本而言，货币贬值的扩张效应小于它带来的紧缩效应。

三、总结分析

经济理论表明，汇率与经济增长关系密切；实证研究结果表明，日本本币贬值会对经济产生负面作用，这似乎与一般的理论分析不符，但是又与多数学者的实证研究结果相一致。下面结合日本的实际情况进行说明。

1971—1978 年为日元升值的时期，在此期间直到 1985 年日本经济稳定增长；1985—1990 年为二战后日元升值的第二个阶段，1987 年日本经济开始告别外需主导型增长模式迈向被喻为"平成景气"的繁荣时期；1990 年 3 月日元在东京外汇市场的汇价跌至 1 美元兑 158.65 日元，这是近三年的最低点，经济呈极低的增长率或负增长，而且萧条状态长时间持续。到 1997 年东南亚金融危机，日元急剧贬值，日本经济遭受沉重打击。进入 2000 以后，日本经济开始复苏，汇率波动在政府干涉下也较为平稳。

由此看来，我们的实证研究结果与日本经济实际情况大体上是相符的。一些背离的情况可能是数据选择上的问题，毕竟名义 GDP 和汇率并不能准确反映经济的真实情况。政府的一些防止汇率升值的政策一般是从宏观角度出发，协调国内产业政策、财政政策、货币政策以及汇率之间的关系。

通过上面的研究我们发现，货币贬值并不一定就能带来经济上的增长。日元贬值对日本经济产生负面影响的原因主要是：第一，日元贬值虽然给日本出口带来相对价格优势，但是它会严重损害亚洲经济的恢复和增长，减少日本在亚洲地区出口产品的外部需求；第二，进入 20 世纪 90 年代以来，外需对日本经济的贡献已经大大降低，从结构上看，推动日本经济增长的首先应该是居民消费，然后是投资的增长，再次是政府支出的增长，最后才是出口；第三，日本经营的海外业务大部分是以美元计价的，日元贬值时，汇率风险增大，企业海外融资能力下降。从以上关于日元汇率波动对于日本经济的影响看，汇率波动对经济的传导效应不像传统汇率弹性分析法的结论那么简单，汇率波动对经济的影响是多方面的。货币的升值从某个角度看是货币信心、货币坚挺的表现，汇率风险降低，投资者会增加对该国的投资；本国货币在国际上的地位也将得到提高；与贸易往来国的关系也将得到改善等等，由此拉动本国经济的增长。当然，这些都是从长期来看，汇率升值带来的效应也会因国家而异，我们不能一概而论，应当具体情况具体分析。

第八节 基于汇率波动传导效应的政策建议

通过前面的理论研究和实证分析表明，汇率波动对一国经济的多方面具有传导效应。为了减少汇率持续升值（或贬值）给经济带来的负面影响，货币当局可能干预外汇市场以减少汇率超调现象的发生，同时可能采取一定的政策措施（包括货币手段、财政手段甚至行政手段）以调节国内经济。

本章的前几节对汇率波动各个方面的传导效应进行研究时无一例外先从理论入手，回顾了各种有代表性的理论观点，再以不同汇率制度的多个国家为对象进行实证研究。通过上述研究并结合我国的实际情况，得到以下启发作为针对我国汇率政策的建议：

一、汇率制度的选择

所谓的汇率机制或汇率制度指的是一国货币与其他国家货币比价的基础、变动方式等一系列的制度性规定。从本质上说，汇率制度可以分为固定汇率制度和浮动汇率制度。固定汇率制度是指由政府确定一个稳定不变或有限变动幅度的货币比价，政府采取各种措施和手段来维持比价。很多国家实行的盯住汇率制度就属于这种制度。浮动汇率制度是指由市场自由决定货币比价，政府不采取干预或很少干预的汇率政策，财政货币政策都不受汇率变动的制约。完全不干预的汇率制度被称为"清洁浮动"，有干预的浮动汇率制度则被称为"肮脏浮动"。事实上很难有国家能够真正实现"清洁浮动"的汇率制度。

固定和浮动两种汇率制度在实行内外均衡的自动调节机制、政策利益、对国际经济关系的影响方面具有不同特点，各有其优劣之处，它们之间的比较实际上是对灵活性与可信性的权衡。

Frankel（1999）认为没有任何一个汇率制度适用于所有国家或者一个国家的所有时期。汇率制度的选择依赖于一个国家所面临的特殊环境，而且，任何一个汇率制度都是非独立存在的，除非有其他比较完善的配套措施，否则是不可能获得成功的。

Gandolfo（2002）认为，在固定汇率和浮动汇率之间，从理论的角度看，无法肯定一种制度就必定比另一种制度更胜一筹，理由在于，考虑了所有的因素之后，我们并不能知道哪一种汇率制度有着较低的成本与较高的收益，必须根据国与国之间不同的社会偏好函数来确定，而即使在同一个国家，不同时期的社会偏好函数也不一样。

有关汇率选择的理论很多。就某个汇率制度下汇率波动对一国的影响角度来看，在浮动汇率下，汇率波动最为自由，较频繁也较剧烈。归根结底，一国汇率的选择应多考虑以下因素：贸易开放度、实际资本流动的开发程度、资本控制、经济规模、官方储备、国际经济条件的约束等等。

就中国目前的情况看，自由浮动的汇率制度在现今乃至今后很长的一段时间内都是不可行的。因为浮动汇率制度的实现有两个最基本的前提条件，即金融市场必须是完善和有效的，利率必须由市场供求决定。而中国不完善的金融市场和非市场化的利率水平决定了这两个条件的实现还需要较长的时间。如果中国实行完全自由浮动的汇率制度，将无法享受到浮动汇率带来的好处，反而要承担在浮动汇率制下汇率波动剧烈所造成的风险或损失。

总之，在汇率制度选择上，不应盲目追逐浮动汇率制，认为汇率的波动自由程度即为一国的发达程度；也不应墨守固定汇率制度不放，以为固定汇率便无风险或可避免风险。汇率制度的选择应该根据每一个国家的实际情况和内外政策的协调出发，选择有利于本国经济稳定和发展的汇率制度。

二、人民币升值问题

2002 年末以来，日本官方提出一种"中国威胁论"的新说法，指责中国"输出通货紧缩"，要求人民币升值。

近年来，欧美国家要求人民币升值的呼声也不断。2006 年 5 月，美国财政部称，如果中国固守人民币盯住美元的汇率机制，美国将采取更高关税等报复性措施。

在美国方面施压人民币汇率再度升温的同时，国外一些著名研究机构和经济学家也纷纷提高了要求人民币加快升值的调子。瑞银亚洲首席经济学家安德森在最近的一份研究报告中表示，在目前压力较大的形势下，中国政府如果一次性地将人民币汇率提高 10% 或更多，以此防患于未然之举铲除外汇投机之患，效果可能更好。

姑且将外来压力放在一边，国内学者及财政机构普遍认为，人民币过快升值会引起出口、外国直接投资的锐减和国内经济的动荡下滑。因此，人民币币值相对稳定才是最好的，这对维护中国企业利益和维护中国经济安全都很重要。

然而，随着我国经济实力的增强，企业竞争力的不断上升，人民币升值是必然的趋势。2005 年 7 月，中国人民政府宣布人民币对美元升值 2%。2006 年 5 月 15 日，人民币汇率中间价首次破八。2007 年 7 月 3 日，人民币对美元汇率中间价见到 7.5951 的历史新高位。

前面在汇率波动对经济增长的研究中也发现，更大一部分的经济学家的实证表明，汇率贬值往往造成本国经济增长的萎缩；我们的研究也表明，日元贬值对日本经济增长存在反作用。那么，我们也不必要"谈升值色变"，从长远来看，长期的贬值是难以持续的，而且过度贬值最终会引起贸易伙伴的报复。而升值将使得人民币更加坚挺，能够赢得国内外人们对人民币的信心，使人民币汇率政策有较高的信誉，有利于中国经济的发展，实现中国宏观经济政策的目标，从而有效地促进国际收支的平衡，构建成熟的金融市场，进行更为有效的汇率制度改革。人民币升值总体上有利于我国经济中长期的稳定增长。另一方面，中国作为在世界经济中占据越来越重要地位的大国，人民币汇率的升值也终将遵循中国整体经济的发展。

只是在目前，尽管我们放弃了人民币固定汇率制，于 2005

年 7 月 21 日开始实行以市场供求为基础的，参考一篮子货币进行调节的，有管理的浮动汇率制度。人民币升值仍需谨慎进行。要审慎选择升值时机，需要与国内的市场利率改革以及资本项目的逐步开放相结合，有计划逐渐增加汇率的波动性，延伸汇率波动的有利影响，规避其不利影响，进行汇率风险管理，培养规范的金融市场，真正达到缓解国际贸易顺差的目的，促进经济健康发展。总的来说就是，汇率升值要与人民币汇率改革一样，根据中国发展的需要，遵循主动性、可控性和渐进性的原则。

三、政府对汇率的干预

政府对汇率的干预方式分为直接、间接两种。直接干预是指货币当局直接参与外汇市场的买卖，通过在外汇市场上买进和卖出外汇来影响本币的对外汇率。间接干预是指通过货币政策或财政政策的推行，影响短期资本的流入流出，从而间接影响外汇的供求状况进而影响汇率的波动与水平。

浮动汇率制实行以来，西方各国政府并没有对汇率完全放任自流，它们对汇率的干预始终是国际金融领域内非常重要的事件。

1931 年英国放弃金本位制，使英镑贬值，这样使得英国出口的增长有效缓解了当时国内的萧条，经济开始复苏。英国也由此走上了富强之路。

在 1985 年以前，美国对美元汇率推行所谓的"有益的忽视"（Benign Neglect）的汇率政策。在此期间，美国对汇率基本上不进行任何干预，只是在极少数偶然情况下（如里根总统遇刺时）才对汇率有所干涉，防止过分的波动。这样内部经济出现了一系列问题，1985 年 9 月 22 日美国财政部发表了"广场宣言"（Plaza Announcement）。美元汇率在第二天开始下降，贬值一直持续到 1987 年。"广场宣言"的发表标志着美国乃至于世界各国在汇率干预问题态度上的转变，各国充分认识到了进行汇率干预的必要性。待到汇率平稳后，美国政府对汇率的干预仍在进行，但一般来说都是在汇率发生大幅波动时才较为主动。

这样看来，西方国家较为注重汇率政策的使用，而又是用之"有度"。那前面的实证研究也说明汇率的正常波动有利于国内利率的稳定，在这个方面来说，汇率波动起了"震动吸收器"作用，从而使得其他经济变量更平稳运行。

中国的汇率政策经过了几次较大调整。总的来说，人民币汇率的灵活性越来越大，这与我国的经济发展水平和开放程度是分不开的。现阶段而言，我国还处于经济发展的初期阶段，企业适应汇率波动冲击的能力还不是很强，政府必须对汇率进行一定程度的管制，阻止短期汇率的过度波动，避免汇率风险带来的混乱局面，对汇率政策及其他相关政策搭配协调，以维持我国经济的稳定快速增长。因此，中国政府对人民币汇率的干预在现阶段是必不可少的。

四、政策的搭配

早在 20 世纪 50 年代，美国经济学家 J. E. 米德就提出了开放经济中一国经济内外均衡协调理论。米德的内外均衡协调理论一般被概括为"两个目标、两种工具"的理论模式。"两个目标"是指内部均衡和外部均衡目标。"两种工具"是指支出调整政策（财政政策和货币政策）和支出转换政策（汇率政策）。米德认为，通过支出调整政策可以达到内部均衡，而使用支出转换政策可以达到外部均衡，使用双重的政策工具就可以达到双重的政策目的。

前面的实证研究也表明，汇率波动对其他政策涉及的经济变量也有影响，如货币政策相关的利率，财政政策相关的就业等。理论与实践都说明，如果要维持国内各种政策的有效性就必须注意到各种政策的搭配协调性，要使得经济均衡持续健康成长就要必须注意各种政策的搭配使用。

政策的实施通常存在一个时滞，搭配的困难不在于政策搭配困境的存在，而往往在于各种政策起作用的时间上的不一致。那么，时滞越短的政策搭配就越是可取。而各种经济要素的相互作用使得政策搭配的作用要么相互加强要么相互削弱，而难以面面俱到，因此选择政策搭配时也要有一个重心所在。要在社会承受范围内选择最能实现目标的搭配协调政策，就应该在汇率波动的不同情况下选择不同的政策搭配：

第一，当处于汇率的贬值阶段时，政策工具要实现的目标是保证汇率贬值对资本形成的促进作用和对经济的推动作用，应该实行偏紧的财政政策和宽松的货币政策的组合。这一阶段政策目标的重点是促进资本流入，利率比货币供应量更具优势。同时，政府可以鼓励对外出口的发展，即推行"出口导向"的产业政策，增加出口。

第二，当处于汇率较平稳的时期，而国内经济出现过热现象时，应该实行偏松的财政政策和偏紧的货币政策，这种政策的搭配可以抑制可能的通货膨胀的压力，并同时通过政府拉动消费需求。但是要注意这种搭配实行的时间不宜过长，这样会减少投资与消费。

第三，当处于汇率波动的升值阶段时，政策工具要实现的目标是经济增长模式的改变，因为此时在国际市场上，本国商品不再享有价格优势而面临竞争压力。应该实行偏紧的财政政策和宽松的货币政策，以刺激厂商增加投入改善效率。同时，政府可大力推行"进口替代"的产业政策，促进本国进口相关产业的发展，拉动经济增长。

汇率政策本身不能独立的实现经济的内外均衡，而是必须通过与其他政策工具的搭配才能对开放经济进行有效调控。政策搭配、协调的前提是各政策制定部门的沟通与协调。因此在政策制定协调机制框架中，要实行各决策部门间信息共享，以及沟通渠道的畅通。中国要尤其注意这个问题。

五、区域合作

在经济全球化条件下，国际间政策协调成为一种必然的要求，而货币领域的合作是其中很重要的一个方面。在全球的区域货币合作中，东亚地区虽然迄今没有很大的成果，但经历了20世纪末的金融危机后，东亚地区无论从主观态度还是从客观意义上都迫切地希望解决货币汇率的稳定性问题。亚洲金融危机表明，东亚地区内各经济体各自为政执行不同的汇率制度，相互之间缺乏必要的合作和协调，在汇率安排上"一盘散沙"的状况，越来越难以适应金融全球化大格局。

前面的实证研究表明，在开放经济条件下，一国的汇率波动会对该国的进口商品价格有一个传递效应，进而使国内商品的价格发生变化；会对国际贸易和经济增长有一个影响。由此可见，汇率波动冲击不仅能够直接影响到一国的进出口部门，而且还会对国内市场的稳定及经济的增长形成冲击。随汇率波动而产生的价格不确定性和大量交易成本，不但会缩减该国的对外贸易和外贸流入，还使得该国的宏观经济政策的效力大大削弱。同时，这样的影响又通过汇率渠道在国际间进行传递。所以，正如我们平日所经常看到的，一个汇率稳定性较差的经济体极易遭受金融危机的大范围扩散，如亚洲金融危机，由于没有区域整体性的汇率协调机制，在国际投机资本的冲击下，东亚地区的汇率发生了连锁动荡，最终导致了亚洲金融危机的爆发。因此，一国在通过政策搭配来实现内外均衡目标的过程中必然要考虑到经济相互依存性带来的制约。

而如果各国政府能够认识到这种宏观政策的外部性，采取多方均可接受的汇率协调政策并长期坚持，以共同稳定某一地区的货币汇率为目标，那么，危机的危害性必然不会如此严重，参与协调的各国福利状况也都必然会得到改善。已有的研究成果认为，区域汇率政策合作的目的一般有三个方面：一是减少汇率波动带来的风险；二是在更大区域内提高货币政策的有效性；三是能够产生"激活效应"（Dynamic Effects）。

人民币要在 21 世纪成为区域性的国际货币就必然要更多参与到区域乃至国际范围的汇率合作。今后中国的汇率政策不应当是单纯的国家经济政策，而应当是一种"区域政策"，注重以区域经济为背景，重视区域汇率政策的协调合作，树立政策的公信力，这就要求我们不仅要追求区域汇率合作的收益，还要考虑并肩负起应有的责任，承担必要的成本，以谋求人民币在亚洲地区作为关键货币的地位。

六、注重非经济因素

考虑到一个国家汇率政策带来的经济利益外还必须进一步考虑一国采取的汇率政策对其他国家的影响以及非经济收益，如本国在国际上的声望地位等。这样做一方面可以避免其他国家报复性的政策对本国造成的损失，另一方面有利于本国货币在更大范围内得到认可。

1997 年亚洲金融危机期间，除中国香港以外，包括日本在内的其他东亚经济体纷纷让本币对美元贬值，极大地加剧了中国的通货紧缩压力。世界银行首席经济学家以及其他许多学者都建议中国应该采取类似行动，允许人民币贬值，以减轻通货紧缩压力。值得整个东亚经济庆幸的是，中国并没有采纳上述建议，人民币汇率仍然保持 1 美元兑 8.28 元人民币的水平。由于周边国家和地区货币大幅度贬值，这一承诺导致人民币快速升值，到

1998 年 1 月人民币实际有效汇率升值到 121.41，比 1997 年 7 月升值 11.58 个百分点。这使得我国的出口以及外国直接投资增长率大大降低。这一阶段的中国汇率政策虽然使得国内经济遭受一定损失，但是对周边国家起到了稳定作用。如果 1997—1998 年中国为了增强出口竞争力，允许人民币贬值，那么其他经济体出口带动的经济复苏将更加艰难，危机将更为严重。相反，中国对遭受危机的亚洲经济体的进口需求规模庞大，而且不断增长，有助于这些经济体更快地走向复苏。

中国在这次危机中表现出极大的地区责任感，对亚洲的经济复苏及稳定起了不可低估的作用，受到世界的一致赞誉，令中国在世界经济格局中的地位大大提高。通过这次危机，中国在国际上的形象得到提升，国际威望得以提高。由此可见，政策的效应不单是以经济收益来衡量的，中国在亚洲经济中应该继续负起一定的责任，成为地区的稳定器。

随着经济全球化和一体化不断地向前发展，国与国之间的联系也日益密切，汇率作为各国经济的枢纽也发挥着不可小觑的作用，以上建议不过是窥豹一斑。中国要在摸索中前进，审时度势，因地制宜，不断改善自己的政策法规，这样中国经济才能保持稳定、快速地增长。

本 章 小 结

汇率波动涉及两个层面，本章主要针对汇率水平的上下波动带来的经济效应进行研究，但也涉及汇率波动的剧烈程度。

我们首先对汇率波动的传导机制进行了理论上的分析，简单介绍了传导机制的模型流程。汇率传导机制具有信息传递功能和经济调节功能，其主要影响因素包括社会经济形态、经济体制、汇率制度选择、对外开发程度和经济运行状况等。即使中国实行的不是浮动汇率制度，也有必要去了解汇率波动对经济各方面的传导效应。

汇率是连接各国经济的纽带，汇率波动会对国内外经济产生一系列的影响。本章从价格、国际贸易、国外直接投资、就业、利率等方面进行了详细的理论及实证研究，以验证汇率波动带来的经济效应。然后考察了汇率波动对衡量经济的一个总量指标GDP 的影响。实证研究范围涉及英国、法国、美国、中国、日本等多个国家。

最后，根据中国的实际情况，在前面实证的基础上提出汇率制度选择、本币升值问题、政府干预、政策搭配、区域合作等几方面的政策建议。

第四章　人民币汇率波动对中国
经济影响研究

　　本书第三章主要研究了国外汇率波动对经济各个方面的传导效应，以此为借鉴，本章将以中国经济实际情况为中心，对人民币汇率波动带来的影响进行研究。这对我国以市场为基础的有管理的浮动汇率制度、完善人民币汇率形成机制、保持人民币汇率在合理均衡水平上的基本稳定具有重要意义。

第一节　人民币汇率波动对中国
经济影响的定性分析

　　人民币汇率的波动对中国经济的影响是巨大的。但是，它的影响具体体现在哪些方面呢？这是不少学者和决策者所关心的问题，也有了不少研究成果。总的来说，现有的研究成果大致可以归纳如下。

一、人民币汇率波动对出口贸易的影响

人民币汇率并轨以来，虽然稳中有升，升幅不大，但与并轨前的牌价相比还是下调了。这一方面，使以外币表示的出口商品价格下降了，增加了出口商品在国际上的竞争力，从而促进出口贸易，进而促进国际收支平衡；另一方面，在强劲的出口激励政策作用下，在我国外贸体制尚未理顺的背景下，企业和部门为了追求自身利益，竞相在国内哄抬物价，境外低价倾销，不顾生产成本盲目出口，实际上是牺牲国内市场，损害国内消费者利益。1994 年，通货膨胀形势严峻，外贸企业面临收购成本上升，从而使因汇率并轨外贸企业多得的人民币收益被部分或全部抵消。长期以来，出口换汇成本是决定汇率的主要因素，换汇成本上升直接迫使人民币贬值，倘若要保护出口企业利益，下调人民币汇率，使人民币汇率跟着换汇成本变动，那么，将会使资源从国内生产部门向出口部门低效转移，资源低效配置，将为外贸企业调整产品结构和转换机制设置障碍。同时，人民币汇率下调，势必加剧通货膨胀，与国家宏观调控目标不符。而且，人民币贬值又带动换汇成本上升，进而使汇率下调，形成恶性循环。

具体说来，自从我国 2005 年对人民币汇率形成机制进行改革后，人民币汇率一直稳中有升，从宏观层面看，人民币升值有利于降低进口成本、抑制国内物价上涨、刺激消费、加快结构调整、促进对外投资和减少贸易摩擦，然而短期内也会对一般贸易出口、吸收外资、就业产生不利影响。从行业角度看，人民币升值会使原材料或部件进口型行业明显受益，主要包括造纸（纸浆、废纸进口）、钢铁（铁矿砂进口）、石化（原油进口）、化纤及塑料（原料进口），而传统的出口优势型行业和已实现国际化定价的行业则会受到一定冲击，主要包括纺织服装、机械。也有

一些行业会受到双重影响，如汽车，受益于零部件进口，但又会受到国外进口产品降价的激烈竞争。

（一）制造业产品的出口普遍受汇率变动的影响较大

由于我国制造业出口产品多集中在低端，竞争优势不强，竞争方式也主要是通过价格手段，人民币升值对其出口将有一定的抑制作用。人民币升值对纺织、服装、家具等劳动密集型企业有利有弊。纺织行业是我国出口创汇较多的行业，行业出口依存度高达50%，加上我国出口的纺织品附加值低，降价空间很小。因此，人民币升值对纺织企业的冲击是显而易见的。但纺织行业的主要原料——棉花和化纤的进口比重达20%，主要纺织设备的进口比重接近60%，原材料和设备折旧合计占总成本的85%以上。因此，人民币一旦升值，将使纺织服装业的成本进一步降低。综合看来，人民币升值对这类行业影响的利大于弊还是弊大于利，主要取决于这两方面的贡献构成及人民币升值的幅度。如果人民币升值能够换来一些配额的取消，那么反而有利于出口的增加。具体到各家公司，如果人民币升值后企业提高了出口产品的档次，那么出口创汇反而可能更高。

（二）将使多数原料类产品的出口增长减缓

我国多数原料类产品的出口价格竞争力不强，对汇率有较强的依赖。例如，纸类、棉纱、黑色金属（钢材、粗钢、锰等）、铝、木质装饰品等。人民币升值将使这些初级产品、原料类产品出口增长减缓，短期内对经济增长有负面影响，但在长期将有利于中国调整出口的产品结构。因为我国资源并不丰富，这些资源类产品所处的一般又是高耗能、高污染行业。资源类产品过多的出口，短期内容易加大国内"煤电油运"紧张的矛盾，长期将加大国内环境、资源的压力，不利于国内经济的可持续发展。

（三）对某些具有较强价格竞争力的原料类行业不会有明显的影响

具有较强价格竞争力的原料行业包括焦炭、纺织面料中的有机棉纤维、有色金属（除铝外）等。我国纺织面料因为激烈的国内竞争已把出口价格压到了底线（竞争来自于国内厂商之间）。人民币一旦升值，为维持同样的人民币价格底线，我国出口产品的美元价格将会有所提高，但由于之前的国际竞争优势明显，人民币升值之后的价格依然有竞争力，因此，单纯的人民币升值对这些行业不会有明显的影响。

总的来说，出口短期内将受人民币升值的影响。这显示出当前中国出口产品对价格优势的依赖程度很高，缺乏非价格方面的核心竞争力。这对改善出口产品结构、提高技术含量、实现出口的产业升级提出了迫切要求。人民币升值对中国出口的持续增长提出了挑战，也带来了机遇。反观日本、中国台湾省的例子，其在日元、新台币大幅升值之初也受到过不同程度的负面影响，这种压力最终带来的是这两个经济体出口的产业升级。

我国出口商品分为两大类，一类是初级产品，另一类是工业制造品。对于前一类，基于 2003 年《中国对外经济统计年鉴》的数据，由于发展中国家的出口产品类似，在国际市场上的竞争激烈，升值必将引起此类商品的出口减少，但这类商品的出口比重在逐年减少，因此对贸易出口整体影响不大。而对于后一类，李广众（2004）利用 1978—1998 年的数据进行了回归分析，结果显示实际汇率波动性对制造业出口量的影响并非系为负，实际汇率错位作为一种扭曲，对中国制造业出口贸易将产生不利影响。殷德生（2004）采用 1980—2001 年的数据计算了我国贸易产品出口汇率弹性为 −0.5689，也就是说人民币升值 1%，出口额减少 0.5689%，因此升值并不会导致出口额的显著下降。同时，人民币升值将会改善贸易条件，同样的国内资源可以换回更多的国外资源，增进国民福利。

二、人民币汇率波动对进口贸易的影响

不可否认的是汇率改革前的汇率水平使出口部门快速发展，20世纪80年代汇率高估情况下外贸部门普遍亏损也从反面证实了汇率对进出口贸易的影响。认为人民币不应该升值的观点，其主要根据也在于此。但我们认为，首先，人民币升值所产生的影响不能仅仅从贸易进出口方面来分析，一国汇率政策的实施不但会影响其进出口贸易，也会影响国际资本流动，影响一国经济的各个层面。其次，人民币升值不一定会减少出口额，增加进口额，而且一味地追求贸易顺差也有浓重的重商主义色彩。再次，人民币汇率的持续低估会进一步加强出口对象国的反倾销意愿，从长远看会削弱我国的出口盈利能力，对出口反而不利。

近年来由于经济的高速发展，我国对高技术设备、能源、矿产资源等国内替代程度低但又必需的原材料进口需求大幅增加，截至2002年这些商品的进口额占总进口额比重已经达到67.79%，重要资源对外依存度不断上升，例如，2004年1—8月我国石油进口量达7600万吨，对外依存度达到40%，而2003年34%的原油、50%的铁矿石和氧化铝、60%的铜资源依赖进口（数据来源：中国产业经济信息网数据）。人民币的升值将有效降低这些进口原材料的成本，特别值得指出的是：2006年初以来国际石油的美元价格的迅猛上涨使得盯住美元的人民币价格也同比例上涨，作为石油进口大国，国际油价上涨毫无疑问将对国内经济增长构成重大威胁。何晓群（2002）利用当时数据通过CNAGE静态模型测定了石油价格上涨10%将使我国GDP总量下降0.14%，因此我们必须防止出现西方国家20世纪70年代由于成本推动而导致的滞胀局面。此外，当前的国内由粮食和房地产

价格上涨引起的通货膨胀形势比较严峻，而引起房地产价格上涨过快的主要原因是对房地产需求的增长，进而对房地产投资的增加，进一步导致土地和钢材等建筑材料供应紧张，价格上涨。升值将使矿产资源的进口增加，进而在一定程度上抑制房价进一步上扬，升值也有利于以石油作为主要原料的农业生产资料的价格下降，缓解粮食价格上升。因此，升值将有利于控制当前的通货膨胀。而且从长期来看，总供给不足和结构性不足将是我国经济的长期现象，这种对进口的依赖和需求结构刚性，迫切需要进口大量的生产设备和原材料，以补足国内供给，提高生产能力。

三、人民币汇率波动对投资的影响

外资企业已成为促进我国经济增长和解决就业问题的重要推动力，也是我国引入国外先进生产技术的重要方式。人民币升值将使同量的外币折算成人民币的价值下降，就会使得外国投资者利润减少，投资自然减缓，但这一结论只能部分成立。我国外资企业大体可以分为两类：一类是台湾、香港地区中小型企业，另一类是西方大型跨国公司。前一类外资企业规模一般比较小，根据 2002 年我国外国直接投资主要来源地的数据统计：港澳台地区投资的企业平均注册资本为 403.84 万美元，而西方发达国家投资的企业平均注册资本为 849.34 万美元，相差一倍多。统计显示，港澳台地区投资的企业规模明显小于来自西方发达国家投资的企业规模。这些资本来大陆投资一是看好巨大的市场空间，如台湾的康师傅集团进入大陆市场前只是台湾一家名不见经传的小公司，进入祖国大陆后由于巨大的市场使其迅速成长。二是具有文化认同感，大陆和港澳台地区具有相同的语言和文化传统，这为他们来大陆投资创造了良好的环境。因此人民币的适当升值并不会对这类外资引入构成重大影响。后一类一般都是全球性的大型跨国公司，它们来华投资的具体目的有两个：一是看好 13 亿人口的大市场，世界上已经不可能再找到第二个如此巨大的潜在市场，失去中国市场也就意味着这些跨国公司失去了未来，因此激烈的市场竞争导致大型跨国公司大量进入中国，寻求新的利润增长点。二是利用中国的廉价劳动力进行加工贸易，我国劳动力工资水平相当低下，根据 1998 年以制造业的名义工资水平衡量，美国劳动力成本是中国的近 50 倍，日本是 30 倍，就连马来西亚和菲律宾这样的发展中国家都是中国的 4—5 倍。这使得其生产的特征是一方面大量进口原材料和半成品，另一方面将产成品大量出口。据统计，截至 2002 年外资企业出口额占其工业产值的比重已达 41.57%，而这一数据包括了来自港澳台地区的外资。由于数据来源限制，我们无法得到西方跨国公司投资企业的出口额，但 2002 年我国出口企业 200 强中跨国公司投资企业占了 81 家就足以证明跨国公司的加工贸易比例处于较高的水平。在这种情况下，人民币升值并不会导致其投资利润的同比例下降。我们假设人民币一开始对美元的汇率为 8∶1，国内加工成本为 20%，进口原材料或半成品成本 1000 万美元折算成人民币为 8000 万元，国内加工成本为 1600 万元，那么出口产品的总成本为 1200 万美元。假设随后人民币汇率升值 10%，即汇率改为 7.2∶1，其同量的美元成本折算成人民币将减少到 7200 万元，国内加工成本仍为 1600 万元，那么产成品成本则为 1222.22 万美元，其总成本上升了 1.85%。由此可以看出，人民币适度升值对引入外资不会产生剧烈的影响。而且，升值还会给投资者以一国经济稳定的心理预期，在这种心理预期下甚至可能进一步追加投资。以上形成外资大量增长的主导因素具有明显的长期性，不会因为人民币对外价格水平的变化而迅速发生逆转，如 2003 年 SARS 肆虐的特定背景下，仍然取得外资可观增长即可证明这一点（吴念鲁，2003）。2003 年 1—7 月新增外商投资企业比 2002 年同期增长 19.30%，合同外资金额 591.71 亿美元，同比增长 33.996%，实际使用外资 333.54 亿美元，同比增长 26.63%。

升值将有利于促进我国企业进行对外直接投资。许多学者认为我国仍然是资金缺乏的国家，投资资金的缺乏在于储蓄无法有效地转化为投资，即由于金融体系和金融结构的不完善、金融市场的不发达导致储蓄转为投资的传导机制受阻。因此在许多行业存在大量的剩余资本需要寻找获利机会，国内金融市场的不发达使这些资本的投资渠道单一，在股市不景气的情况下，大量资本涌向房地产，形成房地产泡沫，而升值将可以引导这些资金对外投资。而我国一些比较优势行业（如彩电）已经出现了生产严重过剩导致的恶性竞争、利润下降的局面，这就迫切需要通过扩大国际市场来寻求出路。虽然可以通过扩大产品出口来实现进入国际市场的目标，但近年频繁针对我国产品的反倾销案件充分证明了单纯大规模的产品出口将面临巨大的贸易壁垒，因此对外直接投资不失为一个较好的途径。直接对外投资的生产成本虽然会高于在国内生产，但本土化生产至少可以避开各种贸易壁垒，而且通过与当地厂商合作也可以提高产品价格，部分抵消生产成本的上升。纵观跨国公司的发展历程，低级阶段是单纯的产品出口，而发展的高级阶段则是直接投资，实行本土化生产，中国企业要走向世界，也必然需要经历这一过程，升值将有力地促进这一进程。

四、人民币汇率波动对外汇储备和货币政策的影响

外汇储备是一国财富的积累和综合国力提高的表现。1978 年我国外汇储备仅有 1.67 亿美元。随着我国改革开放的深入，经济持续增长，贸易高速发展，外汇储备迅猛增加。近两年，

我国外汇储备更是以每年2000亿美元的速度攀升，2006年2月超过日本成为世界第一外汇储备国。外汇储备多，固然意味着国力的增强，但长期无限制攀高也并非好事。如果外汇储备构成不合理或者增长超过适度区间，就不可避免地会降低资源使用效率，甚至给经济发展带来不小的挑战。就国内而言，近两年来国际收支不平衡的矛盾持续积累，外汇大量流入导致外汇占款不断增高，货币环境宽松、流动性充裕，给银行扩张信贷提供了资金条件，加大了金融宏观调控的难度。而目前外汇储备的增与减，也密切关系着汇率、贸易等多方政策的调整。从国际上看，与日俱增的中国外汇储备在吸引世界关注的同时，也为一些国家提供了压制中国贸易的口实，可能会造成更多的贸易摩擦。突破1万亿美元的外汇储备，更是容易触动国际上早已绷紧的这根"神经"。许多研究已经证实了当前我国实际外汇储备已经远远超过了适度外汇储备值。肖跃（2003）按照海勒模型和格沃尔模型，计算我国2001年的外汇储备是过量的；刘莉亚等（2004）在考虑所有可获得的影响外汇储备适度规模的基本经济因素的数据的基础上，运用经济计量学中的协整方法测算出我国自1982年到2002年的适度外汇储备规模，认为自2000年以后我国外汇储备过量。人民币的适当升值将会减缓外汇储备的增长速度，甚至可能导致外汇储备量的绝对数额下降。外汇储备的数量虽然有助于中央银行的干预，但并不是稳定汇率最具决定性的因素，生产能力的形成和提高才是汇率稳定最具有决定性的因素。更为重要的是，巨额的外汇储备投资于美国国债，相当于给予美国融资支持，这导致两个不良后果：一是使得外汇储备的汇率风险很大。据统计随着美元的不断贬值，我国外汇储备遭受的损失已经超过100亿美元。二是在促进美国国内消费的同时也间接给国际投机者提供了资金支持，这些国际投资者反过来利用这些资金来冲击各国的外汇市场和资本市场。而升值后所减少的外汇储备事实上是转移给了社会公众和进口企业，所获得的受益显然要高于美国国债收益率。并且外汇储备的减少将有利于增强货币政策独立性，减缓货币政策压力，控制货币供应的过快增长。由于强制结售汇制度，2000—2003 年四年间我国外汇储备增加了 2485.96 亿美元，相应地按人民币兑美元平均 8.27 的汇率计算，货币投放量为 20557.24 亿元，占同期狭义货币供应增加量的 53.7%，占同期广义货币供应增加量的 20.24%。虽然央行试图通过发行中央银行票据来减缓压力，但为之付出的成本是巨大的，因为央行发行票据的利率大大高于其持有美国政府债券的收益率。这种成本实际上是一种准财政赤字，央行的净收入或亏损最终将影响到国家财政。它同时也是对票据持有者（即商业银行）的补贴，不利于国内银行改革。而且中央银行票据终究是要兑现的，外汇占款已成为基础货币投放的主渠道。因此，外汇储备的过度增长已严重制约货币政策的实施，而升值将有效地改变这一局面，升值将使以人民币计价的外债偿还额减少，减轻偿还压力。

五、人民币汇率波动对各种生产要素在社会各部门间配置的影响

从经济角度来看，一国经济增长的动力和源泉主要来自于投资和技术的提高。各种生产要素即资本、劳动力在社会各部门合理配置，有助于推动经济不断发展，而汇率的低估使得各种生产要素在社会各部门间不能合理配置。在社会资源总量给定的条件下，大量生产要素进入出口部门，使得出口部门生产要素过剩。生产要素价格是由其供给和需求决定的。由于出口部门供给大于需求，使得生产要素在出口部门中的价格低于其本身的价值，造成生产要素偏离其本身的价格。而在非出口部门中，生产要素相对而言短缺，这些部门中生产要素价格偏高。这种生产要素在我国出口部门和非出口部门之间价格不同的情况，对我国经济持续稳定地增长不利。人民币升值会从根本上解决生产要素在出口部门和非出口部门之间的价格不一致性，使各种生产要素能在社会各部门间合理配置，进而推动我国经济持续、稳定和健康地增长。

以上是对人民币汇率问题现有研究成果的综述。显然，现有成果在部分因素的文字方面，即定性分析方面已经进行得很透彻了。但从决策的角度来说，定性的分析只是提供了一个方向，而做出决策，是要以定量为基础的。基于此，本章将对人民币汇率波动对中国经济的影响用回归方法做定量分析。由于数据来源和影响程度的原因，回归分析分成两部分：联立方程模型分析汇率波动对宏观经济的影响；单方程分析汇率波动对个别经济层面的影响。

第二节　人民币汇率波动对中国宏观经济影响的实证分析

一国 GDP 对汇率有没有影响呢？我们知道，正是由于中国连年 GDP 在世界经济不景气的情况下保持高速增长，从而积累了大量外汇储备，西方世界才不断地给我们施加人民币升值的压力，所以，我们可以认为，GDP 和汇率是相互影响的。一个单方程计量经济学模型不能解释它们之间的相互影响，应该建立联立方程计量经济学模型。由于在本书之前，国内对汇率和中国经济的研究尚未用到联立方程计量经济学模型，故本节是本书的一个创新之处。

一、变量的选择

在联立方程计量经济学模型中，对于其中每个随机方程，与单方程计量经济学模型一样，其变量仍有被解释变量和解释变量之分。但对于模型系统而言，已经不能用解释变量与被解释变量来划分变量，同一个变量，在这个方程中作为被解释变量，在另一个方程中则可能作为解释变量。因此，对联立方程计量经济学模型系统而言，其变量只有内生变量和外生变量之分。

（一）内生变量的选择

内生变量是具有某种概率分布的随机变量，它的参数是联立方程系统估计的元素，内生变量是由模型系统决定的，同时也对模型系统产生影响。一般情况下，内生变量满足 $Cov\ (Y_i,\ \mu_i)\ \neq 0$，即：$Cov\ (Y_i\mu_i)\ \neq 0$。

我们把 GDP 看做一个内生变量。GDP 是按市场价格计算的国内生产总值的简称，是指一个国家（或地区）所有常住单位在一定时期内生产活动的最终成果。在宏观经济中 GDP 是最受关注的经济统计数字，因为它被认为是衡量国民经济发展情况最重要的一个指标。在改革开放以后，我国 GDP 经历了一个飞速发展阶段，即使在世界经济不景气的时候，我国 GDP 仍保持较高的增长比率，图 4 – 1 展示了我国 GDP 从 1991 年到 2006 年的增长状况。

而根据我们建立联立方程计量经济学模型的立意，很明显，人民币汇率也是我们即将建立的方程的一个内生变量。

（二）外生变量的选择

外生变量一般是确定性变量，或者是具有临界性概率分布的

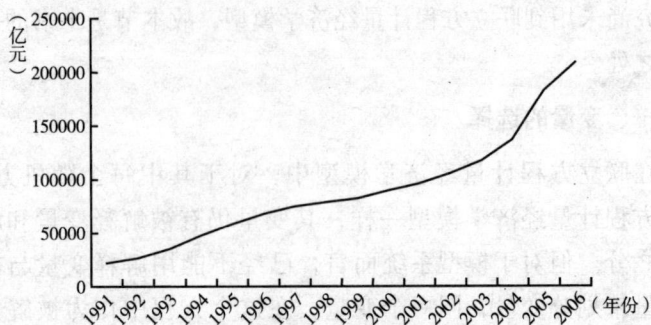

图 4 - 1　中国 1991—2006 年的 GDP 增长趋势

资料来源：CCER。

随机变量，其参数不是模型系统研究的元素。外生变量影响系统，但本身不受系统的影响。外生变量一般满足 $E(X_i \mu_i) = 0$。

　　随着我国改革开放经济政策的实行，我国的进出口都有大幅度的上升，进出口的增长，给我国经济在结构和数量等方面都带来了巨大的变化，图 4 - 2 和图 4 - 3 分别展示了我国出口商品的增长趋势和进口商品的增长趋势。

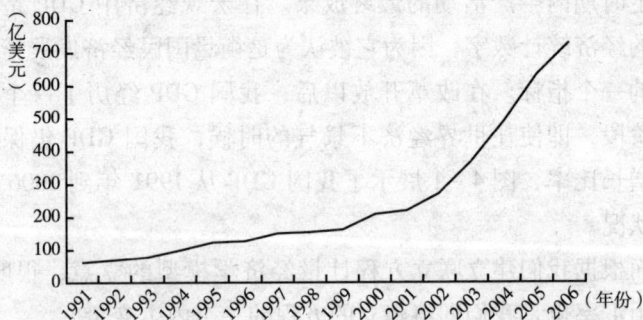

图 4 - 2　我国 1991—2006 年出口商品增长趋势

数据来源：CCER。

出口与进口都与一国对外经济活动密切相关，进出口产值的计算涉及外币和本币的问题，因而与汇率更是息息相关。从图4-2、图4-3我们可以看到，出口与进口增长趋势大体相同，二者是回归的，因为进口与出口运行的方向是相反的，所以我们认为它们与汇率的影响是此消彼长的。为了排除方向的影响，因而采用进出口的比率这一指标作为模型的一个外生变量①。出口与进口比率与时间的关系如图4-4所示。

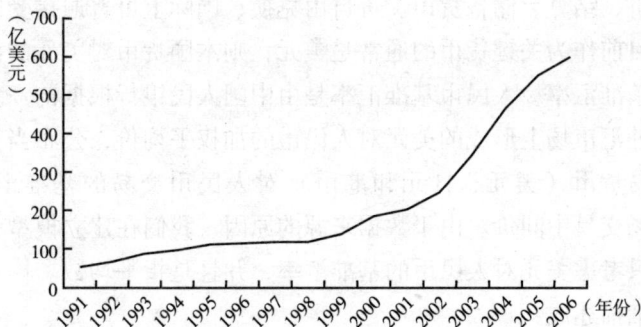

图4-3　我国1991—2006年进口商品增长趋势

资料来源：CCER。

考虑到联立方程计量经济模型的识别问题，我们再设定我国的基本建设支出为另外一个外生变量。

---

① 我们一般把贸易收支定义为出口额减进口额，即 $TB = EX - IM$。而在本书中，我们之所以把贸易收支 TB 定义为比率 EX/IM 的形式，是因为：（1）把贸易收支定义为比率形式使我们能够把贸易收支转换成对数形式，不但变量的一阶差分能够反映该变量变化的百分比，而且能够准确地反映出马歇尔—勒纳条件是否成立；（2）在实证研究中很多结果对度量单位非常敏感，而比率指标对度量单位不敏感；（3）比率指标既可以表示实际贸易收支，也可以表示名义贸易收支。

二、模型的设定与识别

我们对即将建立的模型进行变量定义。*IM* 代表进口额，*EX* 代表出口额，*IM/EX* 是进出口比值（用 *TB* 表示），*BS* 代表基本建设支出，*GDP* 代表国内生产总值，*ER* 代表对美元的基准汇率。基准汇率是指选择一种国际经济交易中最常使用、在外汇储备中所占的比重最大的可自由兑换的关键货币作为主要对象，与本国货币对比订出的汇率。关键货币一般是指世界货币，即被广泛用于计价、结算、储备货币、可自由兑换、国际上可普遍接受的货币。目前作为关键货币的通常是美元，则本国货币对美元的汇率即为基准汇率。人民币基准汇率是由中国人民银行根据前一日银行间外汇市场上形成的美元对人民币的加权平均价，公布当日主要交易货币（美元、日元和港币）对人民币交易的基准汇率，即市场交易中间价。由于数据来源的原因，我们在建立模型的过程中只考虑美元对人民币的基准汇率，并且是指平均数。模型可以详细描述成：

$$\ln GDP_t = \alpha_0 + \alpha_1 \ln ER_t + \alpha_2 \ln BS_t + \mu_{1t} \tag{4.1}$$

$$\ln ER_t = \beta_0 + \beta_1 \ln GDP_t + \beta_2 \ln TB_t + \mu_{2t} \tag{4.2}$$

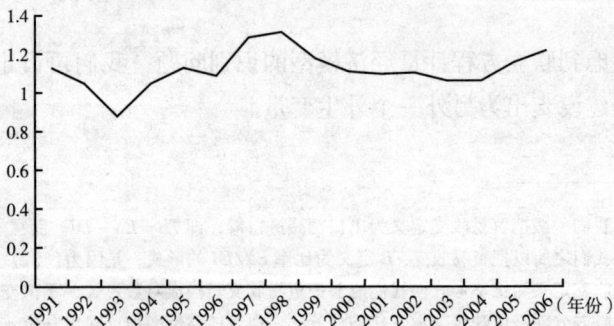

图 4 - 4   我国 1991—2006 年出口与进口比率随时间变动趋势

资料来源：CCER。

联立方程系统是由大于一个的方程组成的。由于各个方程包含的变量之间可能存在互为因果的关系，某个方程的自变量可能就是另一个方程的因变量。所以需要对系统中的各个方程之间的关系进行严格的定义，否则联立方程系统中的系数就可能无法估计。因此，在进行联立方程系统估计之前首先要判断它是否可以估计，这就是方程系统的识别（identification）。方程的识别有很多规则，其中之一为："在一个含有 M 个联立方程的模型中，为了使一个方程能被识别，该方程所排除的前定变量的个数必须不少于它所含有的内生变量的个数减1，即：$K-k \geqslant m-1$，如果 $K-k = m-1$，则方程是恰好可识别的；但如果 $K-k > m-1$，则它是过度识别的。"[①] 其中，M 为模型中内生变量的个数；m 为给定方程中内生变量的个数；K 为模型中前定变量的个数；k 为给定方程中前定变量的个数。在上述模型中，$M=2$，$K=1$。第一个方程中，$m=2$，$k=1$，$K-k=1 > M-m=0$，所以第一个方程是可以识别的；第二个方程中，$m=2$，$k=1$，$K-k=1 > M-m=0$，所以，第二个方程也是可识别的。从而整个模型是可识别的。

模型所用数据全部来自 CCER。其中 GDP 是用生产法计算的，即通过核算各行各业在一定时期生产中的价值增值来求得 GDP；ER 是用 SPOT 美元基准汇率的平均数。其中一些变量的走势图已在前面列出。

三、参数估计与检验

由第二部分的分析知，方程（4.1）和方程（4.2）都是可以识别并且是过度识别的，因此采用两阶段最小二乘法是合

---

① 达摩达尔·N. 古扎拉帝著：《计量经济学》，中国人民大学出版社 2000 年版。

适的。

首先采用两阶段最小二乘法对方程（4.1）进行估计。估计结果如下：

表4-1　TSLS法估计和检验结果

Variable	Coefficient	Std. Error	t-Statistic	Prob.
C	0.086866	6.398898	0.013575	0.9894
LNER	1.234315	1.058357	1.166256	0.2645
LNBS	0.640950	0.151316	4.235836	0.0010
R-squared	0.936441	Mean dependent var		11.22391
Adjusted R-squared	0.926663	S.D. dependent var		0.639424
S.E. of regression	0.173161	Sum squared resid		0.389801
F-statistic	90.61140	Durbin-Watson stat		0.924133
Prob(F-statistic)	0.000000			

然后，同样用两阶段最小二乘法对方程（4.2）进行估计，估计结果如下：

表4-2　TSLS法估计和检验结果

Variable	Coefficient	Std. Error	t-Statistic	Prob.
C	4.980254	0.594360	8.379193	0.0000
LNGDP	0.144305	0.054133	2.665736	0.0194
LNTB	0.394366	0.351257	1.122728	0.2819
R-squared	0.573850	Mean dependent var		6.642304
Adjusted R-squared	0.508289	S.D. dependent var		0.165253
S.E. of regression	0.115879	Sum squared resid		0.174564
F-statistic	6.365806	Durbin-Watson stat		0.692966
Prob(F-statistic)	0.011819			

因此，我们的模型的估计结果是：

$$\ln GDP_t = 0.086866 + 1.234315\ln ER_t + 0.640950\ln BS_t$$

$$Se = (6.398898)\ (1.058357)\ (0.151316)$$

$$t = (0.013575)\ (1.166256)\ (4.235836)$$

$$R^2 = 0.936441$$

$$\ln ER_t = 4.980254 + 0.144305\ln GDP_t + 0.394366\ln TB_t$$

$$Se = (0.594360)\ (0.054133)\ (0.351257)$$

$$t = (8.379193)\ (2.665736)\ (1.122728)$$

$$R^2 = 0.573850$$

从以上回归结果可以看出，方程（4.1）的回归效果较好，拟合优度较高，方程（4.2）的回归效果不是那么理想，拟合优度也较低。可见，我们应该对方程（4.2）进行改进，但由于笔者知识水平有限，在此我们不做进一步深入的研究，有兴趣的读者可以就此研究下去。

四、结果的经济学解释

长期而言，基准汇率和 GDP 的影响是相互的。基准汇率变动 1 个百分点，带来 GDP 约 1.23 个百分点的同方向变化。可见汇率对 GDP 的影响是巨大的，这主要与 GDP 的计算方法有关，在模型所用数据中，GDP 是用生产法计算的。当人民币汇率变动时，各部门，特别是生产国际贸易商品的部门，它的原料来源和产品的国际价格都将发生相应的变化。而当 GDP 变动 1 个百分点时，带来汇率 0.144 个百分点的同方向变化。

第三节　人民币汇率波动对中国国内
物价水平的影响

20 世纪 70 年代布雷顿森林体系崩溃以来，国际货币市场的剧烈波动吸引了大批经济学家把注意力转移到分析汇率变动对国内物价水平的影响上。许多实证研究探讨了汇率和国内物价水平的关系，这些研究主要立足于三种不同的经济类型。一是小国开放经济，汇率和国内物价水平的变化完全传递到国内经济中[①]；二是大国工业化经济，对大国开放经济而言，国内和国外产品不是完全可替代的，"一价定律"（law of one price）是否成立引来了大量的讨论。一批研究者运用"协整"的方法检验长期购买力平价并得出了不同的结论。如 Enders（1988）利用单位根检验的方法发现购买力平价在布雷顿森林体系时期和以后的浮动汇率时期都不太适用，Patel（1990）也证实长期"一价定律"并不成立。有的研究者提出了不同的结论，如 MacDonald（1993）使用 Johanson 多变量协整方法，认为一系列货币兑美元的汇率与这些货币所在国和美国相比的相对价格之间存在长期均衡关系。Kim（1990）运用协整和误差纠正模型分析了美国和其他 5 个工业化国家，研究发现名义汇率和相对价格是协整的，任何与购买力平价的偏离都显著地影响汇率，使汇率最终回归到购买力平价决定的长期均衡水平上。三是半开放经济。Corbo 和 McNelis（1989）认为经济开放度会影响国内物价水平，随着一国开放其经济，贸易壁垒减少了，越来越多的工业产品成为贸易品，因而总体物价水平开始遵循"一价定律"。然而，即使对国际贸易的限制都被取消，国内因素依然可以影响价格水平。因此，他们把国内物价水平看做是国外价格、国内劳动力成本和国内超额需求的函数。

本节研究的目的是检验人民币汇率变动对国内物价水平的影响，为此，我们依照 Corbo 和 McNelis 的模型设定了价格方程，

---

① Leith（1991）发现汇率和国外物价水平的变化百分之百地传递到博茨瓦纳国内物价水平中。

这是因为中国仍处于贸易自由化的进程之中，中国经济是半开放的。模型使用 1990 年 1 季度到 2006 年 1 季度的季度数据进行估计，将把汇率与国内物价水平之间的长期趋势与短期动态调整方程结合起来，构造出名义有效汇率和按进口额加权的国外价格指数。

下面简要回顾中国的汇率政策和 20 世纪 90 年代中国的通货膨胀状况，然后设定模型并描述模型使用的数据，讨论变量之间的长期关系和协整检验，最后运用 Phillips – Hansen 两阶段方法导出误差纠正模型，对经济计量结果进行解释和归纳总结。

一、人民币汇率政策和通货紧缩状况

20 世纪 90 年代早期，中国汇率体制是双轨的，包括由货币当局决定的官方汇率和适用于外汇调剂市场的主要由市场力量决定的调剂汇率（Zhang，1996），官方汇率在某种程度上是盯住美元的。从 1990 年 3 季度到 1993 年 4 季度，官方汇率从 4.7221 元人民币/美元调到 5.7961 元人民币/美元。1994 年 1 月 1 日，官方汇率和调剂汇率合二为一，人民币汇率从 5.7961 元人民币/美元调到 8.7 元人民币/美元。从 1994 年到 1996 年，人民币对美元的名义汇率升值了大约 5%。从那以后，名义汇率保持相对稳定，即使是在东亚金融危机时期也是如此。

中国的通货膨胀状况则是另一番情景。从 1990 年到 2000 年，中国经历了一个完整的经济周期，在 1992 年以前通货膨胀是温和的，1992 年 6 月后，国内投资和信贷的增长加剧了通货膨胀，1994 年 10 月的零售物价比上年同期上涨了 25% 以上，然而从 1994 年年末开始经济开始逐步降温，在其后的两年，通货膨胀率显著降低，1996 年 12 月通货膨胀率降到 5% 以下（Oppers，1997），1997 年通货膨胀率进一步下降之后，中国进入了通货紧缩时期，1998 年和 1999 年零售物价分别下降 2.6 个

百分点和 3 个百分点。图 4 - 6 描述了从 1998 年到 2006 年中国通货膨胀状况（零售物价指数季节同期比增长率）。

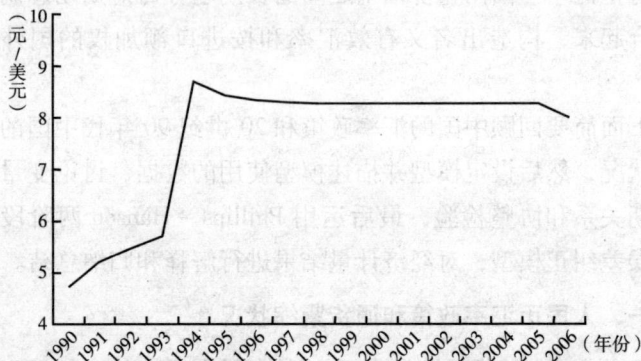

图 4 - 5　1990—2006 年人民币名义汇率变动

资料来源：《国际金融年鉴》（IMF）和《中国金融年鉴》各期。

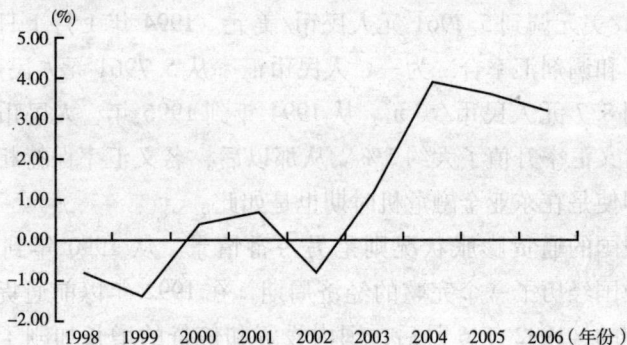

图 4 - 6　1998—2006 年中国通货膨胀率变动

资料来源：根据《中国人民银行统计季报》各期计算。

　　从以上分析我们可以发现中国经济中的一个有趣现象：在亚洲金融危机爆发以后，中国的通货膨胀变成通货紧缩，与此同时，人民币汇率相对稳固。Fernald 和 Babson（1999）在分析了汇率机制和通货紧缩状况之间的联系后认为，在 1997 年亚洲金融危机爆发以后，人民币固定对美元名义汇率平价，而美元是升值的，因而人民币对中国的一些贸易伙伴的货币实际上是升值的。Tyers（2000）进一步指出，人民币的实际升值降低了出口的增长，紧缩了国内总需求并导致了通货紧缩。我们将为这些观点提供一些实证支持。

二、模型的设定和数据

我们定义以下方程来解释国内物价水平：$P = F（PX，ER，M）$。P 代表国内物价；PX 代表名义有效汇率，定义为人民币/单位复合外币；M 代表国内货币供应量。

我们分析两种国内物价指数，一是零售物价指数（RPI）；二是生产资料企业购进价格指数，笔者把这一指数看做是中国的生产者价格指数（PPI），模型可以详细描述成：

$$\ln RPI_t = \beta_0 + \beta_1 \ln PX_t + \beta_2 \ln ER_t + \beta_3 \ln M_t + \varepsilon_t$$

和　　$$\ln PPI_t = \alpha_0 + \alpha_1 \ln PX_t + \alpha_2 \ln ER_t + \alpha_3 \ln M_t + \mu_t$$

这里指标的含义是：$\ln RPI$、$\ln PPI$ 分别表示自然对数形式的中国零售物价指数和中国生产者价格指数，$\ln PX$、$\ln ER$ 和 $\ln M$ 分别表示自然对数形式的国外物价指数、中国名义有效汇率指数和中国货币供应量指数。ε_t 和 μ_t 分别是回归模型的误差项。

以上所有指数都定基于 1990 年 1 季度，并假定 1990 年 1 季度等于 100。为了估计以上模型，首先必须确定各时间序列变量整合（integration）的阶数，然后进行协整的检验以确定变量之间的长期关系是否存在，最后在建立误差修正模型。

模型使用从 1990 年 1 季度到 2000 年 1 季度的 41 个样本，国外价格指数是对中国 6 个主要进出口国家和地区的价格进行算术加权平均得来的，权重是这些地区在中国进出口总额中的份额，这 6 个进口国和地区是日本、美国、韩国、德国、中国香港和中国台湾（中国 1994 年从这 6 个国家和地区进口额之和占中国当年全部进口额的 67.6%）。各个国家和地区使用的物价指数和权重见表 4 - 3 和表 4 - 4。

表 4 - 3 编制国外（地区）价格指数时使用的各国（地区）物价指数

国家（地区）	物价指数类型	国家（地区）	物价指数类型
日　　本	批发物价指数	中国香港	生产者价格指数
中国台湾	批发物价指数	韩　　国	生产者价格指数
美　　国	工业品价格指数	德　　国	工业品价格指数

表 4 - 4 计算名义有效汇率时使用的权重

国家（地区）	进口权重	国家（地区）	进口权重
日　　本	0.2270	中国香港	0.0817
中国台湾	0.1218	韩　　国	0.0633
美　　国	0.1202	德　　国	0.0617

名义有效汇率指数也是一个按进口额加权的指数（使用和构建国外物价指数时相同的权重），有效汇率为外国货币的国内价格。零售物价指数和生产者价格指数源于《中国人民银行统计季报》各期，货币供应量和汇率数字、各国和地区价格指数源于国际货币基金组织的《国际金融统计》杂志，中国台湾的汇率数字取自台湾"中央银行"，中国台湾的物价数字取自《高雄市物价月表》，零售物价、生产者价格和货币供应量都经过季节调整。

三、单位根检验和协整检验

我们运用标准 ADF 方法（augmented dickey—fuller test）检验数据的时间序列特征，结果列在表 4 - 5 中。

表 4 - 5　变量的 ADF 单位根检验（1990 年 1 季度到 2000 年 1 季度）

变量		ADF 统计量	检验类型	时滞	关键值		整合阶数
					5%	10%	
lnRPI	水平值	-2.500	带趋势项	3	-3.535	-3.199	I (1)
	△	-4.955 **	带趋势项	9	-3.567	-3.217	
lnPPI	水平值	-1.246	带趋势项	2	-3.531	-3.197	I (1)
	△	-3.255 *	带趋势项	8	-3.561	-3.214	
lnPX	水平值	-1.899	不带趋势项	1	-2.938	-2.607	I (1)
	△	-3.842 **	不带趋势项	1	-2.940	-2.608	
lnER	水平值	-2.278	不带趋势项	3	-2.942	-2.609	I (1)
	△	-3.674 **	不带趋势项	0	-2.938	-2.607	
ln$M$	水平值	0.199	带趋势项	0	-3.525	-3.193	I (1)
	△	-4.045 **	不带趋势项	0	-2.938	-2.607	

注：(1) *表示在10%的水平上显著，** 表示在5%的水平上显著；△代表一阶差分。(2) ADF 非稳态检验是基于以下回归方程：$\Delta y_t = \alpha_0 + \alpha_1 t + \gamma y_{t-1} + \sum_{i=2}^{p} \beta_i \Delta y_{t-i+1} + \varepsilon_t$。

对所有序列，在5%的显著性水平上存在单位根的零假设无法拒绝。一阶差分后，除 lnPPI 以外的所有变量在5%的显著性水平上，可以拒绝非稳态的零假设，lnPPI 也可以在10%的显著水平上拒绝零假设。因而我们判断所有变量是一阶整合的。

为估计变量之间的长期关系，可以使用 Engel 和 Granger 两阶段法，然而在小样本中对协整向量的简单一般最小二乘估计值是有偏的，而且还必须补救回归因子的内部性（endogeneity），以便使系数估计值的分布不产生"麻烦参数"（nuisance parameters）的问题（Muscatelli 等，1992）。我们使用 Phillips 和 Hansen 两阶段过程对非稳态变量建模。根据最近对各种协整方法的比较研究，这种方法被认为是较好的选择，尤其是对本书中的小样本而言（Inder，1993）[①]。首先，我们运用 Phillips（1990）提出的修正

---

① 关于 Phillips 和 Hansen 方法的最新运用，参见 Muscatelli 等（1992），Athukorala（1994），Athukorala 和 Menon（1995）。

的普通最小二乘估计值估计长期关系，这种修正的普通最小二乘估计值纠正了序列相关和内部性。其次，使用从第一阶段回归获得的误差纠正项作为一个额外的回归因子去估计短期动态机制，在这一阶段运用 Hendry（1995）的从一般到个别的方法（general-to-specific method）对模型进行识别。表4－6为完全修正的 Phillips-Hansen 估计值。

表4－6　协整回归结果

（1）零售物价

$$\ln RPI_t = -14.255 + 3.463\ln PX_t + 0.473\ln ER_t + 0.159\ln M_t$$
$$(-6.012)\quad(6.677)\qquad(10.943)\qquad(7.768)$$

（2）生产者价格

$$\ln PPI_t = -8.484 + 2.213\ln PX_t + 0.526\ln ER_t + 0.092\ln M_t$$
$$(-5.724)\quad(6.878)\qquad(19.486)\qquad(7.209)$$

注：括号中为回归系数的 T 统计量。

对以上两个回归方程的残差进行 ADF 检验和 Phillips－Perron 检验，结果如表4－7所示。

表4－7　协整检验结果

残　差	检验的滞后期		检验的统计量		关键值(5%)	
	ADF	PP	ADF	PP	ADF	PP
RESID$_{\ln RPI}$	1	3	-2.934	-2.995	-1.95	-1.95
RESID$_{\ln RPI}$	1	3	-3.035	-2.888	-1.95	-1.95

注：ADF 代表增强的 Dickey-Fuller 检验，PP 代表 Phillips-Perron 检验。

从表4－7中可以看出，至少在5%的显著性水平上两个回归方程的残差是稳态的，因而表4－6所列的回归方程代表了汇率和国内物价水平之间的长期关系。

— 212 —

四、建立误差纠正模型

在确定了国内物价水平、国外物价水平、名义有效汇率和货币供应量之间的长期关系之后，我们可以转而估计短期动态过程，误差纠正模型为：

$$\Delta \ln RPI_t = \delta_1 + \delta_2 (ECM_{\ln RPI})_{t-1} + \sum_{i=1}^{k_1} \delta_3(i) \Delta \ln RPI_{t-i} +$$

$$\sum_{i=0}^{k_2} \delta_4(i) \Delta \ln RX_{t-i} + \sum_{i=0}^{k_3} \delta_5(i) \Delta \ln ER_{t-i} +$$

$$\sum_{i=0}^{k_4} \delta_6(i) \Delta \ln M_{t-i} + \varepsilon_t$$

$$\Delta \ln PPI_t = \eta_1 + \eta_2 (ECM_{\ln PPI})_{t-1} + \sum_{i=1}^{j_1} \eta_3(i) \Delta \ln PPI_{t-i} +$$

$$\sum_{i=0}^{j_2} \eta_4(i) \Delta \ln PX_{t-i} + \sum_{i=0}^{j_3} \eta_5(i) \Delta \ln ER_{t-i} +$$

$$\sum_{i=0}^{j_4} \eta_6(i) \Delta \ln M_{t-i} + \eta_7 DMP + \tau_i$$

这里 DMP 是一个虚拟变量；ECM 是用来估计从长期均衡位置偏离程度的指标，它们等于第一个阶段中的回归残差。误差纠正项（ECM）的估计值是：

$$ECM_{\ln RPI} = \ln RPI_t - 3.436\ln PX_t - 0.473\ln ER_t - 0.159\ln M_t + 14.255$$

$$ECM_{\ln PPI} = \ln PPI_t - 2.213\ln PX_t - 0.526\ln ER_t - 0.092\ln M_t + 8.484$$

建立误差纠正模型，需要选择每一个变量的滞后长度，我们使用 Hendry 的从一般到个别的建模方法（Miller，1991；Hendry，1995）剔除那些系数不显著的滞后期，以获得最终的简洁形式的模型（parsimonious specification）。误差纠正模型的最终结果列于表4-8。

表 4 - 8 误差修正模型的估计

被解释变量	$\Delta\ln RPI$	$\Delta\ln PPI$
误差纠正项		
$(ECM)_{t-1}$	-0.085 (-1.858) *	-0.208 (-4.923) ***
滞后的被解释变量		
$\Delta\ln RPI_{t-1}$	0.604 (-6.144) ***	
$\Delta\ln PPI_{t-1}$		0.238 (2.702) **
滞后的解释变量		
$\Delta\ln PX_t$		0.540 (2.851) ***
$\Delta\ln PX_{t-1}$	-0.461 (-1.750) *	
$\Delta\ln ER_t$		0.152 (5.048) ***
$\Delta\ln ER_{t-5}$	0.062 (1.156)	
$\Delta\ln M_{t-1}$	0.154 (2.378) **	
$\Delta\ln M_{t-3}$		0.114 (2.361) **
$\Delta\ln M_{t-4}$	0.163 (2.198) **	
虚拟变量		
DMP		0.028 (6.172) ***
调整的 R^2	0.868	0.917
$D-W$ 值	1.916	1.462
F 统计量	38.347	67.478
方程形式检验(Ramsey's RESET 检验, F 检验)	$F(1,27)=1.288$	$F(1,29)=0.581$
残差正态性检验(χ^2 分布)	$\chi^2(2)=2.057$	$\chi^2(2)=0.513$
异方差检验(F 检验)	$F(1,33)=2.467$	$F(1,35)=1.765$
残差序列相关检验(拉格朗日乘子检验)	$\chi^2(4)=5.229$	$\chi^2(4)=6.278$

注:(1)虚拟变量 DMP 定义为 1992 年 4 季度为 1,1993 年 1、2、3 季度为 1,其他季度为 0。(2) ***、**、* 分别代表在 1%、5% 和 10% 的水平上显著;系数下的括号内为 T 统计量。

五、对回归结果的解释和本节小结

长期而言，名义有效汇率和国内物价水平、国外物价水平、国内货币供应量是协整的，零售物价指数和生产者价格指数都十分显著地受到汇率变化的影响。名义有效汇率变动 1 个百分点，带来物价指数 0.473 个百分点和生产者价格指数 0.526 个百分点的同方向变化，也就是说，如果名义有效汇率贬值 1 个百分点，零售物价将上升 0.473 个百分点，生产者价格将上升 0.526 个百分点。汇率变动对零售物价和生产者价格指数的不同影响与生产者价格指数包含更多的进口品这一事实是一致的，国内的需求压力（以货币供应量为代表）对零售物价的影响大于其对生产者价格的影响，货币供应量增加 1 个百分点将导致零售物价上升 0.159 个百分点，而生产者价格只上升 0.092 个百分点。

汇率变动对零售物价和生产者价格的动态影响是不同的。和零售物价指数相比，生产者价格指数是一个先行指标，它反映了宏观经济运行的趋势。中国进口品的主要构成是工业设备和原材料，国外价格水平和名义有效汇率的变化对生产者价格有十分快捷的影响。以货币供应量为代表的国内因素在短期对生产者价格影响较小。

在短期，零售物价主要由国内因素决定，名义有效汇率的变化对零售物价只有相对弱的影响，即使这种弱的影响还需要 5 个季度以后才体现出来。在短期动态过程中，国内因素对确定零售物价水平起关键作用。货币供应量的变化将在 1 个季度和 4 个季度之后对零售物价产生强烈影响。国外物价水平对零售物价水平的短期影响至少是十分含糊的，系数的符号是负的，且只在 10% 的水平上显著，这可能反映了一个事实，那就是零售物价还受其他许多国内因素的影响，例如农产品收成的变化、工资率的增长等，这些国内因素可能是和零售物价指数协整的，但并没有包含在我们的模型之中。

第四节 人民币汇率波动对中国就业的影响

从理论上讲，在完全竞争的市场中，真实汇率的变动会影响进出口贸易。本币升值，本国产品价格变得相对偏高，外国商品价格变得相对偏低，从而促进进口，压抑出口。进出口贸易的变动会进一步影响相关产业的就业。出口的增加会带动有关产业就业的增长，而进口的作用表现为综合的结果：一方面，进口直接使得有关产业产出减少，从而减少就业；另一方面，进口的中间产品会带动产出的增加，从而增加就业。进口的资本货物如果用于更新改造，会使生产效率提高，就业减少；如果用于新建企业，则会带动就业的增长。因此，进口对就业的影响是不确定的。可见，真实汇率的变化对出口企业雇用劳动量的影响应该是显著的，除非汇率变化对这些企业的成本有相反方向的影响，而对进口企业雇用劳动量的影响则应该具体问题具体分析。改革开放以来，我国进出口总量不断攀升，受进出口总量影响的就业人数也不断扩大。例如，1998 年底我国劳动力资源总数为 70637 万人，当年对外贸易依存度为 33.82%，1998 年受对外贸易影响的劳动力总数约为 24648.81 万人，即使单纯考虑出口，其就业扩大效应也是显著的。若再考虑技术贸易和服务贸易，这两个领域在我国的高速增长又为就业市场提供了大量的就业机会。表 4-9 列出了 20 世纪 90 年代以来中国贸易及就业的情况。

从表 4-9 中可以看出，我国的贸易依存度呈逐年上升趋势，外贸在整个国民经济中的作用不断提升。随着经济的越来越外向型化，与贸易有关的就业人数无论从总量上还是从结构上都越来越多。

表4－9　中国贸易及就业的情况

年　份	贸易依存度	总就业人数(万)	受贸易影响的总就业人数(万)
1990	0.298956	64749	19357.09
1991	0.333563	65491	21845.35
1992	0.342174	66152	22635.53
1993	0.326124	66808	21787.68
1994	0.436724	67455	29459.2
1995	0.40873	68065	27820.22
1996	0.361012	6895	24891.74
1997	0.368693	6982	25742.14
1998	0.34895	70637	24648.81
1999	0.371739	71394	26539.94
2000	0.445339	72085	32102.24
2001	0.447217	73025	32658.01
2002	0.490294	73740	36154.28
2003	0.604473	74432	44992.14
2004	0.699565	75200	52607.3

　　注：贸易依存度、受贸易影响总就业人数根据《中国统计年鉴》各期的相关数据计算而来。
　　资料来源：历年《中国统计年鉴》。

　　然而，现实中并不存在完全竞争市场。在不完全竞争的市场中，由于出口企业是市场价格的设定者，此时，真实汇率的变化对进出口企业雇用劳动量的影响会小得多。因此，真实汇率变化对经济可能未必具有显著影响。例如 Fugazza 和 Maloney 在他们的文章中提到：1994 年 1 月 5 日，1 美元可以兑换 113 日元，而 1995 年 4 月 19 日，1 美元仅兑换 80 日元，日元升值幅度达到 34%。1994 年一辆日本产的丰田 Celi2caST 汽车在美国市场的售价为 16968 美元，而 1995 年这款汽车在美国市场的售价为 17285 美元，价格上涨幅度不到 2%。同样令人感到惊奇的是，

SONY Trinitron 大屏幕彩电在美国市场的建议零售价在 1994 年和 1995 年之间下降了 15%。因此，当就业与汇率不显著的时候，我们必须仔细分析其中的原因，是哪些因素导致了市场不完全？这些因素是不是真正使得就业与汇率不显著，还是有其他因素？

另外，仅仅考虑本币升值对进出口企业就业的影响还不全面，我们还需考虑由于汇率变动带来的经济结构的变化、内需与外需的相互替代等对就业的影响。在一个经济中，服务业、建筑业等行业受到外国同类企业的竞争压力与外贸企业比较而言小得多。因此，这些行业的就业量受汇率升值的影响会较小。但考虑到人民币升值所带来的结构性调整效应，在保证总需求不变的情况下实际上这些行业的就业量应该有所上升。

一、汇率变化对就业影响的实证分析

（一）中国进出口结构的特征

在进行计量分析之前，我们需先考察中国的进出口结构。我国进出口商品的总体结构已实现了从初级产品为主向工业制成品为主的转变，工业制成品在进出口商品中的比重不断提高，见表 4-10。与此同时，我国工业制成品的进出口中主要是纺织服装等制成品、化工产品和机电产品三大类商品，具体结构如表 4-11所示。

（二）汇率变动对纺织、化工、机电业就业影响计量分析

以下的计量分析是从中国进出口结构的特点出发，集中分析工业以及三大产业在汇率变动的情况下对它们各自就业的影响。

1. 汇率升值对工业总就业的影响

（1）计量模型的设定

依照 Greenaway、Hine 和 Wright 一文中的计量模型：

$$\ln l = \gamma_0 + \gamma_1 \ln x + \gamma_2 \ln m + \gamma_3 \ln y + \gamma_4 exr + \zeta$$

表 4 - 10 中国进出口商品结构

年 份	（出口商品额 = 100）		（进口商品额 = 100）	
	初级产品	工业制成品	初级产品	工业制成品
1990	25. 6	74. 4	18. 5	81. 5
1991	22. 5	77. 5	17	83
1992	20	80	16. 5	83. 5
1993	18. 2	81. 8	13. 7	86. 3
1994	16. 3	83. 7	14. 3	85. 7
1995	14. 4	85. 6	18. 5	81. 5
1996	14. 5	85. 5	18. 3	81. 7
1997	13. 1	86. 9	20. 1	79. 9
1998	11. 2	88. 8	16. 4	83. 6
1999	10. 2	89. 8	16. 2	83. 8
2000	10. 2	89. 8	20. 8	79. 2
2001	9. 9	91. 2	18. 2	81. 8
2002	8. 8	92. 1	19. 9	80. 1
2003	7. 9	93. 2	18. 5	81. 5
2004	6. 8	91. 2	17	83

资料来源：历年《海关统计》。

表 4 - 11 工业制成品结构

年份	化学成品及有关产品	纺织、服装等制成品	机械及运输设备	杂项制品
	进口结构			
1990	12. 5	16. 7	31. 6	3. 9
1991	14. 5	16. 4	30. 7	3. 8
1992	13. 8	23. 9	38. 8	6. 9
1993	9. 3	27. 5	43. 3	6. 2
1994	10. 5	24. 3	44. 6	5. 9
1995	13. 1	21. 8	39. 8	6. 3
1996	13. 0	22. 6	39. 5	6. 1
1997	13. 6	22. 6	37. 1	6. 0

年份	化学成品及有关产品	纺织、服装等制成品	机械及运输设备	杂项制品
1998	19.4	22.2	40.5	6.0
1999	14.5	20.7	41.9	5.9
2000	13.4	18.6	40.8	5.7
2001	16.2	21.2	54.1	7.6
2002	15.9	19.7	55.7	8.1
2003	14.4	18.8	56.7	9.7
2004	14.7	16.7	56.9	11.3
出口结构				
1990	6.0	20.3	9.0	20.4
1991	5.3	20.1	10.0	23.1
1992	5.1	19.0	15.6	40.3
1993	5.0	17.8	16.7	42.3
1994	5.1	19.2	18.1	41.3
1995	6.1	21.7	21.1	36.7
1996	5.9	18.9	23.4	37.3
1997	5.6	18.9	23.9	38.5
1998	5.6	17.6	27.3	38.2
1999	5.3	17.1	30.2	37.2
2000	4.9	17.1	33.1	34.6
2001	5.6	18.3	39.6	36.3
2002	5.2	17.8	42.7	34.1
2003	4.9	17.1	46.5	31.3
2004	4.8	18.2	48.5	28.3

资料来源：历年《海关统计》、《中国工业经济统计年鉴》。

其中：l 为某一行业的总就业量，x 为该行业的出口商品总价值，m 为该行业的进口商品总价值，y 为该行业的总产值，exr 为真实汇率（人民币/美元）。这里我们选取 1980 年到 2004 年的数据进行单方程回归分析，数据来源于各年的《中国统计年鉴》

以及《海关统计》等。

（2）回归结果

表 4 – 12　汇率变动对工业总就业影响的回归结果

就业对数值	相关系数	标准差	T 值	P 值
出口对数值	– 0. 2375918	0. 2888601	– 0. 82	0. 411
进口对数值	0. 7551386	0. 4163546	1. 81	0. 070
产出对数值	1. 43698	0. 5930927	2. 42	0. 015
真实汇率	0. 0261201	0. 0114484	2. 28	0. 023
常数项	17. 86179	2. 479058	7. 21	0. 000

从回归的结果我们可以看出，工业就业对出口的变动影响不显著，但对进口的变动影响是比较显著的，二者的关系是正相关的。在这里，我们更为关心的是真实汇率对就业的影响。就业对汇率变动的影响是显著的正相关，相关系数为 0. 026，也就是说汇率下降（人民币升值）10%，就业（对数值）下降2.6%。可见，从整个工业来看，人民币的升值对就业产生的是负面效应，其中对外贸企业的影响应该最为明显。接下来我们就从工业的三大类行业入手来深入分析其中的量和结构性的变化。

2. 汇率升值对纺织业、机电行业、化工行业就业的影响

我们应用面板数据的固定效应模型来对纺织行业、机电行业、化工行业从 1990 年到 2004 年的数据进行回归分析。纺织、服装、玩具、机电、化工产品等占到了中国进出口商品 80% 左右的份额，这些商品中，纺织、服装在国际市场上更加接近完全竞争，真实汇率变化对这些产业的就业影响应该较为显著，而化工、机电产品种类繁多，只有部分产品市场是接近完全竞争的，真实汇率变化对这些产业的就业影响的显著性取决于产品进出口

的组成。

（1）计量模型的设定

此模型是对前面模型加以改进的固定效应模型：

$$\ln l = \gamma_0 + \gamma_1 \ln x + \gamma_2 \ln m + \gamma_3 \ln y + \gamma_4 exr + \zeta$$

各个变量表示同前，i 代表行业，t 代表年份。

（2）回归结果

首先对纺织业而言，回归结果见表 4 – 13。

从回归的结果来看，各个解释变量都是显著的，其中真实汇率下降 10%，就业下降 1.8%，但就业与出口和总产值却是负相关，这和我们的直觉以及理论逻辑的推论是相悖的。寻找其中的原因，我们发现，纺织行业有着与别的行业不同的特征，尽管从 1990 年到 2004 年每年的总产值和出口呈不断上升的趋势，但就业人数却不增反减。其中的合理解释在于：其一，纺织行业的技术水平和生产效率提高得很快；其二，政策性因素（也是主要因素），即国家的经济和社会保障政策的影响。纺织业"压锭减员"政策的推行，使得纺织企业个数和就业人数在保证每年增产的前提下不断下降，越来越多的纺织职工提前退休或自谋生路。于是，就出现了纺织业总产值和出口与就业负相关的结果。

表 4 – 13　纺织业的回归结果

就业对数值	相关系数	标准差	Z 值	P 值
出口对数值	– 0.5958368	0.1472829	– 4.05	0.000
进口对数值	0.68148	0.0812425	8.39	0.000
产出对数值	– 2.193	0.700156	– 3.13	0.002
真实汇率	0.0182505	0.0053904	3.39	0.001
常数项	– 13.64874	6.751821	– 2.02	0.043

资料来源：历年《中国纺织工业年鉴》、《中国统计年鉴》。

表 4 – 14　化工业的回归结果

就业对数值	相关系数	标准差	Z 值	P 值
出口对数值	1. 570968	1. 074615	1. 46	0. 144
进口对数值	– 1. 35138	0. 7675736	– 1. 76	0. 078
产出对数值	– 1. 731526	0. 4870962	– 3. 55	0. 000
真实汇率	0. 0025706	0. 01713790	0. 15	0. 001
常数项	21. 3026	3. 475347	6. 13	0. 000

资料来源：历年《中国化学工业年鉴》、《中国统计年鉴》。

　　其次是化工业。在回归结果中，化工业的就业对于真实汇率是显著的，对出口和进口也都是显著的，相关系数分别为1. 570968 和 – 1. 35138。我国化工业进口的主要产品为：有机和无机化工原料、油品、塑料加工制品、合成树脂及橡胶制品、化工机械等，这些进口主要是作为工业原料或装备。因此如果人民币升值，会使得这些产品进口的相对价格降低，以这些产品为原料或中间投入的化工企业生产成本相应降低，生产规模扩大，因而带来了就业的增加。与此相对，这些产品的进口却挤占了部分本该从国内购买的需求，这样国内生产这些产品的企业就业反而下降。两方面综合起来，由于我国化工产业整体的外贸依存度较低，外向型程度不高，所以，人民币的升值带来的进口增加对于化工产业的总体就业是负的影响。而出口的主要商品中，除了化工机械出口数量很少之外，其他几类产品仍然是主要化工出口品，即工业用原料或中间投入的出口。人民币升值导致的化工出口的下降，将使得这些出口企业就业下降。我国历年来化工进出口一直是逆差，进口量超过出口量，因此进口增加带来的就业减少将会占主导地位。

表 4 – 15　机电行业的回归分析

就业对数值	相关系数	标准差	Z 值	P 值
出口对数值	1.065664	0.459308	2.32	0.020
进口对数值	– 0.3556805	0.7426541	– 0.48	0.632
产出对数值	3.461059	0.8751262	3.95	0.000
真实汇率	0.03749	0.0162649	2.30	0.021
常数项	27.71384	4.251159	6.52	0.000

资料来源：历年《中国工业经济统计年鉴》、《中国统计年鉴》。

再次是机电行业。近年来，我国机电行业的进出口贸易额不断上升，到 2002 年，其进口和出口首次均超出我国总进出口贸易额的 50%。机电行业的进出口商品中主要包括以下几类：机械设备、电气设备、交通运输工具、电子产品、电器产品和仪器仪表等及其零部件、元器件。在我国机电进出口商品结构中，消费类产品所占的比例不到 1/3，而 2/3 以上是用作各行业的装备。

回归结果中，机电行业的就业对该行业的出口和真实汇率都是显著的，但进口一项是不显著的。这是因为人民币币值的上升会压抑出口，因此我国机电行业的出口企业就业人数将会随之下降；与此同时人民币升值会促进进口，但由于消费类产品的进口挤占了国内相应的需求，对就业有负面的影响，而机器装备类产品的进口，多用于更新改造或新建企业，均会对就业产生正面的影响。因此，综合两方面因素，进口对就业的影响不显著。从就业与真实汇率的相关系数我们可以估算出，如果人民币升值 10%，机电行业的就业人数将减少 3.7%。

3. 汇率变动对就业的结构调整效应——服务业、建筑业等行业分析

（1）服务业就业分析

从我国服务业就业增长的规模来看，"八五"期间服务业新

增就业人数达到 5023 万人，而"九五"期间新增就业人数仅为 2715 万人，只相当于"八五"期间的 54%；从就业增长率相对于经济增长率的关系看，"八五"期间服务业就业增长弹性系数为 0.74，而"九五"期间降为 0.37，即 GDP 每增长一个百分点，就业增长率下降一半。从服务业的 10 个行业就业人数年均增长率看，"九五"期间与"八五"期间相比，有 6 个行业就业增长率是下降的，有 4 个行业就业增长率是上升的。其中，社会服务业就业人数年均增长率最高，为 5.55%，其次是其他服务业，为 4.70%，但是吸纳新增就业能力比"八五"期间下降 57%；房地产业为 4.64%，金融保险业为 3.44%；而交通运输、仓储及邮电通信业以及批发零售、贸易餐饮业的就业人数年均增长率都明显的大幅度下降，分别下降 3.52 个百分点和 6.85 个百分点，吸纳新增就业能力比"八五"期间分别下降了 77% 和 73%；科学研究和综合技术服务业的就业人数年均增长率下降了 1.86 个百分点；卫生、体育和社会福利业与教育、文化艺术、广播电影电视业就业人数年均增长率分别为 1.91% 和 1.18%。然而，随着诸多经济指标的不断回升和我国逐渐走出通货紧缩，一份来自国家统计局的最新统计结果显示，近期服务业已成为我国就业人员增加的新亮点。从城镇单位看，2004 年末，服务业就业人员比上年增加 2916 万。房地产业和金融、保险业就业人员也持续增加。

结合汇率变动可能带来的短期和长期经济增长效应来看，经济增长能否带来服务业就业的同步增长，关键取决于经济增长的方式。从短期来看，尽管人民币升值使得国内服务的相对价格上升，但由于服务业产品的价格弹性较低，就业与汇率的相关程度就很小。我们的计量分析结果与之是十分契合的（参见表 4-16）。再加之存在内需对外需的替代，近期服务业的就业会大大抵消人民币升值对外贸企业就业的负面影响。长期来看，我国服务业吸纳劳动力就业的容量极大。由于我国服务业还比较落后，其从业人员在整个就业人员中仅占 27.5%，产业产值在 GDP 中所占比重仅为 33.6%，而发达国家这两个数字分别为 60%—75% 和 70%—80%，因此我国服务业蕴藏着巨大的发展潜力，同时也是扩大就业岗位的最佳部门。

表 4-16　汇率变动的服务业回归结果

就业对数值	相关系数	标准差	Z 值	P 值
出口对数值	0.0846325	0.0275227	3.08	0.002
进口对数值	-0.1028345	0.0310877	-3.31	0.001
产出对数值	0.3176299	0.0213827	14.85	0.000
真实汇率	-0.00064	0.0006581	-0.97	0.031
常数项	6.81344	0.0989496	68.86	0.000

资料来源：历年《中国对外贸易统计年鉴》、《中国统计年鉴》。

（2）建筑业就业分析

建筑业是顺经济周期非常明显的产业，理论上讲，经济增长会对建筑业的产值、投资以及就业产生正的联动效应。从近期我国经济增长的结构来看，2005 年以来经济增长主要是投资拉动的。2003 年上半年全社会固定资产投资 19348 亿元，同比增长了 31.1%，比 2004 年同期增长了 9.6 个百分点。相应地，建筑业 2003 年 1—5 月份固定资产投资额为 10517 亿元，比上年同期增长 64.7%。尽管人民币币值的上升会导致外需的下降，但如果考虑到减少的出口补贴通过社会保障、减税等手段被转移到居民手上，则居民全年可支配收入增加，进而内需增加，带动投资增加，因此这里存在内需对外需的替代。在总需求不变的情况下，外需下降不会影响建筑业的产值、投资和就业，但内需的上升却会给建筑业带来极大的活力，建筑业的就业会因此而上升。国家统计局的最新统计结果显示，建筑业已成为就业人员增加的又一新亮点。从城镇单位看，2004 年末建筑业就业人员比上年增加29.2 万人。

具体而言，历年来，我国建筑业的产值不断上升，但就业却从 1996 年以后缓慢下降，2001 年以后又有所回升，就业增长弹性也从 1990 年到 1995 年的 0.12 降到了 1996 到 2001 年的 0.055，2001 年就业增长弹性又升到了 0.25，进而带动就业的增长。

第五节　人民币汇率波动对中国相关产业的影响

我们处在一个"跛脚"的全球化时代，这不是因为发达国家没有按照世贸规则的要求开放农产品市场等一些细节问题，而是因为在所有要素中流动性很强的一个重要要素——劳动力要素不能全球自由流动。所以，在此基础上引起的诸多现实经济问题特别是汇率问题——人民币升值——成了全球关注的热点问题。鉴于此，有必要通过人民币升值契机就基本经济问题以及对可利用市场工具的分析，来初步探讨我国市场经济在全球化浪潮中良性发展有利于己方的产业格局和发展模式问题。

一、内向型和外向型经济价格的双轨运行是人民币升值的内因

影响汇率变动的因素很多，有经济发展和经济规模、经济外向程度、外汇储备、资本流动、购买力平价、通货膨胀、贸易平衡状态、政治因素等。但是从长远来看，人民币升值的主要原因

是由于出口导向的经济增长所导致的外向型经济部门相对于内向型经济部门的非均衡价格变动。即可贸易品与非贸易品的双重运动是发展中国家汇率升值压力的特殊根源。

首先，国内可贸易品价格相对于非贸易品价格不断下降。这是由于出口部门生产率的提高快于非贸易部门生产率的提高，也快于本部门工资提高，因此出口产品的价格相对下降或绝对下降。非贸易部门工资比出口部门工资提高得快，超过本部门生产率提高，因此非贸易品价格绝对上升或相对上升。

其次，发展中国家出口产品价格相对于发达国家不断下降，特别在工业化大量引进技术阶段更是如此。中国出口部门生产率的提高不仅快于国内非贸易部门，也快于发达国家出口部门；其工资的相对提高不仅慢于国内非贸易部门，也慢于发达国家贸易部门。按照"工资生产率弹性"，即工资提高与生产率提高之比，中国的出口部门应该是最低的。中国原创技术少，但在一定时期集中引进技术设备和原材料，发挥技术的"后发优势"，可迅速提高生产率并降低成本。当本国可贸易品生产率提高快于发达国家而工资提高相对慢于发达国家时，出口和贸易顺差就会增加，产生汇率升值压力。

再次，由于人民币实行与美元挂钩的汇率制度，中国和美国如果有相同的通货膨胀率，人民币将有升值压力，因为两国可贸易品与非贸易品的相对变化不会相同。发展中国家是二元结构，缺乏统一均衡的市场，历史所遗留的价格体系中，服务、教育、医疗和房地产等价格很低，必然连续大幅度上升，不像发达国家价格体系已经比较均衡。因此，中国非贸易部门价格的上升一定比美国更快，可贸易品价格上升相对比较慢。如果两国通货膨胀率相同，一定是中国可贸易品降价，而非贸易品涨价。直接决定汇率的恰恰是可贸易品的价格变化，可贸易品价格下降就意味着对汇率产生升值压力。

外向型经济的价格即贸易品的价格是直接和国际接轨的，而内向型部门的价格即非贸易品的价格则不和外界直接接轨，这样就形成了贸易品与非贸易品价格的双规运行的局面。

在大量引进技术和外资时期，可贸易品价格在发展中国家相对下降，绝对下降也有可能。如果以非贸易品为1，贸易品价格指数相对于非贸易品下降，这就是"实际汇率"的升值。名义汇率如果不能随实际汇率升值，就称为"汇率错位"，固定汇率下往往如此。这就是说，通货膨胀（在发展中国家主要表现为非贸易品价格上升），一定造成实际汇率升值，而未必出现名义汇率升值或者贬值。

国内价格的综合水平是由参与国际经济循环的商品（如服装、机电产品等）和不能参与国际循环的商品（如房地产、医疗等）加权平均出来的，后者可能占有更大权重。因此，随着国际交往和经济的发展，经过一个时期，这两个部门的商品价格会有个交合，然后再背离、交合，而人民币的升值问题实际上就是价格的转移。人民币升值是有利的价格转移还是不利的价格转移，还要具体分析对经济部门的影响。

二、人民币升值对中国经济的影响：人民币升值不会打击出口

"汇率升值必定打击出口"，是反对人民币升值的最主要理由。我们认为，人民币升值不会打击出口、扩大贸易逆差。但中国参与全球分工，不能仅仅着眼于"世界工厂"，在发展过程中，要在更多的节约能源资源的情况下获得更健康的发展。

在全球联系日益紧密的时代，由于缺乏劳动力要素的全球自由流动，形成了一个奇特的全球化模式：资本组织着原材料、设备、工厂等不易流动的要素全球找劳动力这个流动性最强的要素合作生产，生产出来的产品又劳神费力地搬出去寻找消费者购买。在这种全球化模式中，中国以两种形式参与国际经济大循环：一种形式是产业间分工与产业间贸易，一种形式是产业内分工和产业内贸易。

中国参与全球经济，在产业间分工与产业间贸易方面，中国负责制造服装、打火机、皮鞋等产品，美国、欧洲负责制造飞机、系统集成软件、电脑芯片等产品，这就表现为"鞋袜换飞机"的局面；在产业内分工和产业内贸易方面，工业化国家把中国作为产品外包生产的基地，以提高生产效率，表现为中国的高科技产品出口基本上处于来料组装层面上。

实际上，中国参与全球化的方式和地位决定了人民币升值的价格转移效应的好坏。弹性分析对于产业间贸易还是很有用处的，但对产业内贸易则没有多少作用，这是因为在产业内贸易主要是跨国公司内部的价格转移。

中国以出口制造产业参与国际分工的程度和方式可分为四类：一为本土生产的初级加工制造业，以占出口比例15%的纺织和服装为代表；二为加工装配贸易产业，以占总出口比重最大的大部分机电产品为代表，也包括近年来出口快速增长的所谓的高新技术产业；三为资源出口制造业，以焦炭、化工等产业为代表；四是低档机械制造业，以面向发展中国家出口的本土机械工业为代表。这四类制造业基本涵盖了除军工产业之外的大部分外向型制造业，人民币币值对其产生的价格影响各异。

1. 出口弹性小于1，决定出口数量与金额呈反方向运动而不是同方向运动，因此人民币升值不会减少出口金额，反而可以在节约资源的情况下获得更多利益。对于以纺织品为代表的初级加工产业，这个产业基本上属于产业间分工和产业间贸易的范畴，弹性分析还能成立，经验表明此类出口产品的价格需求弹性绝对值是小于 1 的，也就是说人民币升值所产生的出口价格提高效应超过了出口数量减少效应，出口额反而会上升。考虑到"后配额时代"针对中国的配额问题和越来越多的针对中国的反倾销调查及"特保"措施，这显然是一个有利可图的价格调整。当然以更少资源换取更多外汇也是很好的得益。

　　大量新兴工业化国家和地区如日本、韩国、中国台湾在经济发展的某阶段都经历过货币大幅度升值，出口不降反升的情况。中国大陆 1994—2002 年，人民币相对于美元、欧元（2000 年前为德国马克）和日元的名义汇率升值幅度分别为 5.1%、17.9% 和 17%，实际汇率升值幅度分别为 18.5%、39.4% 和 62.9%，此间中国对美、欧、日的年出口增长率分别为 17.3%，14.4% 和 14.1%；1994—1995 年中国国内通货膨胀率超过 20%，1997—1998 年亚洲许多国家货币贬值，人民币贬值之声不绝于耳，但人民币不贬反升，而中国的出口在 20 世纪 90 年代也翻了一番。可以预料人民币即使升值 20%—30%，出口增长率可能有所下降但不会绝对下降，贸易逆差会扩大，但可控制在 300 亿美元之内。

　　流行的说法往往发生常识性错误，是因为忽视了理论的前提条件和历史时期的特点。所谓"贬值促进出口限制进口，升值促进进口打击出口"，首先是指一般贸易，而不是指加工贸易。其次忽视了进出口数量与金额之间的区别，二者同方向变动的理论前提是：进出口产品价格弹性之和大于 1，就是所谓的"马歇尔—勒纳条件"。如果进出口产品价格弹性之和小于 1，进出口产品的数量和金额之间就会出现反方向的变动，汇率升值反而会使出口额增加，进口额减少，贸易顺差增加。

　　2. 中国外贸结构的特殊性即加工贸易的发展，使进口与出口之间呈同方向运动而不是反方向运动，因此汇率升值不会扩大贸易逆差。对以长三角和珠三角地区的机电产品为代表的加工装配制造业，包括在陕西生产的波音飞机和准备在天津上马的"空中客车"组装线等所谓的飞机制造业或者高科技产业，其实也就是总部设在发达国家的跨国公司精心制定的外购战略，利用中国作为外包平台以提高生产效率，并成为新的全球生产模式不可或缺的供应链的中国出口的真正动力。目前加工装配贸易在中国的总出口中占55%，而且这一比例还在迅速上升。这些产业基本属于产业内分工和产业内贸易的范畴，出口只不过是跨国公司的数字游戏，是其内部价格在国际收支平衡表上的数字反映。中国人在加工装配制造业只不过是拿点加工费和组装费，人民币升点值只意味着跨国公司稍微多支付一点工资成本而已，对 GDP 和就业影响甚小。当然前提是跨国公司在全球找不到更好的替代工厂。虽然印度有此雄心，但由于其中高等教育的普及，印度还缺乏成为世界工厂的条件。

15 年来，加工贸易在中国成为推动贸易增长的主要动因，目前超过了一般贸易。其"大出大进，两头在外"的特点使我国进口呈刚性，出口增加的同时，进口也在增加，进口对出口的弹性为 0.8182，即我国进口一个单位商品时，其中就有 82% 用于来料加工装配贸易出口。我国加工贸易进口占总进口的约40%，1997 年达到 49%，再考虑到外商机械设备进口和一般贸易中原材料和投资品进口，这个比例还有很大的上升余地。中国加工贸易的进口依存度，即加工贸易出口的产品中，进口成本比重非常高。隆国强通过对 565 家加工贸易企业调查显示，原材料与零部件的国内采购，32% 的企业在 10% 以下，66% 的企业低于50%，75% 以上的企业只有 18%，机器设备的国内采购率只有30%。加工贸易净出口是中国外贸顺差的主要来源，2003 年加工贸易顺差占外贸顺差的比重高达 309%。加工贸易出口之所以不受汇率变动影响，是因为如大部分使用进口设备和原材料，在国内增值部分只有 20%。人民币升值首先降低进口成本。从货币标价角度，既然进口的设备和原材料又复加工出口，进出口都是由美元标价，那么人民币变与不变就没有影响。

值得注意的是，人民币升值可能改变进出口结构，减少加工贸易而促使一般贸易技术升级，对行业的优化升级起到很好的促进作用。人民币升值可能减小出口对来料加工行业的依赖，增加加工贸易企业的国内采购，延长企业的国内价值链，增强上下游企业的关联。

3. 动态考察出口产品成本与汇率变动的关系，适当升值将引起出口成本与结构的相应变化，同时可能会影响产业结构的调整和升级，总体来说有利于出口和贸易收支。所有出口产品成本都有人民币和外币两部分，加工贸易属于外币标价的进口成本 100% 的特例（不计工资），而完全采购国内设备和原材料的一般贸易属于人民币标价 100% 的特例。

当人民币升值时，进口中间产品的外币价格下降，使成本构成发生变化，降低成本的对外依存度，降低成本水平。同样的资金将进口更多的资源，企业进口原材料越多，这个效果越显著，出口不会减少。注意，这种选择是以不扩大投资，没有技术进步为前提的。

但是，企业也可以选择扩大投资，提高技术水平，提高出口价格的办法。因为人民币升值，使得进口原材料、零部件和成品的价格全部降低了。企业可以不再进口零部件，而把节约下来的外汇集中进口先进的技术设备和原材料，把自己的组装企业变成加工企业，以获得更多的增值收入。此时企业成本中，外汇的比例还会降低，因为国内增值部分是人民币。但总进口可能增加，因为随技术进步生产规模往往扩大。

一般贸易有相反的变化趋势。假设出口成本中进口品不到50%，那么人民币升值会鼓励企业直接扩大设备和原材料进口，代替国内采购以降低成本，必然提高成本中外汇的比例。总体来说，人民币升值会扩大设备和原材料的进口，扩大贸易逆差，但长期来看只要进口的技术含量高于原有水平（新投资一般具备更高的技术含量），就会提高出口能力，这样的逆差是暂时的，并不可怕。反而有利于产业结构的完善和产业后续发展的能力。

人民币升值使得成本中人民币比例自动提高，也会促进来料加工贸易向进口替代的加工工业升级，有一个含义就是国内工资会提高。但是工资水平的提高不可能是凭空的，与扩大投资和进口相似，一定是与技术水平的提高相适应的，技术工人的工资会有大幅度提高，企业会加强工人的技术培训等，这样就会为发展中国家带来新的发展后劲，即使会产生逆差但也因产业结构的升级而给整个经济注入了新的活力。

4. 技术资源、能源大量进口时期对货币升值的影响。对资源型出口产业而言，资源型产品的出口弹性一般是很小的，人民币升值后更大的可能是出口数量稍微减少一点，赚取的外汇增加一些。而对于以第三世界国家为主要市场的低档机电类产品而言，人民币升值的影响关键是要看有没有其他国家在生产替代品。实际上由于这个产业的低附加值和相对高的技术和工艺含量，属于发达国家不愿意做，普通发展中国家做不了的产业，中国在国际上缺乏有力竞争对手，人民币升值没有太大影响。

再看看加工贸易和外商的机械设备技术等的进口在我国的所有进口中占60%，这部分进口并不会因人民币的国际购买力的上升而上升，而只会根据相应下游产品的国际市场的变化而变化。

我国正进入重化工时期，典型特点是对资源能源的大量消耗。当前最令人不安的并非通货膨胀，而是资源大量进口和能源消耗系数上升。基本资源不足、资源使用效率低下、经济增长方式浪费、进口不稳定不安全，构成资源危机四大内容。在主流经济学中资源危机并不存在，空气和水不属于稀缺资源所以没有价格。各国可依据相对比较利益进行资源的交换，这种理论以没有垄断和国家战略利益为前提。实际上维持资源进口需要强大国防力量，以为有外汇就可以买到任何东西未免天真。当我们计划建立石油储备时，国际油价已从 28 美元涨到 40 美元 1 桶。目前更已突破 70 美元 1 桶。在经济安全战略下考虑汇率问题，应该是在大量进口技术和资源时期果断升值，降低进口价格，控制奢侈品进口，集中外汇进口能源资源和高新技术。因此，显然人民币的升值有助于增强我国参与全球资源分配的竞争能力，有助于增加我国在国际市场上的发言权和价格决定权，有利于我国能源战略的实现。而且更可以减少国内能源储备的开采开发，留待以后更长远的合理利用。

5. 人民币升值对外资、股票和房地产的影响。人民币升值会导致劳动力成本优势的丧失吗？美国 1998 年平均工资是中国的 47.8 倍。中国劳动力成本在出口产品的成本中不过 10%，发达国家是 40%。中国有数亿过剩劳动力，在自由市场体制下这一状况短期内难以改变。劳动力成本过于低廉已成为国际社会反倾销的借口。我们不担心人民币升值会大幅度提高工资，而担心劳动者待遇很难提高。技术工人工资将首先提高，有生产率提高为基础，单位产品工资成本只会降低不会增加。如果人民币升值真会提高工资，正是我们求之不得的，可以改善工人生活，增加学习机会，提高劳动生产率和企业竞争力。

当一个国家或地区的货币面临升值压力或货币持续升值的情况下，在升值前如把外币换成本币，一旦本币升值，投资者便能获得与升值幅度相应的收益，这促使投资者追逐该国资产，最有吸引力的是股票和房地产，投资者不但获得升值收益，还能获得股票房地产本身的增值收益。巨额资金进入股市和房市，促使股价房价上涨，进一步吸引资金，促使股价房价进一步上涨，从而出现泡沫经济。

中国应充分吸取日本的教训，控制房地产泡沫。但真正引起投机资本进入的是升值预期，即使汇率不升值，只要升值预期存在，投机资本照样进入。为了保护我们的"廉价"的中国资产被过多"掠夺"，人民币升值也是很有现实意义的。

如果确认货币升值或升值预期容易导致泡沫经济，那就应该让人民币尽早升值。如果坚持不动，随着均衡汇率不断升值，名义汇率偏离均衡汇率的幅度越来越大，泡沫经济出现的风险也就会越来越大。当前我国房地产泡沫非常严重，恰恰与人民币升值预期有关，而不是人民币升值所引起的。

三、结论：人民币升值不仅有利于我国的全球定价权，而且更有利于我国的产业结构调整和实现国家能源战略，特别是能通过经济实现政治战略

由于中国参与全球化的方式和地位具有特殊性，人民币升值对于似乎应该有重要影响的外向型经济部门无论是出口还是进口，都没有多少不利的价格转移影响。对于内向型经济部门人民币升值似乎应该没有什么影响。但是，如前面分析，币值的变化实际上是外向型经济部门和内向型经济部门价格的一次并轨，是国内两大部门的价格调整，人民币价格调整恰恰有重要影响。因为人民币升值后形成收入效应造成全球购买力的上升，我国消费者的实际有效收入也会随之提高，考虑到内向型经济部门的不动产性和在消费中的优先性，人民币升值后将提高实际有效消费能力。当然人民币升值也是国际资本的一次"阴谋"的得逞，但问题的关键是这是一次不得不进行的国际国内价格的调整，是产业间分工型制造业和产业内分工型制造业，是内向型产业和外向型制造业的一次价格调整，更是国际定价发言权的一次调整和我国经济发展到一定程度的必要调整。

我国不应和其他通过贸易、通过技术等非能源资源发展型的发达国家走相同的发展之路，因为人家可以不依赖能源资源出口进行发展，获得更多的国际财富。我们由于底子较薄、技术落后，只能首先在初期通过能源资源型出口为主借助发达国家的技术管理和资本来发展，但当我们的最初的产业格局发展到一定阶段，就需要进行有利于我们自己优势的新的格局的构建，并为下一步的发展带来更有力的发展契机，这就需要通过内外衔接的汇率问题来逐步调整，实现我们的战略意图。当然，通过人民币升值达到我们的战略意图的同时还要防范国际投机资金所带来的负面影响以及对某些国家的不可告人的"阴谋"的实现采取应对措施，这些不在本章的探讨范围，但值得我们思考。

本 章 小 结

本章主要是分析人民币汇率波动对中国经济的影响，主要侧重于长期影响。本章的框架分为五节：第一节是人民币汇率波动对中国经济影响的定性分析，主要围绕人民币汇率波动对出口贸易的影响、对进口贸易的影响、对投资的影响、对外汇储备和货币政策的影响及对各种生产要素在社会各部门间配置的影响这五个方面展开论述。第二节是人民币汇率波动对中国经济宏观影响的实证分析，这节中运用的联立方程计量经济学模型，是本书的一个创新之处，GDP 和汇率是模型的内生变量。在该节中，联立方程的第二个方程存在很大的改进余地，感兴趣的读者可以往下作更深入的研究。第三节也是用实证的方法分析了人民币汇率变动对国内物价水平的影响，研究中采用的是单方程计量经济学模型。第四节则分析人民币汇率波动对就业的影响，由于各行各业的不同，在这节中分行业分析了人民币汇率波动对各行业就业的影响。最后，第五节简单分析了人民币汇率波动对相关产业的影响。由于数据来源等原因，这节只是对人民币汇率波动对相关产业的影响做了简单的定性分析。

第五章 中国汇率制度改革研究

一国汇率制度的选择不仅仅是简单地在各种不同的汇率制度之间进行选择，而是主要基于该国特定的经济制度和经济目标而做出的选择，通常会取决于以下一些因素：该国经济制度、经济规模、经济开放程度、进出口贸易的结果和地理分布、通货膨胀率和金融市场化程度等。而经济制度和经济发展目标对汇率制度的选择起着决定性作用，不同的经济制度和经济发展目标决定了汇率制度性质的不同。下面简单介绍几个主要因素与汇率制度选择的关系：

1. 经济规模与汇率制度

当前世界上采用固定汇率制国家的平均经济规模仅是管理浮动汇率制国家平均经济规模的 0.45 倍。可以说一国的经济规模越大，则越倾向于采用浮动汇率制；反之，则越倾向于采用固定汇率制。这是因为大国经济较为独立，根据著名的不可能三角模型，货币政策独立性、资本流动和固定汇率之间是不可能同时实现的。实行固定汇率制就必须放弃货币政策独立性，而大国一般是不愿意为了维持与外国货币的固定汇率而使国内政策受到约束的。相反，小国经济结构较为单一，进口需求和出口供给的弹性也较小，而且经济规模小，保护其内外部经济平衡能力较弱。为防止汇率变动对经济带来的冲击，简单有效的办法就是采用固定汇率。

2. 经济和金融发展程度与汇率制度

经济和金融发展水平较高的国家更倾向于选择浮动汇率制，因为经济发展水平高的国家，尤其是已完成工业化的国家，金融发展程度高，金融机构和金融制度较为完善，较少实行资本管制，会倾向于选择浮动汇率制度来保持国内货币政策的独立性。而经济规模小或者是高收入国家中某些靠石油资源致富的国家，就会倾向于实行固定汇率制度。

3. 经济开放度与汇率制度

一国经济开放度越高，汇率变化对国内经济的影响就越大，如果这些国家的经济规模较小，抵御冲击的能力较弱，为了防止汇率变动给经济带来的冲击，采用固定汇率是最好的办法。但是同时要考虑到，一国经济开放度较高，其国内金融市场与国际金融市场一体化的程度也就越深，国际间资本流动就越频繁，政府对资本流动的管制就越少，反而采用浮动汇率制会更适合，尤其是在为了保证本国货币政策的独立性的情况下，在经济规模较大的国家中更为显著。经济规模较小的国家就适合采取中间路线，实行介于固定汇率制和独立浮动汇率制二者之间的管理浮动汇率制。

经济开放度低的国家，如果其经济规模较大，会倾向于选择浮动汇率制。而封闭型的国家，会因为国内通货膨胀或紧缩的货币政策来调整对外经济关系代价太高而选择代价较小的浮动汇率制度。

此外，一国对外贸易的地理分布甚至政治、军事等也会对汇率制度的选择产生影响。

第一节 中国现行的汇率制度介绍

一、人民币汇率制度的历史演变

1979 年改革开放以来，人民币汇率制度经历了由单一官方汇率到官方汇率与市场汇率并存，再到单一市场汇率制度的演变。1997 年亚洲金融危机对人民币汇率的形成机制造成了重要影响。改革开放以来，人民币汇率走势大致可分为三个阶段。

1. 第一阶段：1979 年至 1993 年

由于计划经济时期，人民币汇率作为计划核算工具，长期固定并形成高估，所以改革开放后的相当长一段时期，适应经济体制改革和经济发展的需要，人民币汇率不断调低。并且开始形成牌价与外贸内部结算价的双轨制，后来又增加了外汇调剂市场汇率。到 1993 年底，人民币兑美元官方汇率由 1979 年初的 158 元人民币兑 100 美元降至 580 元人民币兑 100 美元，下调了 73%。与此同时，人民币对主要贸易伙伴的平均汇率，即名义和实际有效汇率也逐步下跌，分别下跌 68% 和 76%。

2. 第二阶段：1994 年汇率并轨至 1997 年

1994 年 1 月 1 日，人民币官方汇率与外汇调剂市场汇率并轨，开始实行以市场供求为基础的、单一的、有管理的浮动汇率制度。并轨时，官方汇率一次性下调幅度达 33.3%。但考虑到并轨前夕，约 80% 的外汇收支活动已通过外汇调剂市场进行，当时人民币汇率的贬值幅度实际仅为 6.7%。并轨后，人民币汇率长期高估的状况得以改变，汇率水平趋于合理，从此改变了长期盘跌的走势。从 1994 年至 1997 年底，人民币对美元汇率升值了 4.8%。由于 1994—1995 年国内物价上涨较快，人民币对美元汇率实际升值了 39.0%。同期，人民币名义和实际有效汇率分别上升了 10.2% 和 38.7%。

3. 第三阶段：1998 年至 2005 年

1998 年，受亚洲金融危机不断蔓延深化的影响，市场出现较强的人民币贬值预期，外汇资金流出压力加大。为防止危机在亚洲和世界进一步扩散，中国政府承诺人民币不贬值，将人民币对美元汇率基本稳定在 828 元人民币兑 100 美元左右的水平，为支持亚洲乃至世界经济、金融稳定做出了重大贡献。在应对通货紧缩压力刚刚见到成效后不久，接着又发生了"911"恐怖袭击、全球经济衰退和非典疫情爆发等内外部冲击，我国坚持汇率政策的连续性，保持人民币对美元汇率在较窄区间内波动。这一时期，虽然人民币对美元汇率变化很小，但对其他货币汇率随美元变化并不小。这大致可分为两个时期：首先是 1998—2001 年间，世界多数货币对美元走软，人民币随美元对其他货币走强，成为全球新兴的少数几个强势货币之一。期间，人民币名义和实际有效汇率升幅分别达 11.5% 和 9.8%。接着是 2002 年以后，国际上美元汇率开始回调，人民币也跟随美元下调。到 2003 年底，人民币名义和实际有效汇率跌幅分别为 12.3% 和 11.0%。

2005 年 7 月 21 日起，人民币汇率不再盯住美元，而是开始实行以市场供求为基础、参考一篮子货币进行调节、有管理的浮动汇率制度。

总的来看，汇率并轨以前，人民币汇率不论是双边还是多边汇率，都是呈螺旋式下跌趋势。但并轨后，人民币汇率进入了相对灵活的浮动状态，在不同时点上对不同货币的汇率有升有降，幅度有大有小。尽管最近一段时期人民币汇率随美元有所走低，但总体呈升值趋势。1994—2003 年间，人民币名义有效汇率和实际有效汇率分别上升了 6.7% 和 31.5%。其他双边汇率也呈现类似的走势，如人民币兑美元、日元双边名义汇率分别上升了 5.1% 和 10.3%，考虑到通胀率的差异，其实际升值幅度分别为 20.1% 和 59.1%。

从以上叙述可以明确几个基本事实：（1）中国汇率制度的演变是市场导向的，虽然受到许多外来因素的干扰和影响，但是并没能改变这个方向；（2）人民币汇率水平在改革前期不断下降，最近 10 年里持续稳定升值；（3）相对于贸易伙伴，人民币平均的汇率水平变化很多，而且最近 10 年升值幅度超过 20%，考虑通货膨胀差异，升值近 60%；（4）1997 年以后，人民币汇率波幅收窄并保持稳定，不仅有利于中国，而且是亚洲和世界的需要；（5）中国从来都没有操纵货币，因为盯住美元后汇率有升有降，不可能始终有利于出口产品的价格竞争力，更没有任何额外的利益和好处。

二、中国 1994—2005 年汇率制度的实质

从 1994 年 1 月 1 日起，我国对人民币汇率制度进行了重大改革：实现汇率并轨，实行以市场供求为基础的、单一的、有管理的浮动汇率制。建立统一的全国外汇市场，开展外汇交易，中央银行按前一营业日银行间外汇市场形成的加权平均汇率，公布人民币对美元、港币、日元的基准汇率。银行间外汇市场人民币对美元买卖价可以在基准汇率上下 0.3% 的幅度内浮动，对港币和日元可以在 1% 幅度内浮动。汇率并轨之初，1 美元兑换 8.7 人民币，此后缓慢升值，到 2001 年中至 1 美元兑换 8.27 元人民币，并且至今稳定在这个水平上。名义上人民币是“有管理的浮动汇率制”，但从 1994 年以来的实际运行来看，人民币汇率可谓是“管理有余，波动不足”。从改革之时起到 2003 年 12 月，人民币对美元汇率 10 年大约升值 5%。但是，人民币汇率的变化基

本是在 1995 年上半年之前完成的。在此以后直到 1997 年末，人民币汇率变化幅度开始缩小，仅从 1∶8.3171 升值为 1∶8.2796。这主要是由于亚洲金融危机发生以后，中国政府为防止危机进一步扩散，坚持人民币不贬值政策，致使我国汇率波动幅度进一步变得窄小，始终在 8.2766—8.2799 范围内波动。

2005 年 7 月 21 日 19 时，美元对人民币交易价格调整为 1 美元兑 8.11 元人民币，作为次日银行间外汇市场上外汇指定银行之间交易的中间价。目前各外汇指定银行间的美元外汇交易汇价只能在央行公布的基准汇率上下 0.3% 幅度内浮动（日元、港元的交易价浮动幅度则是 1%），实际波动幅度不足万分之四，有管理的浮动汇率制度实际异化为"单一盯住美元的盯住汇率制"。

随着我国经济市场化和金融国际化程度的不断提高，加之经历了东南亚金融危机的冲击，审视现行的汇率安排，我国目前实行的汇率安排实际上还是一种"准"含义上的管理浮动汇率安排。随着时间的推移，这种汇率安排的僵化程度已经日益显现出来。

三、中国 1994—2005 年汇率制度的特点与弊端

（一）汇率制度的特点

1. 固定。从 1995 年开始，人民币的汇率基本维持在 1 美元对 8.27 人民币的水平上。

2. 实行银行结汇售汇制。取消外汇留成，出口所得外汇收入必须出售给外汇指定银行；企业正常贸易出口，直接向银行购汇，无须外管局批准。三资企业可以根据意愿保留外汇或结汇。我国已宣布，接受国际货币基金组织第八条款的约束，实行人民币经常项目下可自由兑换。

3. 实行以市场供求为基础的、单一的、有管理的浮动汇率制。结束双重汇率制和人民币汇率长期根据行政定价、根据换回成本定价的历史。建立统一的全国外汇市场，开展外汇交易，形成人民币市场汇价。

4. 企业将外汇出售给银行以后，商业银行在外汇交易市场上将外汇卖给中央银行或其他商业银行，央行次日公布外汇买卖的中间价，成为全国一致的人民币汇价。

（二）汇率制度的弊端

1. 无法确定均衡的汇率水平，汇率的调整缺乏足够准确的根据

抽象地讲，如果管制定价的中央银行能够决定一个使外汇供求处于均衡状态的汇率，那么中央银行的管制定价是优的。并且均衡汇率的确定也为中央银行对汇率上、下调整提供了理论上的依据，但问题在于：均衡汇率水平是多少。由于中国实现了人民币在经常项目下可兑换和资本项目下的严格管制，所以汇市上外汇的供求主要决定于贸易项目。

2. 由于对外汇超额需求而伴随的"寻租"腐败行为会加大社会交易成本，造成社会福利的净损失

在中国的外汇市场上，当中央银行不能确定均衡的汇率水平，汇率不能"出清"供给与需求时，汇率就必然存在着对外汇的超额需求或超额供给两种情况之一。但在中国实行强制性结售汇制和外汇头寸的额度控制制度下，银行、企业和个人都无法自由地持有外汇。外汇的超额供给可以采用诸如放宽外汇银行外汇头寸额度的限制，允许企业持有外汇头寸等办法来解决，但超额需求却受到相当程度的各种限制。因此，中国汇市的基本特征之一就只能是存在着对外汇的超额需求。由外汇超额需求而伴随的额度制、审批制，一方面使外汇资金的运用不能遵循边际成本等于边际收益的原理，造成效率损失；另一方面还会相应地产生

围绕额度、审批而进行的寻租行为，以及违法乱纪行为，而对此的监管、管理乃至打击都会加大社会交易成本，造成社会福利的净损失。

3. 中央银行的外汇储备面临很大的汇率风险

如前所述，在现有的强制性结售汇制，经常项目可兑换与中央银行对外汇银行外汇头寸额度控制的制度设计框架内，银行、企业、居民均不能自由地持有外汇，中央银行则以国家外汇储备的形式持有相当部分的外汇。这样，由汇率变动所引发的汇率风险就不能分散于各微观经济主体，而是主要集中于中央银行。尤其是在欧元对国际货币体系所带来的巨大的不确定性的影响下，中央银行持有的大量的美元储备资产将面临重大的汇率风险。

4. 中央银行的行为是被动的，受制于外汇市场的供求

企业必须将外汇卖给银行，银行除了保留部分外汇周转外，大部分卖给中央银行（或指定的商业银行）。当外贸顺差或外资流入时，中央银行被迫投放基础货币；反之，当外贸逆差或外资流出时，中央银行必须投放外汇，收回基础货币。基础货币的投放是中央银行对国内经济进行宏观调控的重要手段，我国现行的汇价制度干扰了中央银行对基础货币的政策运用。由于我国实行的结售汇制规定绝大多数国内企业的外汇收入必须结售给外汇指定银行，同时中央银行又对外汇指定银行的结售周转外汇余额实行比例幅度管理，从而使央行干预成为必需行为；另外，在国际收支顺差的情况下，国家外汇储备大幅增加，外汇储备量具有向下刚性，一旦下降就会导致市场上贬值预期的增加，迫使中央银行干预市场以确保储备的增长，干扰了央行对基础货币的政策运用，使其调控受制于外汇市场的供求。

5. 汇率形成偏离市场基础

由于买卖关系的硬性规定，造成人民币汇率水平在很大程度

上受央行政策的影响，并不完全反映市场供求和贸易基础，人民币汇率形成机制未能充分体现制度的内涵。1998 年以来，外汇黑市盛行，即是一个证明。黑市汇率虽然不能代表均衡汇率水平，但在一定程度上说明了人民币汇率与市场基础的偏离。而偏离市场基础的汇价不利于外贸，也不利于外资引进。

6. 汇率变化缺乏弹性

人民币汇率的相对固定增加了无风险套利的机会。因为当国内外利率出现差异时，由于人民币汇率无风险，便导致单边套利机会的出现。尽管在我国实行资本项目管制的情况下这种套利存在一定成本，但当潜在收益超过套利成本时，套利还是会通过非法逃套等形式进行，并增加了资本项目外汇管理的难度。

7. 当前的人民币正面临着币值重估的压力

首先，当前我国无论是对外汇交易品种还是交易者都有严格限制，货币当局把外汇交易价格固定在一个固定水平上，市场上无法找到所谓的人民币均衡汇率。加上国内经济改革和结构调整所产生的积极影响，我国的出口贸易和利用外资持续稳步增长。除个别年份外，我国的贸易和资本账户基本上一直处于"双顺差"的状态，而且金额逐年扩大。这种格局使人民币在大部分时间里一直处于升值压力之下。

第二节　中国汇率制度改革的背景

一、中国汇率制度改革的动力

按照时间顺序，中国的汇率制度先后经历了频繁调整的盯住美元汇率制度（1949—1952）、基本保持固定的盯住美元汇率制度（1953—1972）、盯住一篮子货币汇率制度（1973—1980）、官方汇率与贸易结算汇率并存的双重汇率制度（1981—1984）、官方汇率与外汇调剂汇率并存的双重汇率制度（1985—1993）、以市场为基础、单一的、有管理的浮动汇率制度（1994—2005），以及 2005 年 7 月至今的"以市场供求为基础、参考一篮子货币进行调节、有管理的浮动汇率制度"。1994—2005 年的有管理的浮动汇率制度的本意是，人民币汇率以自由浮动为主，只是在必要的时候政府加以适当的干预。但是，在央行持续的、强有力的市场干预下，人民币对美元的汇率处于高度稳定状态，尤其是亚洲金融危机后的屹然不动，从而在事实上与当初设计的"有管理的浮动汇率制度"产生了一定的偏差，也导致国际货币基金组织在 1999 年分类时将人民币汇率制度加入"事实上的盯住美元"的行列。

不可否认，对于 1995—2004 年中国 GDP 保持年均 8% 以上的高速增长，这段时间的相对固定盯住美元的汇率制度具有积极的效应，并且作为名义锚，其稳定国内物价的功能也得到了较好的体现，尤其是在亚洲金融危机期间，人民币汇率不贬值对中国、亚洲乃至世界经济的稳定发展起了关键性作用。但是，也应该看到，随着中国经济市场化的深入、国际化的加强，特别是由加入世贸引入的金融开放的背景下，继续维持盯住美元的固定汇率制度将是一种收益不高、代价高昂的制度选择，已经变得不合时宜。

第一，中国不具备选择盯住美元的固定汇率制度的条件。威廉姆森认为，一国或地区若实行固定汇率制度，就必须具备以下条件：（1）一国或地区是一个小的开放的经济体；（2）大部分贸易（50% 以上）发生在货币盯住国之间；（3）宏观经济政策能够保证国内通货膨胀率与货币盯住国保持一致；（4）愿意为了固定汇率制度而放弃货币政策的独立性。中国显然不满足上述第一、二两项条件，2万亿美元左右的 GDP 总值，排名世界第 4 的经济总量，表明中国无论如何不是一个小的经济体；中国大约只有 20% 出口流向美国，不到 10% 的进口来自美国，距 50% 还相去甚远。至于第三个条件，中国与美国经济波动的不一致，以及欠佳的宏观调控效力，难以长期实现两者的通货膨胀率一致。最后，作为最大的发展中国家和转型国家，在货币政策的独立性与固定的人民币汇率的权衡取舍中选择后者，在政治和经济上都是不可接受的。

第二，中国继续实行盯住美元的固定汇率制度将付出巨大的成本与风险。近 10 年来，受益于高速经济增长、对外开放度提高，以及人民币升值预期，大量外资涌入中国，并且有不断加剧的趋势。资本的大量流入导致了外汇市场的供求失衡，出现了严重的卖超。在此情况下，为了保持人民币汇率的稳定，央行采取了以下政策组合：（1）大量买入外汇，导致外汇储备的迅速膨胀。1994 年外汇储备仅为 516 亿美元，1996 年超过 1000 亿美元，2001 年超过 2000 亿美元，2004 年高达 6099 亿美元，到 2006 年底突破万亿美元，成为世界上外汇储备最多的国家；（2）实施紧缩的货币政策，冲销买入外汇的基础货币投放的扩张效应。发行短期国债、短期央行票据、上调商业银行法定准金率、紧缩房地产信贷等构成了冲销外资流入的主要措施。

从短期看，在维持人民币固定盯住美元、抑制通货膨胀方面，上述政策组合发挥了积极的作用。但是从长远看，这种政策组合因巨大的成本付出将难以维持，并蕴含了极大的金融风险。（1）成本付出方面。冲销外资流入的结果是央行在增持外汇储备的同时，人民币负债也等量上升。因为前者的经营收益要低于后者的利息支出，以 2004 年为例的一个粗略的冲销成本估计是，人民币负债利率（以央行 2.7% 的贴息率计）减去外汇储备的经营收益率（以美国 1.25% 的联邦储备基金利率计），再乘以外汇储备总额（以 6000 亿美元计）。其结果是，冲销成本付出为 671 亿元，这并不是一个小数字。如果考虑到这一成本不是一次性的，而是每年都必须承担的，以及外汇储备进一步增加的可能，那么持续递增的巨额冲销成本就超出了中国这样一个发展中国家的承受力。（2）金融风险方面。与冲销措施相对应的是国内信贷的紧缩，由此加大了国内金融风险。首先，对于商业银行而言，信贷资产是收益最高的资产，信贷总量的减少使已经背负着巨额不良资产的国内银行业经营状况进一步恶化，脆弱性和金融风险加大。其次，信贷紧缩提高了国内金融市场的利率，加大了国内外资本利差。在人民币汇率固定盯住美元的情况下，利差的扩大会引发更多的资本流入，尤其是国际短期资本的流入。Montiel 和 Rein Hart 的国别经验研究表明，货币紧缩的加剧通常伴随着短期资本流入的大幅增长。巨额的国际短期资本流入和其后的迅速撤退是发展中国家金融危机的罪魁祸首，亚洲金融危机就是一个典型例证。

第三，金融开放的中国应该选择真正的管理浮动汇率制度。2001 年，中国成为世贸组织的成员国，将逐步取消外资以商业存在方式在银行业、证券业、保险业等方面提供金融服务的限制，也就是走向渐进的金融开放。按照世贸组织《服务贸易总协定》的要求，如果成员国就某项市场准入做出了承诺，而跨境的资本流动是提供该承诺所属服务必需的，成员国也就相应地承诺了允许该项资本流动自由化。事实上，入世后中国已经放松了国际资本流动的管制，而且到 2006 年 WTO 协议全面履行后，进一步减少了对资本流动的控制。也就是说，在金融开放背景下，虽然中国尚不可能达到资本的完全流动，但是资本有限流动的程度将发生很大的变化。根据蒙代尔—弗莱明模型（Mundell—Fleming Model），在国际资本流动程度加强的情况下继续实行盯住美元的固定汇率制度，如果中国的贸易顺差出现逆转，持续的国际收支逆差就会形成人民币贬值的预期，导致资本外逃和国际游资的投机性攻击，将极易引发金融危机。其次，该模型引申的"不可能三角（Impossible Trinity）"定理进一步说明，在货币政策独立性、汇率稳定和完全的资本流动之间，一国不可能同时实现这三个目标，必须放弃三个目标中的一个。因为中国不可能放弃货币政策的独立性，所以，人民币汇率制度应该根据资本有限流动程度变化情况增加弹性，选择真正的管理浮动汇率制。

二、人民币汇率制度改革的约束

国际货币基金组织（IMF）将管理浮动汇率制度界定为，一国货币当局在外汇市场进行积极干预以影响汇率，但不事先承诺或宣布汇率的轨迹。所以，由固定盯住美元到管理浮动的人民币汇率制度改革，其根本出发点或利益体现在于，在国际资本有限流动不断加强的背景下，既不放弃货币政策的独立性，又能维持人民币汇率的相对稳定；在保证实现宏观经济的内部均衡的前提下，也能实现外部均衡。

但是，一国由固定到管理浮动的汇率制度的转换，Stefan 认为必须具备以下条件：（1）富有流动性和有效率的外汇市场。该市场使汇率能对供求关系的变化做出迅速反应，以利于短期汇率破坏性波动和对均衡汇率的长期偏离最小化。外汇市场的流动性和效率依赖于：市场微观结构的改善（主要包括市场分割格局的消除、市场中介效率的提升、高效的交易系统）、信息透明度，以及弱化央行的"造市商"功能。（2）完善的货币政策框架。主要涉及：赋予央行操作的独立性，加强货币政策的透明度和纪律性，以及金融部门的稳健经营。（3）通胀目标制（Inflation

Targeting）名义锚作用的发挥。因为固定汇率退出名义锚职能，必须找到可替代的名义锚，所以央行应该对通货膨胀目标做出明确承诺并严格执行，以此来替代汇率名义锚。（4）微观经济主体较强的汇率风险管理能力。因为固定汇率制度的放弃，暴露在汇率波动风险之中的银行、企业和个人必须加强汇率风险的识别、衡量和防范能力。上述条件中国尚不能满足，并由此构成了由固定盯住美元到管理浮动的人民币汇率制度改革的硬性约束。

第一，通过国内企业的强制结售汇制、外汇指定银行的头寸管理，以及资本账户的严格管制，央行有效地控制了企业、银行和个人的外汇供给和需求，在根本上控制了人民币汇率的变化幅度，从而有效地实现人民币汇率固定盯住美元。但是，这种制度安排严重地制约了外汇市场的发展，在市场主体、市场结构和汇率机制形成上存在严重的缺陷。交易主体狭窄、交易品种稀少且交易方式单调，央行是外汇市场最大的需求者与供给方，也是唯一的造市商，其他交易主体相对弱小。所以，人民币汇率主要取决于央行的意图，无法体现市场均衡汇率。此外，当前外汇市场是充分外汇供给、部分外汇需求的市场，在人民币升值预期的作用下，外资流入进一步扩大，而外汇需求进一步收缩。在这种情况下，实行管理浮动人民币汇率制，其结果只能是人民币汇率单边上扬。

第二，中国的货币政策框架尚不完善，央行的独立性、货币政策的透明度和纪律性不是很强，尤其是还没有实行真正意义的利率市场化，以及脆弱的金融体系，制约了人民币汇率制度的改革。利率和汇率作为货币市场和外汇市场的两个有力的调节工具，同属于央行货币政策的主要手段，在运用和传导过程中具有较强的联动和制约作用。在中国货币市场利率已经市场化的条件下，如果实行管理浮动的人民币汇率制度，长期利率相对于短期利率的波动将加大。在这种情形下，长期利率的非市场化将扩大实际利率与市场均衡利率的偏差，从而加大国内长期投资波动和收益的不确定，不利于长期投资和经济增长，甚至会促成短期投资泡沫的形成。其次，巨额不良资产缠身的国有银行，以及固有的产权结构和治理机制缺陷，再加上汇率风险意识淡薄、防范手段的缺失，面对人民币汇率的管理浮动，其经营风险将进一步加大，甚至会酿成金融危机。

第三，目前中国对外开放和结构调整加快，通胀和通缩压力并存，维护物价稳定面临着较大的不确定性。一方面经济快速增长，特别是固定资产投资增长加快，加之国际商品价格持续上涨，中国房地产、钢铁、能源、食品等价格上升较快，带动了整体价格水平上升；另一方面劳动生产率提高、关税下调，以及长期存在的一般制造业供过于求的现实，都会拉动物价下跌。在这种情形下，因为央行还不具备较强的独立性，其维护物价稳定的信誉尚未完全建立起来，对物价的预测和调控能力还有待进一步提高，所以在固定汇率名义锚退出后，发挥通胀目标制名义锚的作用具有相当大的难度。最后，强制结售汇制、外汇指定银行的头寸管理，以及人民币汇率长期保持稳定，使国内银行、企业和个人持有的外汇资产相对较少，而且缺乏汇率风险防范意识，更谈不上汇率风险的衡量与采取相应的防范措施。在外汇市场的远期、期货交易缺失的情况下，以及微观经济主体的货币错配、期限错配等问题的存在，管理浮动的人民币汇率制度的推行所致的汇率波动，产生的"资产负债表效应"，将加大银行和企业的经营风险以及个人的财富风险。

在条件不具备的情况下，贸然推行由固定到管理浮动的人民币汇率制度改革，将导致人民币汇率的巨幅震荡，付出巨大的改革成本，甚至可能爆发金融危机。

三、中国汇率制度改革的条件

第一，从整体经济形势来看，我国宏观经济运行良好，具备了汇率制度变革的宏观条件。

第二，我国有着充足的外汇储备，也即有了央行在紧急时刻干预外汇市场的强大后盾。目前我国的外汇储备已过万亿美元，超过日本成为世界上外汇储备最多的国家。

第三，国内金融体系的市场化改革已经初见成效，同时金融监管体系也逐步完善。银监会、证监会、保监会都业已成立，并各司其职，同时在统一的宏观经济政策下又能相互进行协调，为降低和防范金融风险保驾护航。

第四，借鉴国际经验改革汇率制度。借鉴国际经验对付资本急剧流入。因为从历史经验和现实情况来看，一国的汇率制度的变化，对于国际上那些蠢蠢欲动的游资来讲，这又给了它们表演的机会。1982 年的拉美金融危机和让人们记忆犹新的 1997 年亚洲金融危机都是绝好的例证。尤其是在人民币面临升值压力的情况下更要谨慎防范这些兴风作浪的不速之客。

中国目前只是经常项目下的自由兑换，还没有实现资本项目下的可自由兑换，但从中国的改革开放政策和经济形势来看，中国的金融自由化趋势将是不可避免的，资本项目放开与汇率制度改革又有很大关系。从新兴市场经济国家的情况看，资本项目开放后，面对资本流入增加，对汇率制度所做的调整，可谓各有各的办法。

世界上一些国家在进行汇率制度改革时防止资本的急剧流入，通常采取以下措施：第一个政策措施是政府进行冲销干预，即卖出政府债券，买进外汇，以降低资本流入对国内货币政策的冲击，但这种冲销操作的结果会增加财政成本。对付资本流入的第二个办法是对流入的资本"货币化"，即允许外国投资者在外汇市场上用外汇购买本国货币，或者中央银行投放基础货币购买外汇，这将带来通货膨胀的压力。应付资本流入增加的其他一系列措施包括：收紧财政政策；对资本流入实行控制，放松对资本流出的控制。如智利曾经就明确规定外资在国内停留的最低期限和银行的外汇头寸实行准备金制度（无须支付利息），根据形势的需要来调整准备金率的高低；提高商业银行的准备金比率或提高再贴现率（主要针对那些可引起国内银行资产增加的资本流入）；对短期资本流动征收利息税；加强金融监管，限制银行过多地参与股票和房地产市场交易等。为对付资本流入增加，许多国家转向选择更加有弹性的汇率安排，这样可以消除资本流入对国内货币供给产生的扩张性影响，增加汇率风险以阻止投机性和破坏性的短期资本流入。一些国家调整汇率制度的方法主要包括：在浮动汇率制度下让汇率升值；重新评定盯住汇率的目标值；在盯住或有管理浮动汇率制度下加大波动的区间。特别是拉美国家如智利、巴西、墨西哥等国经过了多次的调整最终实现了汇率制度的正常化。

尽管我国 2005 年 7 月份迈出了汇率改革的重要一步，外汇市场建设不断加强，市场工具逐步推广，各项金融改革已经取得了实质性进展，但是在这之后，汇率调整始终徘徊不前，这是目前金融体系中流动性过多、资产价格泡沫再次泛滥、货币政策捉襟见肘的根本原因，汇率改革仍然是绕不过去的攻坚战。

在汇率变动有限和外汇储备急剧增加的压力下，外汇占款已经占到总货币发行量的 70%。虽然央行可以采取发行央行票据的方式来进行冲销，但也只能冲销 60%—70% 左右，仍有大量的货币涌入市场。值得注意的是，保持汇率基本稳定的目标使得利率政策也难以变化。国际金融市场上人民币远期汇价大约升水 3%，无论这一定价是否合理，人民银行都得维持人民币利率低于美国利率 3% 的水平，以防止投机性资本的流入。估计美联储经过连续加息已经接近上限，人民银行可操作的空间很小。市场上的流动性过多，利率水平又偏低，大量的资金不会投向实体部门，而会流入资产市场。资金大量流向资产市场可能会带来资产价格泡沫。一旦预期逆转，银行的呆坏账必将大量增加，将会拖累整个经济的发展。

最近，国家外汇管理局推出六项外汇新政，对居民、企业换汇额度等经常项目进行调整，并有管理地部分开放资本项目，允许银行、基金、保险投资境外资本市场。这些改革措施纠正了我国以前外汇管理中的"宽进严出"政策，可以在一定程度上化解外汇储备不断增长的势头。同时，它可以通过资产组合分散风险、提高投资的收益。然而，在目前人民币存在升值预期的情况下，这种政策在多大程度上能够吸引人们持有外汇资产值得怀疑。从根本上说，假如出口导向和外资导向的政策不变，汇率政策也基本不变，"进水"的速度会远远快于"放水"的速度。

如果央行既不愿加息，又不愿人民币升值，那么紧缩货币的办法只有采用相对而言非常规的提高法定准备金的措施。自2005 年以来，商业银行存放在央行的超额准备金已经直线下降，很有可能已经跌破了 4%。据历史经验，如果超额准备金率跌至4% 以下，中央银行往往就会提高法定准备金率。虽然提高法定准备金率药力很猛，但是药效不长，而且提高法定准备金率会导致银行间互相拆借利率的上升，最终会导致平均利率水平的上升。

因此，解决宏观经济失衡的重要举措仍然是加快汇率政策改革。尽管主流的观点强调汇率制度建设而非汇率水平调整，但是，笔者认为适度的升值是汇率政策调整的各种方案中代价最低、效果最明显的办法。汇率制度的建设非旦夕之功，汇率水平的调整却可以在一夜之间完成。缺乏汇率水平调整向市场传递的可信的信号，市场主体永远不会有参与外汇交易的动机，外汇市场的发育只能是空中楼阁。

从时机来看，国内国际的形势都表明目前仍然是人民币适度升值的大好时机。升值可能会对经济增长带来一定的负面影响，但是目前的中国经济并不担心衰退，而是担心过热。升值恰好是一针清凉剂。美元和日元的加息也使得人民币升值处于一个相对宽松的环境，因为中美、中日之间的实际利差会诱使一部分国际投资者转向美元或日元资产。

第三节　保障人民币汇率稳定的法律规制研究

一、研究背景

建立有利于中国经济持续健康增长，消除长期以来由于我国外汇储备不断激增所引发的人民币升值压力，并最终形成一种长效机制是我国当前面临的一个严峻任务。行政性质的政策指令虽然能够在局部、短时期内针对上述两大任务中的某项进行调整，但是并不能形成稳定的长效机制；另一方面，随着中国与国际间经济交流的不断深入，特别是中国加入 WTO 以后随着国际贸易的频繁往来、国际资金流动的迅速增加，进一步开放资本项目，实现人民币资本项目下的可自由兑换成为我国外汇体制改革的必然趋势。在此背景下人民币汇率的波动将会变得更加频繁，放松管制并不意味着没有管理，而且更应该完善外汇管理及汇率波动方面的法规以保障人民币自由兑换的逐步实现和人民币汇率的健康稳定波动。

自 1994 年人民币汇率并轨之后，人民币汇率问题一直为国内外所关注。并轨初期，国内外的部分专家学者并不看好人民币，认为人民币将会继续贬值。1996 年 12 月，在人民币汇率并轨顺利运行接近三年的时候，我国政府宣布接受国际货币基金组织协定第八款之义务，实行人民币经常项目下的可自由兑换。当时有很多学者认为在不久的将来人民币资本项目下的自由兑换会实现，最终成为一种完全可自由兑换货币。然而 1997 年亚洲金融危机爆发扭转了我国政府以及广大专家学者的乐观预期。1998年之后，国内外对人民币的主流观点是应该贬值，这段时期对于人民币如何贬值的操作层面的研究成为了学术界主要的争论议题。2000 年之后，随着遭受金融危机破坏的国家经济的逐步恢复，对人民币贬值问题的讨论也逐渐趋于平静。

2001 年底，我国正式加入 WTO，鉴于加入世贸组织后的关税壁垒减少，进口增长快于出口，我国可能形成贸易逆差，当时学术界的主流观点是人民币将遭受贬值压力。未曾想的是，加入世贸组织之后中国非但没有遭受到贸易逆差，而且贸易顺差还创造了历史纪录。同年，日本率先提出了"人民币升值论"，并且在 2003 年 2 月 22 日的 OECD 七国集团会议上向其他六国提交议案，试图以此逼迫人民币升值。虽然这一议案最终流产，但却由此引起了国际上的广泛关注，使得对人民币汇率问题的关注从民间上升到官方，从经济走向政治，从学术争论变为利益争论。更加严重的是从 2003 年 6 月开始，随着美国等国的介入，人民币汇率问题越炒越热，并在国际上掀起了三个高潮。

2003 年 6 月 16 日，时任美国财长约翰·斯诺发表谈话，希望中国赋予人民币更大的弹性。2003 年 6 月 19 日，由 80 多个商界团体组成的"健全美元联盟"机会，商讨针对中国的"货币操纵"政策，提请美国政府动用"301 条款"来迫使人民币升值①。这使国际外汇市场上第一次掀起了人民币汇率升值的高潮，导致 1 年期美元兑换人民币不可交割的远期合约贴水升至 1950 点，相当于一年后美元兑换人民币的汇率事实上下跌到 8.09 的水平。

继美国对中国施压之后，欧盟和日本等国也纷纷加紧了迫使人民币升值的工作。2003 年 9 月 10 日，欧盟各成员国财长聚集在意大利史特雷莎，公开要求中国政府重新对人民币进行估价。2003 年 9 月 20 日，西方七国集团财政部长会议发表联合公报，呼吁中国提高汇率弹性，对货币进行"灵活"浮动。2003 年 10 月 10 日，日本首相经济政策特别顾问黑田东彦在《金融时报》上撰文称，将以七国集团（G7）的席位为诱饵，建议人民币汇率每年升值 7%—10%，直至"可接受的水平"。受此影响，国际外汇市场掀起了炒作人民币汇率的第二次高潮，1 年期美元兑换人民币不可交割的远期合约贴水一度升至 3250 点，升幅达到 3.9%。

2003 年 10 月 30 日，美国众议院以 411 票赞成 1 票反对的压

---

① 301 条款是美国《1974 年贸易法》中第 301 条款的简称，其主旨在于保护美国在国际贸易中的利益。根据这项条款，美国可以对它认为是"不公平"的其他国家的贸易做法进行调查，并可与有关国家政府协商，最后由总统决定是否采取提高关税、限制进口、停止有关协定等报复措施。1988 年，美国国会对 301 条款作了修改，增加了"超级 301 条款"和"特别 301 条款"。"超级 301 条款"主要针对限制美国产品和劳务进入其市场的国家，"特别 301 条款"则针对那些对知识产权没有提供充分有效保护的国家。按照这两项条款规定，美国贸易代表可自行对上述国家进行认定、调查和采取报复措施。每年三四月份，美国便会发布"特别301 评估报告"，全面评价与美有贸易关系的国家的知识产权保护情况；并视其程度，依次分成"重点国家"、"重点观察国家"、"一般观察国家"。对于"重点国"，美国将与之谈判；若谈判未果，则实行高关税等报复手段。

倒性优势通过议案，促请美国政府针对中国施压，实现人民币的可自由兑换。由此，市场上针对人民币升值的炒作到达了第三次高潮，1 年期美元兑人民币不可交割的远期合约贴水进一步升至 5150 点。

随后，美国外贸赤字不断扩大，与此同时，中国的外汇储备额却屡创新高。2005 年以来，对人民币汇率发难的先锋逐渐从美国政府的财政部转向美国的立法机构国会，参议院关于人民币汇率的各种议案频出，仅 2005 年前四个月美国国会有关人民币汇率问题的提案数就有 4 个，如果加上 2003 年至 2004 年的提案数字，则涉及该问题的提案数就将近 20 个之多。各种提案众口一词的指责中国操纵汇率是造成美国贸易逆差的主要原因。

表 5 -1　2005 年美国国会关于人民币汇率问题的提案

2005. 2. 3 参议院提案 （S. 295）	Mr. Schumer Mr. Graham	人民币长期盯住一个低于市场价值的水平以获取贸易利益 6 个月内总统要向国会证明中国不再利用汇率操纵获得不公平的竞争优势和外汇储备，否则，美国将对直接或间接进口的中国商品征收 27.5% 的从价关税
2005. 2. 15 参议院提案 （S. 377）	Mr. Lieberman	90 天内如果汇率操纵行为没有禁止，美国可以启动贸易保护条款来应对别国的汇率操纵
2005. 3. 12 众议院提案 （H. R. 1575）	Mr. Myrick Mr. Spratt	中国的汇率低谷导致美国的贸易赤字和制造业就业职位流失 若半年内不进行汇率调整将对中国的进口商品启动 27.5% 的关税
2005. 4. 6 众议院提案 （H. R. 1498）	Mr. Ryan Mr. Hunter	中国的人民币操纵行为使得美国制造业蒙受损害 汇率操纵行为违背了 IMF 和 WTO 关于自由市场竞争的条款 若协商不成，将授权政府采取报复性行动

综上所述，针对西方各国强大的政治压力迫使人民币汇率升值，当前我国政府应该制定相关法律来规制汇率的波动，这是因为人民币目前尚不具备像发达国家那样的单独自由浮动的条件，单纯的市场化行为很可能被国际炒家加以利用有损中国自身利益，然而过多的行政性政策命令又会陷入以美国为首的西方国家关于"中国政府操纵人民币汇率"的指责，并很可能依次展开针对性报复措施，对中国的对外贸易及国际形象均有不利影响。所以，我们认为形成以法律为依据的稳定长效机制来规制人民币汇率波动将是解决问题的关键所在。

二、实现汇率法律规制的前提

1996 年 12 月 7 日中国政府接受《国际货币基金组织协定》第八条款，实现了人民币经常项目下的完全可兑换。加入 WTO 后，随着国际贸易的频繁往来、国际资金流动的迅速增加，进一步开放资本项目，实现人民币资本项目下的可自由兑换成为我国外汇体制改革的必然趋势。放松管制并不意味着没有管理，而且更应该完善外汇管理法规以保障人民币自由兑换的逐步实现。本书从外汇管理的进程及相关立法出发，结合国际货币基金组织关于货币可兑换应满足的条件，指出人民币可自由兑换的要求，并对人民币可自由兑换的逐步实现提出相应的立法完善措施。

（一）人民币资本项目可自由兑换的自主管理权问题

从法律角度来认识资本项目可兑换的国际管辖权问题可以有助于我们认识我国参与国际经济是否必须履行这一项义务。如果这是一项必须的任务，则我国政府应该无条件遵照有关国际协议的规定来履行，而且往往带有强制性和时间限制；如果这不是一项应尽的义务，则我国政府在该问题上就拥有自主选择和决定的权利。事实上从我国参与的国际性经济组织来看，资本项目可兑换并不构成我国应尽的义务，相反，我国政府完全有权利和能力自主安排资本项目可自由兑换的时间表和进程（参见赵庆明《人民币资本项目可兑换及国际化研究》）。

1980年4月我国加入IMF，人民币汇兑安排开始受到IMF的管辖和制约。《国际货币基金组织协定》是IMF成立和存在的法律依据，那么该协定是否对资本项目可兑换做出了强制性规定呢？

事实上，《国际货币基金组织协定》并没有明确把资本项目可自由兑换作为成员国的义务来要求和管理，相反却对成员国对资本管制给予了法律上的支持。该协定对资本项目的管理在第六款第一条中有明确的规定：国际货币基金组织可以要求成员国实行管制，以防止对基金普通资金作如此（指"使用基金普通资金作为大量或长期的资本输出"）使用；第三款则明确规定只要不限制日常交易的支付或清偿债务的资本转移，"成员国对国际资本转移得采取必要的管制"。

从现实的例子中可以看到，很多发展中国家和新兴工业化国家在他们的资本项目完全放开之后都出现了不同程度的金融危机，据此我们有理由认为开放资本项目可自由兑换构成金融危机的必要条件之一，更加可以判断资本项目的贸然开放为金融危机的爆发提供了渠道。

根据著名的蒙代尔—克鲁格曼模型可以知道，多数国家共同追求的三个目标——货币政策独立性、汇率稳定以及资本自由流动三者之间只可能有两者同时实现。克鲁格曼认为，自布雷顿森林体系崩溃以来，世界各国的金融发展模式都可以被概括进这个三角形之中。我国的政策选择是以货币政策独立性和汇率稳定为主；目前美国和部分亚洲的金融危机发生国家或地区选择货币政策的独立和资本自由流动这一模式；实行货币局制度的我国香港地区、南美洲的部分国家和欧元区国家采用汇率稳定和资本自由流动此种模式。美国选择货币政策的独立和资本自由流动这一模式却没有发生金融危机的原因是美国的金融体系非常健全与完善，因此选择何种模式与发生金融危机不是必然的联系。

考虑到我国现有经济结构中初级产品出口为主的外向型经济占据着较大的比重，出口供给弹性相对较小，尽管国外市场对这类商品的需求价格弹性相对较大，但是总的来说，前者会将浮动汇率的有效性大为减弱。我们以人均国内生产总值代表国家经济发展水平，并且简单地认为该国金融发展水平与该国经济的发展水平大致相当，根据表 5 - 2，我们可以初步看出一国经济发展水平与汇率选择的关系。

表 5 - 2 不同汇率制度国家的经济发展水平对比

汇率制度		国家(地区)个数	2001 年度 GDP 总规模(亿美元)	人均 GDP (美元)	与全球 GDP 之比	经济开放度
固定汇率制		40	18148	1086.7	0.20	50.9%
固定汇率制(除中国外)		39	6558	1647.0	0.31	63.1%
浮动汇率制	管理浮动	42	15672	740.4	0.14	64.1%
	独立浮动	40	199149	13888.7	2.61	27.6%
	欧元区	12	62135	19403.6	3.65	60.5%
全球平均						40%

资料来源：根据 IMF 的《International Financial Statistics Yearbook 2002》、World Bank 的《World Development Report 2003》相关数据计算。

从表 5 - 2 可以看出，实行固定汇率的国家相比于实行独立浮动汇率的国家在经济发展水平上有较为明显的差距。实行固定汇率制度的国家的人均 GDP 仅是独立浮动汇率制国家的十三分之一，仅是欧元区的十八分之一。特别需要指出的是，实行管理浮动汇率制国家的人均 GDP 最低，而这些国家的经济对外开放度最高，甚至高于欧元区。由此我们可以初步得到一个规律性的事实，即：一国（或地区）经济对外开放度越大则汇率变动对该国经济影响也就越大，例如中国香港地区，其经济开放度居世界前列，由于其经济总量相对较小，所以其货币当局实行的是盯住美元的联系汇率制度。但另一方面，由于对外开放度较高，则势必国内金融市场与国际金融市场一体化程度也越深，国际间资本流动就越频繁，政府对国际间的资本流动的管制就越小，在这种情况下，选择浮动汇率制可能更适合国情需要，尤其在为了保证本国货币政策独立性的情况下，这种情况就往往会发生在经济总量规模较大的国家，例如欧美等发达国家。综合考虑上述两种因素的影响，笔者认为我国现阶段经济对外开放度较高，对外依存度超过80%，且经济总量已跃居世界第四位，在此情况下，选择有管制的浮动汇率制度是符合当前我国国情的明智之举。

自 2002 年以来美元一直不断贬值，而长时间以来人民币实行的是盯住美元的汇率政策，从而造成实质上的人民币汇率的不断贬值，最终导致我国外汇储备的激增。有学者认为可通过市场化交易使得人民币汇率得以提升从而缓解外汇储备激增的问题，但笔者认为：由于当前国际市场针对人民币进一步升值的预期是造成我国外汇大量流入的主要原因，特别是当前我国国内正进行着新一轮的宏观调控，利率提升的可能性极大，因此通过市场化交易提升人民币汇率只能改变我国货币当局购买外汇的单位成本，却很难起到平减外汇储备超常增长的作用。另外，由于当前我国针对外汇储备的相关法律规章制度仍然很不健全，因此完善相关立法是必须尽快解决的当务之急。

（二）我国现行外汇管理法律制度评析

经过近三十年的改革开放，我国已经初步形成了外汇管理法律制度的基本框架，并在现实的对外经贸交流过程中起到了一定的作用。1994 年，我国对外汇管理进行了改革，实现汇率并轨，实行了以市场供求为基础的、单一的、有管理的浮动汇率制；实行银行结售汇制度，建立全国统一的银行间外汇市场；取消了外汇收支的指令性计划，国家主动采用经济和法律手段调控国际收支。1996 年 1 月 29 日，国务院颁布了《中华人民共和国外汇管理条例》。《条例》的立法基点是实行经常项目有条件的可自由兑换，从直接管理过渡到以间接管理为主。1996 年外汇体制进一步深化，将外商投资企业的外汇买卖纳入银行结售汇体系，并于当年 12 月 1 日接受了《国际货币基金组织协定》第八款的要求，实现了人民币经常项目下的可自由兑换。1997 年 1 月，我国对《中华人民共和国外汇管理条例》进行了修改，并以此为基础对相关法律法规进行了清理，并出台了新的法律法规，旨在区分经常项目开支和资本项目开支，限制游资的流入。实践证明，这些法律法规的实施，为防止金融危机的产生起到了积极的作用。

但考虑到我国已经加入 WTO，经济全球化趋势日益加剧，相对于日本、韩国等周边国家比较完善的外汇管理法律法规，我国的外汇管理法律法规还存在着一定的缺失和不足。具体表现在如下四个方面：

1. 外汇管理法规层次较低，配套性法律法规不健全

从外汇管理法律制度比较健全的国家来看，基本上都是先制订出一部基本性的外汇管理法律，然后在此基础上，出台大量的行政法规和制度，以充分落实其基础性法律的原则。如韩国早在 1961 年即颁行了《外汇管理法》，对该国有关外汇管理的问题都作了原则性规定，并且有一定的前瞻性。在这部法律的基础上，为便于其实施，韩国又相继颁布了《外汇管理施行令》、《外汇管理规定》、《外汇管理业务处理程序》等行政法规和部门规章，使韩国外汇管理法律成为一个由法律、法规和规章三部分构成，

条文依次增加、内容逐步详尽的较为完备、权威的体系。而我国则不同，我国外汇管理法规从一开始就以国家行政管理机关（包括国务院、中国人民银行、国家外汇管理局）制定行政法规和部门规章的形式公诸于世，而不像日、韩等国那样以国家立法机关通过法律的形式出现，这就使得这些法规规章的层级较为低下，地位不同于国家法律，权威性大打折扣，使用起来也是非常不便。当前我国不仅欠缺一部内容完整效力较高的《外汇管理法》，而且与外汇管理配套的相关法律都很不健全，例如《外汇担保法》、《外汇银行法》等。由于与外汇管理方面的法律严重缺失，较严重的影响和制约了我国外汇管理的实施。

2. 外汇管理的内容不甚完备，可操作性不强

这主要表现在以下几个方面：一是外汇管理法规未能覆盖外汇业务的全部。如在保险公司的外汇业务、金融机构经营 B 股业务、离岸业务等方面的监管缺乏法律依据；同时，关于外汇指定银行外汇贷款、外汇同业拆借市场和境外外汇资产如何管理现有法规也未有明确具体的规定。二是我国的外汇管理法规虽不同程度地订有定义条款，但这些条款或者没有系统化推出，或者未对法规的规定所涉及的相应法律关系的主体和客体的内涵和外延都做出明确的规定，从而使有关规定的使用容易发生偏差。三是有的法律条文语言模糊，规定不具体，可操作性差，导致某些外汇业务是否违规不易界定，有些违规的业务在监管或处罚时找不到法律依据。

3. 外汇管理的部分规定相对滞后，前瞻性规定匮乏

在我国，虽然目前外汇管理法规、规章的数量在日益增多，但大多是"头痛医头、脚痛医脚"的应急之作，不仅前瞻性规定匮缺，而且某些规定还具有一定的滞后性。例如，我国现行的结售汇制带有极大的强制性，尽管中国人民银行 1997 年 10 月 15

日发布的《关于允许中资企业保留一定限额外汇收入的公告》规定部分中资企业从即日起可以开立外汇账户，保留一定限额的经常外汇收入，但对其适用对象加以严格的限制，致使我国的结售汇制事实上只能是部分的意愿结售汇制。但是，从实际运行来看，这种制度设计在客观上抑制了市场机制的双向运转，形成了外汇供给持续过剩的买方市场和我国外汇储备持续攀升的局面，增大了企业的外汇风险，因此，推行意愿结汇制，必将成为下一步外汇体制改革发展的一个重要步骤。

4. 对资本项目的管理与国际惯例之间存在一定的差距

首先，我国现行的外汇管理法律法规当中有相当一部分与国际通行惯例不一致，这主要表现在我国资本项目管理框架没有根据信用工具的特性区分为金融衍生工具、商业信用和金融类信贷交易等不同标准。其次，在管理范围上，我国目前资本项目管理的范围主要集中于对资本流入的管理，对资本流出的管理尚有不足。再次，在管理手段上，主要以事前行政审批为主，依靠制定法律法规例行检查，但事中监控能力、信息收集、分析和处理能力较弱，事后处罚制度也有待完善。

（三）人民币国际化进程中的法律管理

2006 年 3 月，印度政府责成一个专门的课题小组研究卢比的可自由对换的具体实施路径，预示着卢比全面实现可自由兑换时代即将到来。当年 9 月 1 日，卢比可自由兑换路线图实施计划出台，计划在 2011 年全面实现可自由兑换。同年 7 月 1 日，俄罗斯政府宣布卢布实现可自由兑换。作为世界最大发展中国家的中国何时完全实现人民币可自由兑换目前尚没有一个具体时间表，但是从我国货币当局采取的放松对人民币资本项目的管制力度的种种努力可以看出，人民币正朝着完全的可自由兑换方向逐渐迈进。

　　一个国家的法定货币能否实现国际化，并不是一相情愿的事情，它取决于市场需求和法律制度安排及其二者的统一。法律制度安排涉及到货币发行国和货币流通国的法律调整。如果货币发行国认为有必要实行本国货币的国际化，则需要做出相应的法律制度安排。同时还需要有它国或地区政府同意其他国家的货币在本国或本地区市场流通的法律制度安排。如果它国或地区政府明令禁止，如实行严格的资本项目管制，则不可能实现货币国际化。也就是说资本项目的可自由兑换构成货币国际化的必要条件之一，但前者并非后者的充分条件。例如，当前人民币尚未实现资本项目的完全可自由兑换，但它早已经走出了中国大陆地区，进入港澳地区以及周边国家的流通市场，并广泛被接受，可以说人民币已经当之无愧的成为区域性国际货币，也就是说在一定程度上实现了国际化。

　　由于我国已实现了经常项目下人民币可自由兑换，离实现人民币完全可自由兑换这一外汇监管的最终目标更近了一步，当前的外汇管理法规体系便带有过渡性质，它既不应当对我国对外贸易发展造成政策法规上的阻碍，又必须对外汇的收支、买卖、借贷、结算以及外汇市场中出现的违规行为进行管理和规制。这种介于经常项目放开和资本项目管制之间的外汇法规的过渡性质是由我国经济金融和外汇体制改革的现状所决定的。因此，当前我国外汇管理法规的立法目的应当是在巩固和确立已有的外汇管理工作成果基础上，结合我国的经济金融形势和国际贸易及外汇市场规律，在法规中确立公平、效率和公正的价值理念，稳定外汇经济秩序，维护金融安全，保持经常项目下人民币可自由兑换的持续性，保障人民币在国际货币市场的稳定性，逐步扩大开放程度，推动我国的经济发展，为实现人民币完全可兑换创造较为完备的制度条件。

当前我国的外汇监管体制还存在诸多问题：（1）监管观念滞后，阻碍了管理效率的提高。我国外汇管理从前都是由主管部门对参与外汇交易的企业个人和其他机构进行微观的直接管理，缺乏对宏观层面的间接管理措施，实施监管时行政色彩过于浓重，服务意识不强，无法适应加入 WTO 后的要求。（2）管理手段落后。长期采用事前行政审批制度，对于事中检查和事后核销措施执行不力，外管局与其他涉及到负责交易和市场准入管理的相关职能部门协调性差、缺乏交流。（3）对监管对象的定位不适应新形势发展。中国加入 WTO 和逐步放开资本项目特别是金融市场和服务市场后，大量外资银行及非银行金融机构参与到资本交易中，他们对外汇管理带来的影响远超过原来的监管对象即从事涉外经济活动的企业和个人。加上外贸经营权改革过程中将有更多境内企业、境外企业和个人通过登记方式获得外贸经营权，他们从事的经贸活动将成为影响外汇资金流动和国际收支平衡的重要因素。如此一来，监管对象的扩大不仅增加了外汇监管的工作量和难度，而且由于传统外汇监管方式的限制，外汇管理部门将精力集中于具体程序性操作上，对新出现的金融领域、服务贸易和证券市场中的业务品种及新型支付手段缺乏有效监管，容易产生管理真空。针对外汇管理中不合时宜的弊端，应尽快改革外汇管理体制，更新监管观念，外汇管理当局逐渐退出直接管理的角色，将各类具体审查的业务下放到受理外汇业务的银行；简化外汇管理审查手续，实行事后监管；加强对新兴贸易、投资业务的认识，创新监管手段，推行合格境外机构投资者制度（QFII）和合格境内机构投资者制度（QDII），逐步放松资本项目的外汇管制；加强同银监会、海关等机构的监管合作，建立信息交换系统，及时传递外汇资金动向的信息，防范外汇风险。

（四）日元国际化进程带来的一点启示

与英镑、美元成为世界性货币的进程相比较，日元的国际化进程对人民币的国际化道路选择更具借鉴作用，特别是其在国际化的进程中完善的法律法规支持更对当前中国人民币汇率改革有重要意义。

回顾日本推进日元国际化的过程，许多经验和教训值得中国汲取。日本是七国集团中唯一的亚洲成员国，其在国际经济领域的竞争力和经济规模均是一个不可忽视的客观存在；中国作为亚洲最大的发展中国家、一个正在崛起的政治大国，在世界经济以及区域经济中的地位日益上升。因此，了解日元国际化的成因与障碍，是中国人民币国际化路径选择重要的参照系。

1945 年，二战结束，日本作为第二次世界大战的战败国被"盟军司令部"接管。自此日本开始实施了一系列改革措施，例如制定和平宪法、解散封建财阀、土地改革等。至 1952 年，日本国内实际生产总值已经恢复到二战前水平，同年，日本加入国际货币基金组织（IMF）和世界银行（World Bank）。1955 年以后，日本开始了大规模的建设，大力引进高新技术，引导日本经济进入了一个飞速发展的时期。将近 20 年时间的高速发展不断壮大了日本的经济实力，1968 年其 GDP 总量超过前联邦德国坐上了资本主义世界第二把交椅。同时伴随着日本经济的不断发展，其国际贸易顺差不断加大，美国和其他西方国家要求日元升值的呼声也不断出现在国际政治经济舞台上。1960 年，日本开始办理所谓的非居民"自由日元"的存款账户，实现了日元局部可兑换；1963 年日本加入关贸总协定（GATT），1964 年又成为国际货币基金组织（IMF）第八款国，实现了日元经常项目下的完全可兑换。1973 年初，由于布雷顿森林体系的崩溃，日元开始正式加入国际货币体系，成为国际外汇市场上被追逐的重要货币之一。据统计，1977年日元在纽约外汇市场交易额中所占比重仅为5%，到1983年已占到25.2%。

伴随着日本经济在二战后迅速崛起，日元逐渐成为国际上重要的货币的同时，日本政府在对待日元国际化问题上采取的却是谨慎的态度。20世纪70年代中期，日本政府才允许外国在日本发行日元债券，同时日本居民对外证券投资才开始自由化。1980年日本对其《外汇法》进行了全面修改，新法原则上不再限制资本交易。但直到1984年底日元才全面实现了资本项目可自由兑换。

一旦日元成为国际性货币，那么市场化的汇率形成机制将在纷繁复杂的国际资本市场上受到冲击，其潜在的风险就会逐渐显现出来。在日元实现完全的国际化之后不久，由于美国为抑制多达两位数的通胀实行从紧的货币政策和较松的财政政策，所以美国存在"双赤字"的情况，导致其利率非常高，高利率和美元汇率坚挺进而使其财政和经常项目赤字更加严重。这使得当时美国商界和国会中的保护主义情绪抬头，美国、日本、联邦德国、英国、法国五国开始担心美国的保护主义会危害国际多边贸易体系。1985年9月22日，美国、日本、联邦德国、英国、法国五国财长和央行行长在纽约广场饭店就联合干预外汇市场，促使高估的美元贬值达成协议，即所谓的《广场协议》。这项协议的实施，使美元兑日元汇价在三个月后走低到1美元兑200日元以下，1986年达到1美元兑160日元。

日本经济受到日元升值的负面影响非常严重，日本政府为了刺激经济，采取了一系列的政策措施。但由于存在着汇价一直不确定的因素，这些措施未起到多大作用。于是，日本政府与美国进行谈判，要求美国阻止美元的不断走低，最终于1987年2月22日在法国卢浮宫由5国集团（意大利未参加）就此达成了协议，即所谓的《卢浮宫协议》。但此后，美元汇价仍在走低，造成了日元对美元汇率的不断升值，此举严重影响了日本外向型经济的发展。

不过，并非日元的国际化带给日本的就是完全的负面影响，日元走过的是一条金融深化与发展的道路，通过外汇自由化、贸易自由化、经常账户自由化、资本项目自由化、资本流动自由化、利率与金融市场自由化等手段促使了日元成为国际经济贸易活动中普遍使用的货币之一。伴随着境外日元的增加，尤其是欧洲日元市场的发展又加速了日本国内金融市场自由化的改革，金融制度的调整与改革是金融发展深化的具体表现，金融自由化进一步促进日元的国际化，形成了一个互动的良性循环。

在当前中国外汇储备迅速增加，人民币汇价水平偏离购买力平价的情况下，分段地进行汇率制度改革，有管理地逐步调整人民币汇价水平，对于保持汇率稳定是很重要的。为此将人民币盯住由美元、日元和欧元组成的货币篮子且允许汇率水平在较大的幅度内爬行浮动是最佳的选择。因为，这种盯住制能够使中国很好地应对日元、美元、欧元、美元之间汇率的波动。即使在中国资本项目完全自由化之前，改革汇率制度，使其更具灵活性，也应提到一个重要的政策议程。中国应努力开放和发展金融体系，建立和完善有效的金融监管框架，为资本项目的开放创造条件。总之，中国在人民币汇率改革方面，可以从日本过去三四十年的汇率政策方面吸取许多经验教训。中国已不再是一个小的经济体，它在全球经济中的地位和影响日益增强，中国需要在全球金融和经济管理中发挥更大的作用，担负更重要的责任。同时，通过适度的金融体制改革将有助于中国经济地位的进一步提升。

三、法律保障下的人民币汇率政策问题研究

汇率政策是指一个国家（或地区）政府为达到一定的目的，通过金融法令的颁布，政策的规定或措施的推行，把本国货币与外国货币比价确定或控制在适度的水平而采取的政策手段（李方，2003；刘舒年，2001）。汇率政策中汇率制度（Exchange Rate Regime or Exchange Rate System）是一个非常重要的概念，它是指一个国家（或地区）政府对本国货币汇率水平的确定、汇率的变动方式等问题所作的一系列安排和规定。按照传统的汇率波动幅度来划分的话，可以将汇率制度划分为固定汇率制度和浮动汇率制度。1982 年 IMF 针对各国在布雷顿森林体系解体之后出现的汇率浮动性增强这一变化趋势，将汇率制度划分为三大类：盯住汇率制度、优先浮动汇率制度和更加浮动汇率制度。Frankel（1999）认为存在七种汇率制度，分别为货币联盟（Currency Union）、货币局（Currency Board）、"真实的"固定汇率（"Truly" Fixed Exchange Rate）、可调整的盯住制度（Adjustable Peg）、目标区或幅度（Target Zone or Band）、管理浮动（Managed Float）和自由浮动（Free Float）。针对很多被划分为浮动汇率制度的国家经常在外汇市场对汇率进行干预，Calvo and Reinhart（2000）认为那些官方宣布实行浮动汇率政策的国家实际上并没有真正实行。因而汇率制度有法律上的和实际上的汇率制度之分。

（一）关于汇率问题的管辖范围

1973 年 8 月 15 日，布雷顿森林体系崩溃后，应美国的要求，IMF 相应修订了协定，有关汇率制度的规定主要体现在 IMF 协定第四条、第八条第四款和第十四条。第四条第 1 节规定了会员方的义务：其中最主要的义务是应避免操纵汇率或者国际货币制度来妨碍国际收支有效的调整或取得对其他会员方不公平的竞争优

势。第四条第 2 节规定了汇率制度的种类。第八条第四款规定会员应当实行经常项目可兑换。第十四条还规定，一国在成为 IMF 会员国时，其与第八条相冲突的措施可以继续维持（祖父豁免条款）。事实上，1981 年中国成为 IMF 会员方时，中国的外汇管制措施就与 IMF 协定第八条相冲突。

WTO 成立后的 1996 年，WTO 与 IMF 达成了一个合作协定规定，凡是涉及外汇措施，WTO 要接受 IMF 的管辖和协定规定。另外，根据《WTO 关于与 IMF 关系的声明》，除非最后文件另有规定，WTO 与 IMF 的关系基于规范 GATT1947 缔约方全体与 IMF 关系的条款。因此，在货物贸易领域，WTO 与 IMF 关系遵循 GATT 与 IMF 的关系。GATT 章节涉及外汇事务的实质性规定主要有国际收支保障条款以及外汇安排，内容如下：

GATT 第十五条对成员的外汇安排进行了规定。第 1 款规定了 GATT 应与 IMF 进行合作的问题。第 2 款规定了在外汇安排问题的所有情况下，缔约方全体应与 IMF 进行充分磋商，接受 IMF 提供的关于外汇、货币储备或国际收支的结论。第 8 款规定，GATT 协定不阻止一缔约方依照《IMF 协定》，使用外汇管制或外汇限制。

GATT 第十一条、第十八条分别授权发达国家和发展中国家为维护国际收支平衡采取进口数量限制和征收关税附加税（称为国际收支保障措施）。为防止滥用国际收支保障措施，GATT 设定了严格的条件，其中最重要的是该国的国际收支出现困难和储备下降及同时遭受两者的威胁，而国际收支和储备状况由 IMF 认定，GATT 缔约方全体都必须接受 IMF 的结论。

GATT 上述条款说明：GATT 管辖关税和非关税措施，而外汇事务基本由 IMF 管辖，但双方应当互相协调政策。GATT 缔约方有关储备、国际收支、外汇限制、货币制度等方面的政策问题，应当要提交 IMF 裁决。GATT 缔约方可采取符合 IMF 协定的外汇限制，不受 GATT 管辖。

GATS 涉及外汇安排的是第十一条、第十二条、《关于金融服务的附件》，此外还包括《关于金融服务承诺的谅解》和《金融服务协议》。GATS 第十一条明确了 WTO 和 IMF 在服务贸易项下外汇管理方面各自的管辖权，指出，任何规定不得影响 IMF 成员在《IMF 协定》项下的权利和义务，包括采取符合《IMF 协定》的汇兑行动；除在严重国际收支困难或面临其威胁的情况下外，一缔约方不得对与其具体承诺有关的经常项目交易的国际转移和支付实施限制，也不得对任何资本交易设置与其有关此类交易的具体承诺不一致的限制。同时，《关于金融服务的附件》对金融服务管辖范围进行了限定。中央银行和货币管理机关和任何其他公共实体为推行货币或汇率政策而从事的活动属于"在行使政策职权时提供的服务"，不在 GATS 涵盖范围内，因此不受 WTO 管辖。"金融服务提供者"也不包括中央银行。因此，GATS 中关于外汇事务的条款基本与 GATT 一致，均未涉及汇率制度。根据 GATS 第十二条，对服务贸易采取国际收支保障措施时，是否发生严重国际收支和对外财政困难或面临其威胁，也应接受 IMF 的裁定。

TRIMs 附件第二条规定：不得要求企业自求全部或部分外汇平衡（外汇平衡条款）。因此，WTO 对发展中国家通常使用的经常项目外汇管制手段之一——外汇平衡条款享有管辖权。

综上所述，货物贸易项下，WTO 成员的外汇管制和汇率制度是 IMF 的管辖范围，WTO 必须接受 IMF 的结论，即 IMF 对外汇管制和汇率制度享有单独管辖权。服务贸易和与贸易有关的投资的外汇管理方面，IMF 拥有管辖权，但 WTO 也对与成员的极少数具体服务开放承诺有关的经常性、资本性国际交易外汇限制和外汇平衡措施分享管辖权。汇率制度则是在 IMF 的单独管辖范围内。

（二）中国政府调控人民币汇率问题

汇率调整属一国主权范畴，但操纵汇率却为 IMF 和 WTO 明确禁止。近来，以美国为首的一些西方国家一再指控中国"操纵汇率"，认为应该对中国采取反补贴措施。那么中国是否操纵汇率并构成反补贴要件呢？

认定是否操纵汇率，应从主客观层面分析：（1）主观要件，是指影响汇率的目的是为了产生阻碍其他成员国对国际收支的有效调整的结果，或者不公平地取得优于其他成员国的竞争地位。（2）客观要件，有两个层次。一是进行调控和影响的条件，包括三种情况：某成员国对其汇率的调整和政策改变与起主导作用的经济金融情势不相关，并将影响其竞争能力和资本长期流动的情况；某成员国对国际收支项下或经常性交易项下的资金汇兑或资金移转重新增加限制、加重限制或施以长期限制时，没有充分的经济金融情势作为依据；某成员国对资本国际流动实施不正常的鼓励或限制的金融政策，超越了为实现其国际收支平衡所需要的范围和程度。二是指行为的结果，指实施这些政策是否给其他国家的正当利益造成负面影响。

IMF 第 4 条规定，会员国应当避免操纵汇率和国际货币制度来妨碍国际收支的有效调整或取得对其他成员国的"不公平"竞争优势。问题的关键是，什么是操纵外汇的行为？根据 IMF1977 年作出的第 5392—（77/63）号监管决定解释：汇率操纵是指长期、单向、大量干预外汇市场。

衡量币值高估还是低估不能以美国制造商协会所用的双边汇率为基准，而应以多边汇率作参照系，而 IMF 等国际组织普遍采用实际有效汇率（Real Effective Exchange Rate），根据测算，从

1995 年初到 2002 年末，人民币实际有效汇率上升了 21.37%。研究表明，不论是出口还是净出口，与中国 GDP 增长的相关性较大，而与人民币汇率的相关性并不显著。我国实行以市场供求为基础的、单一的、有管理的浮动汇率制度。其基础是银行结售汇制度，机构和个人买卖外汇都通过指定银行进行。指定银行又根据核定的结售汇周转头寸上下限，将多余或不足的外汇头寸，在银行间外汇市场进行平补，进而生成人民币汇率。该汇率制度是单一汇率，没有歧视性汇率安排。银行间外汇市场遵循公开、公平、公正的原则，按照价格优先、时间优先方式撮合成交。中央银行依靠法律和市场手段，调控外汇供求关系，保持汇率基本稳定。汇率稳定，是中央银行在银行间外汇市场通过市场手段，进行宏观经济调控的结果，并不是为了阻碍国际收支调整或获得所谓"不公平"竞争优势。

在 IMF 每年关于第四条款的磋商中，IMF 从未对我国汇率制度安排提出异议，也证明了目前人民币汇率是符合 IMF 协定的。

按照 SCM（WTO《补贴与反补贴协定》）第 1 条的规定，构成一项补贴要四个要素：（1）补贴的提供者须是政府或公共机构；（2）该政府行为是"财政资助"，或者 GATT1994 第 16 条意义上的任何形式的收入或价格支持；（3）利益标准，即要求财政资助的影响结果是授予被补贴者一项利益；（4）该补贴行为具有专向性。

其中看是否属于"财政资助"的关键是审查在调控汇率的行为和措施中是否有公共费用发生和支出。另外对出口企业是否因此而获得利益的审查，此处的"获得利益"是指直接获得利益，即因为财政资助、收入或价格支持而获得利益，且补贴行为与获得利益之间是直接的因果关系。还有专项性补贴要素，此处要注意把握，若操纵汇率的目的是为了取得贸易上的竞争优势，则从补贴的专项性构成要件而言不存在法律障碍，因为鼓励出口属于出口补贴的范畴，谋取产品出口价格的竞争优势本身就是出口补贴的专项性基本内容。中国调控汇率发行基础货币、票据并不是直接财政补贴，这一点在认定"财政资助"上存在争议。其次中国采用单一汇率制度，并非歧视性汇率制度，获得出口收益并不一定属于汇率操纵而获得补贴收益。

我国汇率制度符合 IMF 协定的规定，中国政府调控汇率的目的是为了创造有秩序的经济和金融条件，保持外汇制度的稳定。

根据 GATT 第 15 条的规定，WTO 和 IMF 是合作的关系，凡是遵守《IMF 协定》的措施，可在 GATT/WTO 下豁免，即使 WTO 认为构成贸易障碍，也不能采取行动，而要向 IMF 报告，由 IMF 出面管辖。所以对操纵汇率的界定，应由 IMF 管辖。若美国以中国操纵汇率是财政补贴为由向 WTO 申诉，则会由于前提条件不具备或程序上的冲突而被争端解决机构驳回。

第四节　中外汇率制度改革的比较分析

一、印度汇率制度改革

印度在 1993 年实行了有管理的浮动汇率，其汇率制度最近被国际货币基金组组织称为亚洲"最理想"的汇率制度。印度汇率制度最主要的特点是对浮动汇率进行管理。

（一）印度汇率制度改革的背景

印度卢比最早一直盯住英镑。在布雷顿森林体系 1971 年 8

月崩溃以后，卢比开始盯住美元，但在同年12月份，卢比又回归转而盯住英镑。在20世纪70年代早期第一次石油危机冲击下，盯住英镑的政策导致卢比汇率贬值。1983年，印度汇率管理的方向发生改变，实行爬行盯住一篮子货币。20世纪70年代末，卢比开始围绕美元实行准区间爬行。1992—1993年，印度开始实行新的汇率管理制度，即自由化的汇率管理制度（Liberalized Exchange Rate Management System），实现了卢比在经常账户下的部分自由兑换。在最开始阶段，印度采用了双轨制的汇率制度作为过渡。1993年，两年双轨汇率制度过渡阶段完成后，印度转向浮动汇率制度。印度在实行浮动汇率制度后的一个显著特点就是，汇率保持相对稳定。

（二）印度汇率制度改革的具体做法

1. 管理其浮动汇率

印度实行的也是一种中间型的汇率制度，并非任由汇率根据货币供求自由浮动。但是，印度储备银行并不对汇率设定一个需要捍卫和追求的"固定"目标，只是随时准备干预外汇市场，防止汇率异常波动。印度储备银行通过购买和出售外汇，干预外汇市场，藉此实现对汇率的谨慎控制。汇率变动的操作指导是交易导向而非投机导向。

2. 资本账户自由化与管制

印度监管当局分别针对资本种类和行为主体区别而对资本账户进行管制。管制也并非一味管制，而是自由化和管制并举。

3. 外汇储备及其管理

印度保持高额外汇储备，在很大程度上是为了对付资本流动的异常波动及系统性的资本流动风险。结果，印度外汇储备快速增加。当前，与中国类似，印度正面临着如何处理外汇储备过多的问题。

4. 保持货币稳定，而不是屈从外国压力

随着美元相对其他主要货币走弱，卢比相对美元也缓慢走强，加上印度经济的快速成长，国内外对印度储备银行施加压力，要求当局改变汇率政策的呼声也日益提高。总体基调是，卢比应该顺应市场趋势自由升值，印度储备银行购买外汇占款因为增加国内货币供给，因此从长期来看对印度经济发展并不利。理论上而言，这种建议不无道理。但是基于历史教训，印度储备银行并没有采纳这类建议，而是保持了卢比币值的持续稳定。

二、印度汇率制度改革对我国的启示

鉴于印度的基本国情、经济改革和外汇体制改革的背景与中国有诸多相似之处，其关于汇率制度改革的一些具体做法，包括对外汇市场积极干预、外汇储备管理、资本账户开放和管理、鼓励向海外投资等，对中国的汇率制度改革具有借鉴价值。

汇率制度改革作为印度整体经济自由化改革的一部分，其指导思想已经从过去偏重外汇管制，转向如何通过发展有序的外汇市场来更好地促进印度的国际贸易和国际支付，促进印度企业进行海外投资，以及提高印度经济在国际上的竞争力。因此，中国汇率制度改革也应该跳出目前狭隘的升值或贬值之争，更多地着眼于如何通过外汇体制改革来促进中国市场化改革和经济增长方式的战略转型。

在实行浮动汇率制度后，印度将如何维持汇率稳定以及控制外汇市场风险置于汇率改革的核心位置。基于货币当局的积极干预，印度在 1993 年汇率实行浮动后，卢比对美元汇率围绕31.37∶1的水平相对稳定了 20 个月之久。鉴于中国近 30 年市场化改革积累的丰富经验，再加上足额外汇储备，如果允许人民币汇率在一定区间适当浮动，相信中国货币当局也有足够能力对汇率异常波动加以控制。在通过资本项目管理以控制风险方面，中国应重点控制短期国际资本的流入。

在外汇储备问题上，中国同印度一样，也经历了一个从外汇短缺到充足甚至过剩的演变历程。外汇储备由短缺到过剩，标志着经济战略转型时机的成熟。中国经济今后要继续积极融入全球化并扩大国际贸易份额，但 GDP 增长过度依赖净出口的格局则需要尽快改变。这种政策战略转型，主要取决于国内整体经济体制改革能否加快推进，以及民营经济的潜力能否充分激发。

总之，一国汇率制度是联系国内经济和国际经济的桥梁，选择适合本国发展的汇率制度能进一步推动经济发展。中国人民币汇率制度选择是一个动态过程，应在变革中不断摸索、完善，时刻根据国内经济形势和国际经济环境做出适时调整。要让人民币成为一种强势国际货币，就要不断推进人民币汇率制度改革。这是一个长期过程，应随着资本账户开放而不断推进。中国现阶段的汇率制度改革目标应该是回归有管理的浮动汇率，而不是其他。

三、波兰汇率制度改革

（一）波兰汇率制度改革历程

1. 单一盯住美元

1990 年 1 月至 5 月，波兰实行了单一盯住美元的汇率制度，主要目的是抑制当时非常严重的通货膨胀。不过，在这一制度下，由于波兰与美国通货膨胀率的差异，导致兹罗提实际汇率不断升值，影响了波兰出口的增长。1991 年 5 月，波兰政府不得不将兹罗提对美元贬值，同时放弃单一盯住美元的汇率制度。

2. 盯住一篮子货币

1991 年 5 月至 10 月，为了防止实际有效汇率的过快上升，波兰实行了短暂的"盯住一篮子货币"汇率制度。兹罗提的篮子货币由美元、德国马克、英镑、法郎和瑞士法郎 5 种货币组成，它们在货币篮子中的权重分别为 45% 、35% 、10% 、5% 、5% 。篮子汇率的计算方法为：首先将前一天的兹罗提兑篮子组成货币的汇率根据当天国际汇市的有关货币兑换美元的汇率，折算成兹罗提对美元的汇率，再根据权重计算当天的篮子汇率。当然这 5 种货币的发行国都是波兰最重要的贸易伙伴国。

从本质上讲，由于"盯住一篮子货币"还是一种盯住制度，因此，它没有能够、也不可能真正解决兹罗提实际有效汇率的升值问题，实际有效汇率升值影响了出口增长。当时，波兰经常项目和资本项目均为逆差，国际收支严重失衡。在这种情况下，波兰政府认识到，汇率水平的适当波动是解决国际收支平衡问题的关键所在，于是在 1991 年 10 月，波兰放弃了"盯住一篮子货币"，开始实行"爬行盯住一篮子货币"的汇率制度。

3. 爬行盯住一篮子货币

1991 年 10 月至 1995 年 5 月，为了提高出口产品的竞争力，促进国际收支平衡，波兰实行了"爬行盯住一篮子货币"的汇率制度。"爬行盯住一篮子货币"汇率制度的特点是允许名义汇率在很窄的区间（±0.5% 至 ±2%）内爬行浮动，中心汇率根据美元、德国马克、英镑、法郎和瑞士法郎 5 种货币的篮子决定，爬行率根据波兰与主要贸易伙伴国的通胀差决定。1991 年，波兰中央银行规定兹罗提的每月爬行区间为 ±0.5%；1992 年，月爬行区间为 ±1.6%；1994 年，月爬行区间为 ±1.5%；1995 年，月爬行区间为 ±2%。

1995 年波兰接受了国际货币基金组织协定第八条规定的相关内容，实现了经常项目可兑换，再加上兹罗提的不断贬值，波兰经常项目收支状况明显改善。同时，外国资本以直接投资和证券投资的形式大量流入波兰，使兹罗提面临升值压力。在这种情况下，波兰中央银行不得不买入外汇，维持汇率稳定。1995年底，波兰的官方外汇储备达到了150亿美元。

此时，波兰中央银行终于认识到，经常账户的大量顺差表明兹罗提被严重低估，波兰政府开始考虑通过增加汇率灵活性的方法找到合理的汇价水平。1995年5月，波兰政府放弃了"爬行盯住一篮子货币"的汇率制度，开始实施更加灵活、更具弹性的"爬行区间浮动"制度。兹罗提的爬行浮动区间最初定为±7%，同时中央银行承诺只用市场工具达到这一目标，1998年爬行浮动区间扩大到±10%。

4. 爬行盯住加区间浮动

1995年5月至1998年，波兰实行了"爬行盯住一篮子货币加区间浮动"的汇率制度，并且通过不断扩大爬行区间（从±7%扩大至±15%）的办法，逐渐增加汇率决定中的市场因素，其目的是建立一个适应市场经济发展要求的外汇市场和汇率制度，逐步提高汇率制度的灵活性和汇率弹性。

波兰经济逐渐融入国际市场后，盯住制度下货币政策目标（保持物价水平稳定）与汇率政策目标（保持汇率水平稳定）的矛盾不断激化，波兰中央银行开始考虑兹罗提走向完全自由浮动问题。随着兹罗提爬行区间迅速扩大，汇率的名义锚作用逐渐消失，为弥补名义锚的缺失，波兰中央银行的货币政策框架及时转向通货膨胀目标制度（Inflation Targeting）。其过渡战略是：首先以通胀目标制度作为新的名义锚，与以汇率作为名义锚的盯住制度进行衔接、转换，然后逐渐扩大兹罗提的爬行浮动区间，最后实现汇率的完全自由浮动。

1998年2月至1999年3月，兹罗提的爬行区间从±10%扩大至±15%，达到国际上公认的较宽区间，在这种情况下，汇率的名义锚作用基本消失。

5. 完全自由浮动

1996 年，波兰成为经济合作发展组织（OECD）的成员国，资本账户开放步伐和金融自由化进程进一步加快，吸引了大量国际资本流入。到 1999 年底，外商直接投资增长 66%，长期信用流入增加 3 倍，证券投资增加 58%。大量的资本流入使兹罗提再一次面临升值压力。为了保持汇率基本稳定，波兰中央银行不得不干预市场，买入外汇，结果造成银行系统流动性不断增加。为了防制信贷过度扩张，中央银行又不得不增加对冲操作力度。随着资本流入的增加，波兰中央银行对冲操作的难度越来越大、成本越来越高，货币政策效果不断弱化。根据国际货币基金组织估计，当时波兰的"对冲系数"达到 2.5，即为了对冲 1 亿美元的资本流入，波兰中央银行需要发行相当于 2.5 亿美元的国内债券。

为了增加货币政策有效性，2000 年 4 月，波兰政府决定放弃爬行盯住汇率制度，实行"没有浮动区间、没有中心平价、没有人为贬值、没有政府干预"的自由浮动汇率制度，即波兰中央银行不再干预外汇市场，兹罗提汇率完全由市场供求决定。

（二）波兰汇率改革的经验教训

第一，波兰的汇率改革，坚持谨慎的改革原则、渐进的改革战略与坚定的市场取向相结合，每一次汇率调整都顺应了当时国际、国内经济环境的变化，解决了当时国民经济中的难题。比如，通货膨胀、实际有效汇率升值、国际收支失衡，以及货币政策目标与汇率政策目标的冲突等问题，都实现了当时预期的政策目标，因而具有"帕累托改进"的效果，被国际货币基金组织誉为汇率制度平稳转型的成功典范。

第二，作为汇率制度渐进式改革的经典，波兰政府用 10 年的时间尝试了几乎所有的汇率制度形式：从单一盯住美元到盯住一篮子货币，从盯住一篮子货币到爬行盯住一篮子货币，再到爬行盯住加区间浮动，最后实现了完全自由浮动的汇率制度。其中，波兰中央银行首先用 5 年的时间实行较为狭窄的爬行盯住汇率制度，以使市场有一个适应过程；然后再用 5 年的时间不断扩大爬行浮动区间，逐步增加汇率政策的灵活性和汇率制度的弹性。随着兹罗提浮动幅度的不断扩大，最后实行完全自由浮动的汇率制度已是水到渠成、自然而然的事情了。因此，在波兰由固定汇率制度向浮动汇率制度的转轨过程中，没有出现较大的波动。

第三，在实行"爬行盯住"和"爬行区间浮动"的过渡时期，由于兹罗提的中心汇率和爬行率定值较为合理，因此，没有出现汇率超出爬行区间的现象，更没有出现兹罗提汇率"超调"现象。并且，虽然在汇率制度的转轨过程中兹罗提名义汇率不断贬值，但由于中心汇率定值较低，汇率的实际波动基本呈现出兹罗提升值态势，在一定程度上增强了市场对兹罗提的信心。

第四，在波兰政府准备实行完全自由浮动的汇率制度之前，提前两年实行了通货膨胀目标制度，即首先以通胀目标制度作为一个新的名义锚，与以汇率作为名义锚的盯住制度进行衔接、转换，然后逐渐扩大兹罗提的爬行浮动区间，最后实现汇率的完全自由浮动。用通胀目标制度作为名义锚替代汇率的名义锚，起到了稳定市场信心、增加政府控制通胀信誉的作用，保证了汇率制度的平稳过渡和宏观经济的基本稳定。

（三）波兰汇率制度改革对我国的启示

1. 应向更加富有弹性的汇率制度转变

波兰汇率制度向更加灵活的方向变革的目的，就是要提高货币政策的独立性和有效性，减缓本国金融市场混乱及其造成的风险。随着中国金融体制改革的进一步深入，汇率制度改革的基本前提是：由于要履行加入 WTO 的承诺和协议，资本项目将进一步开放，资本流动性加强，本外币资产的替代性增强，维持现行汇率稳定的一系列体制性安排，例如强制结售汇制和银行外汇头寸限额管理、出口退税和贴息以及贸易审批制等将会受到冲击，从而使汇率具有内在的不稳定性。1997 年以来我国宏观经济的运行态势是需求约束型，扩大需求和激活市场已经成为经济发展的主要矛盾。中国作为一个发展中的大国，基本国情是人口众多、收入水平较低、地区差异较大、市场潜在需求巨大，并且内需的作用要远大于外需，经济增长主要靠内需拉动。因此，扩大人民币汇率制度的弹性，实际是在维持中国货币政策的独立性，更好地发挥汇率的杠杆作用，调节国际收支，防止货币金融危机，维护国家金融安全。

2. 向更加弹性的汇率制度转变并不意味着要实行独立的浮动汇率制度

波兰汇率制度的演进证明，汇率制度弹性越大，汇率的波动性就越大。波兰、智利、以色列等国的汇率制度都是逐步转向更为灵活的汇率制度的，银行、企业适应新的环境都需要经历一定的过程。我国是发展中国家，金融市场发育不完全，市场分割严重，银行不良贷款高企，金融体系相对脆弱；人民币汇率制度所依托的是一个远非完善与有效的外汇交易市场，其深度和广度还远远不够。在这个市场上，绝大多数投资者都呈现出"噪声交易者"的特征，而且外汇市场本来就是存在多重均衡的较为不稳定的市场，再加上预期因素、汇率超调因素、货币替代因素等的存在，有可能进一步加剧外汇市场的不稳定，导致汇率过分波动，从而引发通货膨胀和经济大幅度波动，而这种波动可能会超出中国经济的承受力。因此，完全浮动的汇率制度在短时期内并不适合我国。

3. 使用有效汇率指数管理目标汇率

在波兰汇率制度变迁中，很重要的一步就是由盯住单一货币改为盯住篮子货币，目的是为了降低盯住单一美元对贸易收支的负面影响，改善贸易收支。自 1994 年中国实行有管理的浮动汇率制以来，1994—1998 年人民币对外实际价值呈现上升趋势，1998 年第 1 季度达到最高点，此后有所下降。国内学者唐国兴、徐剑刚对 1994 年汇率制度改革以来的人民币汇率进行了测算，结果显示：尽管 l994—2001 年人民币对美元名义汇率仅上浮了4.1%，但人民币对外名义价值、实际价值却分别上升了 35.6%、41.8%，人民币对美元的实际汇率上浮了 12.3%，人民币对港币的实际汇率上浮了 18.5%，人民币对日元的实际汇率上升了58.5%。由此可见，在单一盯住制下保持人民币对美元名义汇率稳定，并不能保持人民币对外实际价值的稳定。

4. "弹性汇率制 + 通货膨胀目标"组合优于固定汇率制以及由此决定的货币盯住的组合

我国目前的货币政策框架是以货币供应量为中介目标的。货币政策中介目标理论认为，良好的货币政策中介目标应该具有可测性、可控性与最终目标相关性三个特点。但在中国，无论是实际现金投放、实际贷款额还是货币供应量增长率都频繁地偏离预定调控目标，而且这种偏离是顺经济周期波动的。从实践看，中央银行也难以纠正这种偏离。理论上对货币供应量是内生变量还是外生变量的争论很大，如果是内生的，货币供应量便不具有可控性，不适宜作为中介目标。由于基础货币投放难以确定、货币乘数不稳定、货币流通速度下降等原因，致使现行货币供应量指标的可控性、可测性和与国民经济的相关性均同货币政策对中间变量的要求出现了较大的偏差。同时，货币供应量增长率与国内生产总值增长率、通货膨胀率之间的相关性如何，也没有经过系统的实证分析。因此，根据预定的经济增长率或通货膨胀率倒推出来的货币增长目标作为约束中央银行货币政策操作的规则，其可靠性值得怀疑。

中国加入 WTO 后，随着外资银行大规模进入国内金融市场，呈现出金融机构多元化及业务多元化趋势，国内企业和居民的货币需求形式将随之发生变化，货币政策中介目标和最终目标的相关性将受到影响。同时外资银行带来的金融创新与发展及利率市场化压力的增大，都会削弱货币供应量作为中介目标的有效性。相比货币供应量目标，盯住通货膨胀率更容易实施，而且具有透明度和可直接观察的优点，对经济主体而言明白易懂。因此，对于具有粗放式扩张传统的我国而言，通货膨胀率目标可能是更好的选择。如果根据 Eiehengreen 的分析，从中国目前的情况看，除汇率物价传递程度较高外，其他制约发展中国家选择通货膨胀目标制的因素对我国的影响并不显著。首先中国进口产品在国内市场的比重较大多数发展中国家要低得多，因而进口产品对价格总水平的影响也不是很大。中国的汇率变化向进口产品价格的传递程度略小于 1，虽然要高于发达国家，但比起有些发展中国家还是略低一些。其次，中国自改革开放以来没有恶性通货膨胀的历史，公众对通货膨胀的预期不高，对政府政策的信任度较高。最后，外债水平也远比一般发展中国家要低。因而，中国已逐渐具备实行通货膨胀目标制的条件。随着利率市场化改革的推进，结合汇率制度扩大灵活性的改革，构建以通货膨胀目标制为中心的新的货币政策规则应是一个正确的选择。

5. 汇率制度的平稳转换应是汇率制度选择的重要依据

波兰的经验表明，一个汇率制度在转换时哪怕只是在短期内导致经济不稳定，也是不可取的。由于被动型汇率制度变迁将对一国甚至国际间的政治经济生活产生极大的扰动，成本相当高昂。因此，在中国金融体系进一步开放的过程中，人民币汇率制度应该选择主动型变迁，最大限度地降低汇率制度变迁的扰动成本。同时，为避免出现轮番贬值的恶性循环，退出的方式可以采取平稳缓慢的步骤，逐渐推进到新的较有弹性的汇率制度。这将有利于形成稳定的市场预期，即不会认为货币当局是被迫退出现行的汇率制度的，不会损害政府的信誉。在汇率制度扩大弹性的过程中，波兰外汇管制是慢慢解除的，这一点也相当重要。尽管加入 WTO 后，中国资本项目事实上的进一步开放已是不争的事实，但必须要保证对资本项目的适度控制，以防止资本的过度流动，保证汇率制度的平稳变迁。

四、阿根廷汇率制度改革

20 世纪 80 年代末，在国际货币基金组织的主导下，阿根廷梅内姆政府开始了一场全面的最大胆的经济改革。改革的核心之一是从 1991 年起开始实行以固定汇率为核心的联系汇率制，即《可兑换法》。2002 年初金融危机全面爆发后，阿根廷议会通过《经济紧急状态法》，宣布废除《可兑换法》，使这个实行了 10 年的汇率制度轰然崩溃，比索随之大幅贬值。联系汇率的崩溃，标志着阿根廷实行了 11 年的曾被誉为新自由主义样板的经济模式正式宣告失败。

（一）联系汇率制等于经济发展模式

阿根廷联系汇率制度的主要内容有两个，一是按美元和比索1:1 的汇价实行固定汇率，二是按国际储备的数量控制货币发行量。与其他实行这种汇率制度的国家或地区不同，阿根廷的联系汇率制度是由议会立法，以法律形式（即《可兑换法》）固定下来的，规定在该法存在的情况下，任何政府、银行、兑换所或个人均不得超限发行货币和升降汇率，否则违法。

第二次世界大战以后，阿根廷与大多数拉美国家一样，本币发行实际上是以美元储备量为基础的，即"美元本位制"。当外汇储备下降至不敷使用时，本币必然贬值，通货膨胀率上升。20世纪80年代债务危机期间，阿根廷外汇储备下降，丧失对外支付能力，比索汇率大幅贬值，通货膨胀率扶摇直上，1989年达到3300％。

阿根廷的联系汇率制度规定，在美元与比索1：1的固定汇率下，外汇可完全自由兑换、自由买卖和汇出，政府或任何企业和个人在缔结交易合同、债务协议时均可以美元结算。储户可随意将其银行存款转换为比索、美元或其他外币。政府在向本国银行贷款时，大多也是美元债务。而在实际交易中，双方支付的可能是比索，而不是美元。

联系汇率的实施，保证了阿根廷本币的稳定性，限制了政府发行货币的权力，进而从根本上限制了通胀率的上升，达到了平抑通胀、恢复经济增长的目的。对阿根廷来说，联系汇率不仅仅是一种单纯的汇率制度，实际上已成为一种保持经济稳定增长的发展模式。

（二）联系汇率的消极影响

阿根廷的联系汇率制度在实施5年后，随着国内外环境的变化，它的一些消极影响也逐步显现出来。

第一，联系汇率制度的实施成为阿根廷债务迅速增长的原因之一。联系汇率制度的实施，是以充足的外汇储备为基础的。因此，国家必须保有充足的外汇储备，才能保证联系汇率制度乃至整个经济的正常运行。从1992—1999年的情况来看，阿根廷中央银行的国际储备必须保持在200亿—260亿美元的水平上，才能保证自由汇兑的需要，并使货币发行量保持在经济活动所需要的正常水平上。但是，阿根廷在外汇收入方面存在两个问题：一是出口创汇能力低下，外汇来源不足；二是连年财政赤字，政府无法通过正常的财政收入渠道来补充国际储备。因此，它只能依靠资本项目的收入和举借外债来维持和补充国际储备。事实上，在过去10年里，阿根廷政府举借的外债主要也是用在了这方面。可以说，阿根廷联系汇率的实施是以外债的增加为基础和代价的。

第二，联系汇率制度的实施导致比索汇率高估，出口成本上升，进口激增，挤垮了本国制造业。实施固定汇率后，比索与美元同步升值，造成比索汇率高估，致使阿根廷生产和出口成本上升，国际竞争力下降。特别是1999年巴西雷亚尔贬值并自由浮动后，阿根廷比索汇率比实际价值高估20%，加上工资和物价较高等因素，同类产品的生产成本，阿根廷比巴西高出30%左右。这就引起以下后果：（1）出口增长缓慢，进口增速高于出口，造成连年贸易逆差。在20世纪90年代的10年中，阿根廷出口年均增长率为15%左右，而进口年均增长率为28%；出口额占国内生产总值的比重最高时仅为9%，创汇能力低下。同时，从实施联系汇率的第二年起，阿根廷对外贸易差额由连续10年顺差转为逆差。1992—1999年8年中有6年为高额逆差，造成经常项目逆差累积632亿美元。（2）由于竞争力低，出口效益差，一些出口生产企业被迫关闭、转向本国市场或转移到其他国家。2000—2001年，一些跨国公司相继把汽车制造厂等工厂迁往巴西等国家。（3）进口相对便宜，大量廉价商品、特别是来自巴西等国的商品涌进阿根廷市场，以致阿根廷本国原有的许多工业部门在外来竞争下纷纷破产倒闭。（4）贸易保护主义抬头，导致阿根廷与他国贸易争端不断。

第三，制度僵硬，缺乏必要的灵活性，过度限制了政府利用汇率和货币政策等手段进行宏观调控经济的能力。由于阿根廷的联系汇率制度是以立法形式确定的，政府不得有任何违反或变动，从而使其在汇率和货币发行方面无所作为。特别是在危机期间，国际储备下降，不仅央行支持商业银行的能力削弱，银行体系运转困难，而且货币发行量也随之下降，影响经济的正常运行。而政府和央行又在《可兑换法》的束缚下，无法采取积极的财政政策和扩张性货币政策刺激经济复苏，这实际上等于丧失了货币发行权。2001 年，金融危机大爆发前，随着国际储备的减少，货币发行量不断下降，阿根廷出现了多年未有的通货紧缩，市场上货币供应量明显不足，市场销售萎缩，经济衰退加剧，而政府对此却束手无策。后来，联邦和各省政府不得不采取发行代币债券的方法，用以代替比索，但仍无济于事。到 2002 年底，全国共有 14 种代币债券在市场上流通，这些被称为"准货币"的债券面值总额达 50 亿比索，实际上是联邦和各省政府欠的新债。

第四，虚假的"美元化"，为银行危机埋下祸根。实行联系汇率制度后，阿根廷政府还制定和实施了一系列促进经济实际上美元化的措施，如规定所有债务、合同、银行存贷款都可以以美元结算；政府向银行贷款，用的是比索，而结算货币却是美元贷款；居民或企业，可以把其银行存款随意转换为美元存款。这些做法使阿根廷经济在很大程度上"美元化"。然而，这种"美元化"既没有得到美国央行的同意和支持，更谈不上在货币准备上的基本保障，只能靠借外债加以支撑，因此是一种虚假的"美元化"。当央行的国际储备下降到无法保证对外汇的需求时，这种虚假"美元化"的气泡也就随之破灭。2003 年 1 月初，杜阿尔德政府强行实施"比索化"，最终使阿根廷经济和金融体系陷入全面的灾难之中。

（三）阿根廷汇率制度改革对我国的启示

回顾过去十多年阿根廷实施联系汇率制度的历史，可以看到，这个汇率制度的崩溃是阿根廷无法避免的必然结果。

首先，应该根据本国国情和国际环境制定并实行可持续实施的汇率制度。阿根廷出口创汇能力不高，外汇来源有限，实际上国内并不具备实行联系汇率制度的基本条件。

到 2001 年底以前，世界上只有阿根廷和中国香港特区实行联系汇率制度。但两地差别极大。香港有巨额外汇收入和国际储备，经济稳定，政府没有外债和财政赤字。而阿根廷的情况恰恰相反，其联系汇率制度只能靠借外债来维持。此外，阿根廷政府连年有财政赤字，过度举债，导致其偿债负担日益加重。2001年，当阿根廷政府借不到新债，丧失对外支付能力，债务危机爆发，无法维持国际储备时，联系汇率就失去了存在的基础。

总结起来，可以这样简明地说，阿根廷联系汇率制经历了这样一个过程：为稳定汇率、控制通胀实行联系汇率制——联系汇率需要充足的国际储备作保证——为充实国际储备和弥补财政赤字而大量举债——政府因过度举债而丧失信用和支付能力，债务危机随之爆发——政府借不到新债，国际储备降至无法支撑联系汇率的水平——联系汇率崩溃，比索大贬值，通胀率再次上扬。

其次，应根据内外形势的变化，审时度势，及时调整汇率政策。联系汇率在 20 世纪 90 年代初实施后，为阿根廷克服恶性通胀，稳定和恢复经济，发挥了积极作用，但不久其消极影响也逐步显现出来；同时，国际形势也发生了变化。阿根廷本应根据国内外形势的变化，及时修正或调整汇率制度，趋利避害，但是由于种种主客观原因，错过了几次机会，没有做出相应的调整，这就使联系汇率制度最终走向彻底崩溃的结局。

1995 年后接连发生的墨西哥、东亚、俄罗斯金融危机和巴西金融动荡，对阿根廷金融市场造成极大的冲击。1998 年下半年，阿根廷经济开始出现衰退，其主要内在因素之一就是联系汇率的消极影响。1999 年 1 月，阿根廷最大的贸易伙伴巴西放弃固定汇率，货币贬值，实行自由浮动汇率。由于阿根廷对巴西的出口占阿根廷总出口的 30% 以上，巴西雷亚尔的贬值对阿根廷经济产生了重大影响。外部环境的变化对阿根廷经济越来越不利。在这种形势下，阿根廷如及时放弃固定汇率，实行有控制的浮动汇率，尚可避免大动荡的危险。但是，由于种种原因，阿根廷内部一直争论不休，虽然采取了一些刺激经济的措施，但对汇率制度却未做任何调整，仍寄希望于 IMF 近 400 亿美元的巨额贷款，梦想通过借债，维持联系汇率，渡过难关。结果，阿根廷经济陷入更深刻的危机之中。

再次，自美洲自由贸易区倡议提出后，美元化的呼声在拉美一些国家日高。不少人以为，本国经济美元化后，既可以避免金融动荡和经济危机，又可以乘上高速增长的快车，与美国经济同步发展。阿根廷危机爆发后，在拉美国家中引起强烈震动和反思。许多人对"华盛顿共识"提出的新自由主义发展模式，对 IMF 提出的克服危机稳定金融的方案，表示怀疑。当然，也有人仍坚持认为，只有美元化才是本国经济的唯一出路。以前总统梅内姆为代表的一些人，在阿根廷危机爆发后，极力主张实行美元化。但是，他们的主张不仅在国内遭到普遍反对，而且连美国政府也公开表示拒绝。

墨西哥和巴西实行的是自由浮动汇率制度。拉美学术界普遍认为，在国际金融全球化的形势下，这是一种比较理想的汇率制度。但是，像阿根廷这样的国家，究竟应该采取什么样的发展模式及与此相适应的汇率制度，包括阿根廷经济学界在内的整个国际经济学界都在激烈争论，至今仍未有定论。IMF 和美国政府要求阿根廷立即实施完全自由浮动、自由兑换的汇兑制度，央行不要干预市场。其理由是，这样可以恢复投资者对市场的信心，央行不必为稳定市场而投入大量美元，可以保住国际储备，减少因此而举借的外债。其实，它们的主要目的也是为了让阿根廷继续用央行的国际储备来偿还所欠国际金融机构的债务。

但是，阿根廷现政府认为，央行必须保持对市场的控制，否则美元持续上涨、市场失控，会导致汇兑市场全面崩溃，陷入更严重的危机。因此，从 2002 年初以来，阿根廷央行始终保持对市场的操控，从市场汇价到买卖数量，都进行管理和控制。目前在阿根廷市场上有两种美元交易，一种是"央行美元"，另一种是兑换所和"自由美元"。前者价格由央行根据市场需求情况确定，后者参考前者随行就市。一般前者美元价格低于后者。同时，央行对兑换所个人购买美元的数额做了规定，现在已由原来的每人每次 500 美元降到 300 美元。每个兑换所每天售出的美元也由原来的 25 万美元降到 2500 美元。为保证外汇收入，央行还规定，出口企业必须在规定的日期内结汇，否则在退税方面给予处罚。这种被称为"肮脏的自由汇兑和自由浮动"制度，即由央行控制的自由浮动汇率制度，对稳定市场发挥了一定的作用，为阿根廷经济的复苏创造了必要的条件。从 2002 年 12 月 26 日起，阿根廷央行取消在市场买卖"央行美元"，即停止对自由汇兑市场的直接干预，同时也放宽了对购买美元的数量限制。但是，央行并没有放弃对整个市场的控制和干预。从目前的情况来看，上述措施对稳定金融市场还是行之有效的。

第五节　中国汇率制度改革的现实选择

一、强势人民币的支撑基础

（一）通货膨胀与汇率变动

理论上讲，本币汇率与通货膨胀呈负向而动，但人民币汇率自 1994 年并轨后，其轨迹与通货膨胀指数无关。理由如下：

（1）由于我国对外贸易和外资引进稳定发展，国际收支持续盈余；国内政策适度从紧，外汇需求受到合理约束。各方面因素决定的结果是，全国银行累积结汇长期大于售汇，银行间外汇市场持续卖超，使得外汇供大于求，促使人民币汇率升值。（2）外汇调剂市场不成熟，汇率生成机制不尽完善。并轨时人民币汇率水平被低估，为人民币汇率回升提供了较大空间。（3）中国通货膨胀结构性特征明显，且国内产品大都是不可贸易商品，故国内出口换汇成本变化与通货膨胀不同步。（4）由于人民币不是自由兑换货币，使得通货膨胀对汇率变动的影响大打折扣。

（二）国际收支状况

国际收支状况对汇率走势贡献巨大。近年来，人民币汇率稳中趋升，其主要原因就是由于国际收支状况连年顺差，使得国内外汇持续供大于求。

（三）国内外利率差异

按照汇率决定的双平价理论，自由资本可以利用两国利率差价进行套利活动，当然其前提条件是本外币可以自由兑换。这种条件在中国尚不具备，短期资本出入中国金融市场依然存在限制。就利率差别而言，人民币利率水平相对较低，几乎进入了流动性陷阱区间，致使外部资本几乎无法进入中国货币市场的套利空间。

（四）经济增长状况

中国经济持续增长基础上的对外贸易顺差和资本项目盈余的结果是，中国外汇储备不断增长，支持了人民币汇率稳定且略有升值。

（五）国家干预能力

自从中国汇率制度实现以市场供求为基础的有管理浮动后，中央银行就承担了干预市场的责任。在外汇市场供大于求时，中央银行很容易控制汇率波动。当（如果）外汇市场出现供不应求状态时，中央银行则通过减少外汇储备，规避本币贬值，以维护汇率稳定。中国外汇储备在 2006 年底已经跃居世界第一，在资本账户完全放开之前，完全具有调控汇率市场的能力。

（六）外汇投机

在中国，所有外汇交易都必须有贸易或资本交易合同背景，企业和个人都不可以自由买卖外汇。当前国内外汇黑市交易价格也基本与官方市场价格相一致。另外，由于国内外汇供应长期（预期）充足，汇率预期基本稳定，套汇机会和空间较小，使得直接套汇动机不在，外汇投机对人民币汇率的影响有限。

二、人民币汇率制度选择

中国以市场供求为基础的有管理的人民币浮动汇率制度实际上已经演变成为盯住美元的固定汇率制度，国际货币基金组织也将中国现行汇率制度确定为通常的固定盯住汇率制度，并主张中国政府推进人民币汇率制度改革。随着中国经济的不断增长和对外开放的深入，为维护内部均衡，独立货币政策比固定汇率制度更加优先。其逻辑结论是，现行固定汇率制度需要改革。从长远来看，在人民币资本账户完全可兑换后，浮动汇率制度是必然选择，但是现阶段，要推行独立浮动汇率制度却不现实。必须要寻求一种汇率制度，能在货币政策、汇率政策和资本管制之间达到某种妥协和平衡，既能保持货币政策的相对独立性，又能兼顾汇率的稳定性和灵活性，并且能使资本管制发挥一定效果。在此，与中国具有大致相同国情的印度的汇率制度改革经验值得我们借鉴，有管理的浮动汇率制度相对适合中国汇率制度改革初期的选择。

目前，中国已实现了经常项目下的人民币自由兑换。随着国内经济体制改革的不断深入和全方位的对外开放，为了减少资本账户开放的代价和开放过程中可能出现的动荡，应保持浮动的汇率安排。因为，在资本自由流动的情况下，浮动汇率可以大大增强本国货币政策的独立性，并成为阻止外部市场动荡对国内经济冲击的"防火墙"；而当资本大规模流入或流出时，汇率相应变动将在一定程度上发挥逆向调节作用，从而阻止资本进一步流入或流出，这种作用在资本管制解除后有重要的意义。另外，浮动汇率安排还有助于市场均衡利率的形成，减少由于汇率高估和低估引起的资本投机活动。

有管理的浮动汇率制度，还要从不同方面来改进。措施包括：（1）在当前美元对人民币汇率的基础上，允许汇率有适当波动，增加人民币汇率弹性；（2）改革强制结售汇制度，扩大微观经济主体处置外汇的自主权，完善外汇市场的外汇期权市场；（3）增加市场交易主体，让更多企业能够直接参与外汇买卖；（4）要逐步减少中央银行干预外汇市场的频率。以上措施有助于提高人民币汇率决定的市场化水平，为过渡到浮动汇率制度做好准备。

三、当前我国的人民币汇率制度改革

为建立和完善我国社会主义市场经济体制，充分发挥市场在资源配置中的基础性作用，建立健全以市场供求为基础的、有管理的浮动汇率制度，2005 年 7 月 21 日，中国人民银行就完善人民币汇率形成机制的改革发布了相关公告。

这次人民币汇率制度改革的主要内容有：

一是汇率调控方式的改革：实行以市场供求为基础、参考一篮子货币进行调节、有管理的浮动汇率制度。人民币汇率不再盯住单一美元，而是参照一篮子货币、根据市场供求关系来进行浮动。这里的"一篮子货币"，是指按照我国对外经济发展的实际情况，选择若干种主要货币，赋予相应的权重，组成一个货币篮

子。同时，根据国内外经济金融形势，以市场供求为基础，参考一篮子货币计算人民币多边汇率指数的变化，对人民币汇率进行管理和调节，维护人民币汇率在合理均衡水平上的基本稳定。篮子内的货币构成，将综合考虑在我国对外贸易、外债、外商直接投资等外经贸活动中占较大比重的主要国家、地区及其货币。参考一篮子货币表明，外币之间的汇率变化会影响人民币汇率稳定，但参考一篮子货币不等于盯住一篮子货币，它还需要将市场供求关系作为另一重要依据，据此形成有管理的浮动汇率。这将有利于增加汇率弹性，抑制单边投机，维护多边汇率稳定。

二是中间价的确定和日浮动区间的变化：中国人民银行于每个工作日闭市后，公布当日银行间外汇市场上美元等交易货币对人民币汇率的收盘价，作为下一个工作日该货币对人民币交易的中间价格。现阶段，每日银行间外汇市场上美元对人民币的交易价仍在人民银行公布的美元交易中间价上下 0.3% 的幅度内浮动，非美元货币对人民币的交易价在人民银行公布的该货币交易中间价 3% 的幅度内浮动。

三是起始汇率的调整：2005 年 7 月 21 日 19 时，美元对人民币交易价格调整为 1 美元兑 8.11 元人民币，作为次日银行间外汇市场上外汇指定银行之间交易的中间价，外汇指定银行可自此时起调整对客户的挂牌汇价。这是一次性地小幅升值 2%，并不是指人民币汇率第一步调整 2%，以后还会有进一步的调整。因为人民币汇率制度改革重在人民币汇率形成机制的改革，而非人民币汇率水平在数量上的增减。这一调整幅度主要是根据我国贸易顺差程度和结构调整的需要来确定的，同时也考虑了国内企业进行结构调整的适应能力。

本次人民币汇率机制改革后，外汇市场总体运行基本平稳。

四、人民币汇率制度改革的模式选择

在单一固定汇率制度下，如果外汇市场存在人民币对美元的升值压力，中央银行就要买进美元，抛出人民币，消除人民币升值压力，使人民币对美元的供求在给定汇率水平上（如8.27元人民币兑1美元）实现均衡。在盯住一篮子货币的汇率制度下，货币篮子的本币价格（或价格指数）和权重是给定的，但是，由于货币篮子中各种货币的相对汇率经常发生变化，本币对这些货币的汇率也应该相应变化，惟其如此，货币篮子的本币价格才能保持稳定。如果篮子中的货币的权重是根据贸易对象国的贸易比重决定的，货币篮子价格的表达式就代表了本币的实际有效汇率（REER）。实际有效汇率是人民币对贸易对象国货币名义汇率（外汇市场上的挂牌汇率）扣除物价因素后的加权平均数。

在盯住一篮子货币汇率制度下，中央银行同样需要对外汇市场进行干预，它所盯住的目标是货币篮子的价格，即事先所确定的实际有效汇率。当然，实际有效汇率是会随时间的推移而变化的，中央银行也会在规定的时间内（如一个季度）对实际有效汇率目标进行调整。由于货币篮子的价格和篮子货币的权重事先都已经给定，而篮子中各种货币的相对汇率又是由外部因素决定的，只要货币篮子价格目标给定，本币对篮子中各种货币的汇率也就相应给定了。

在单一盯住美元的汇率制度下，中央银行通过买进、卖出美元对外汇市场进行干预，使外汇市场本币对美元的汇率等于事先所设定的汇率目标（如1美元兑8.27元人民币）。在盯住一篮子货币的汇率制度下，中央银行一般也是通过买进、卖出美元来实现盯住一篮子货币的汇率目标的。具体来说，货币当局首先根据一篮子货币的给定参数和篮子中各种货币之间的汇率，计算出本币对美元的目标汇率，然后买进或卖出美元，直至外汇市场上本币对美元的汇率与本币对美元的目标汇率相等。此时，现实的货币篮子（人民币）价格必然等于事先所设定的作为盯住目标的货币篮子价格。由于作为盯住目标的一篮子货币是一种观念上的东西，在操作上，把美元对本币作为盯住目标更加易于理解。只要遵循货币篮子的给定计算公式，直接盯住货币篮子与通过盯住美元间接盯住货币篮子是等价的。

在中国目前的参考一篮子货币汇率制度下，可以认为，中央银行对外汇市场干预的目标是使人民币兑美元的市场汇率尽可能等于由货币篮子所决定的目标汇率。而中央银行干预之前，外汇市场上美元与人民币的供求状况不应对这一结果发生影响。例如，当美元对其他主要货币升值时，在盯住一篮子货币汇率制度下，人民币应该对美元贬值。但是，由于中国对美国存在大量国际收支顺差，在外汇市场上人民币对美元存在升值压力。此时，如果是严格盯住一篮子货币，中央银行就不但不应该听任人民币因市场压力而升值，反而应该卖出人民币、买进美元，使人民币对美元贬值。换言之，由盯住一篮子货币汇率制度所决定的人民币对美元汇率的变动方向，同由市场供求所决定的人民币对美元汇率的变动方向可能是不一致的。在这种情况下，中央银行对外汇市场的干预程度将大于在单一盯住美元汇率制度下的干预程度。

另一种情况是，货币篮子中其他货币发生反向变化。例如，如果欧元对美元升值，日元对美元贬值，两种货币变动对货币篮子价格的影响就可能会相互抵消。在这种情况下，中央银行不必进行新的干预就能保证货币篮子价格以及人民币兑美元汇率目标的实现。在盯住美元汇率制度下，由于中国存在贸易顺差和资本项目顺差，投机者可以放心大胆地预测人民币升值。在盯住一篮子货币汇率制度下，人民币兑美元的汇率变动还取决于美元兑日元、欧元的汇率变动。因而，即便外汇市场存在人民币升值压力，人民币仍可能对美元贬值。这样，单向压注的投机者失去了胜算的把握。因此，同单一盯住美元的汇率制度相比，盯住一篮子货币的汇率制度能够更好地抑制投机资本流入。

目前，我国"以市场供求为基础、参考一篮子货币进行调节、有管理的浮动汇率制度"同典型的盯住一篮子货币汇率制度有很大不同。参考一篮子货币汇率制度可以看做是处于单一盯住美元汇率制度和盯住一篮子货币汇率制度之间的一种过渡形式。"参考"而不是"盯住"意味着中央银行不一定会根据一篮子货币的给定计算公式来确定人民币对美元和其他货币的汇率水平。例如，当美元对其他货币升值的时候，人民币对美元应该贬值。但是考虑到在外汇市场上存在人民币对美元升值的压力，中央银行可能不是根据盯住一篮子货币汇率制度的要求，通过干预外汇市场，使人民币对美元贬值。相反，中央银行可能不干预外汇市场或仅进行小幅度的干预，而听任人民币在"市场供求"作用下升值。"参考"意味着中央银行有了决定汇率水平的很大灵活性。当然，这样决定货币篮子的各种参数（特别是权重）需要经常调整。如果这种调整过于频繁，盯住一篮子就可能不成其为盯住一篮子。"参考"而不是"盯住"，在给予货币当局更多决定汇率水平灵活性的同时，汇率的灵活性是否会增加（这与中央银行相机行事的灵活性不是一回事），取决于中央银行在维持实际有效汇率稳定和维持美元稳定两个目标中的偏好。如果中央银行更重视实际有效汇率的稳定，人民币兑美元汇率的灵活性就会增加。通过汇改后数月观察，国际金融市场普遍认为，人民币对美元和其他主要货币汇率的变动趋势同盯住一篮子货币汇率制度的要求是相一致的。

中国新汇率制度的第二个重要特点是给人民币对美元的汇率变动设定了一个区间。"每日银行间外汇市场美元对人民币的交易价仍在人民银行公布的美元交易中间价上下千分之三的幅度内浮动，非美元货币对人民币的交易价在人民银行公布的该货币交易中间价上下一定幅度内浮动。"在盯住一篮子货币汇率制度下，中央银行干预的目的是维持货币篮子的价格（或价格指数）的稳定。因而，如果设置浮动区间的话，区间一般应以货币篮子价格为中间汇率。如果把人民币和美元的某一起始汇率作为浮动区间的中间汇率，货币篮子价格（或货币权重）将难以保持稳定。例如，如果美元对日元和欧元大幅度下跌，人民币对美元的汇率就应该大幅度上升。如果中央银行对外汇市场进行干预，使人民币对美元的升值幅度不超过 0.3%，货币篮子价格（如果权重不变）就会上升，甚至大大高于原定的货币篮子价格。如果货币篮子价格的波动大于人民币对美元汇率的波动，盯住一篮子货币的汇率制度同单一盯住美元的汇率制度之间的区别就会变得模糊起来。如果参考一篮子货币的汇率制度，把人民币兑美元汇率的稳定放在比人民币实际有效汇率更重要的地位（人民币兑美元的浮动幅度很小，美元在货币篮子中权重很高，或在决定人民币兑美元汇率的时候不再顾及货币篮子），汇率制度就有可能变成某种事实上的固定汇率制度或其他汇率制度。

中国新汇率制度的第三个重要特点是存在一个人民币对美元汇率逐渐上浮的机制。根据中国人民银行 2005 年 7 月 21 日的声明："中国人民银行于每个工作日闭市后公布当日银行间外汇市场美元等交易货币对人民币汇率的收盘价，作为下一个工作日该货币对人民币交易的中间价格。"如果由于美元对日元和欧元的贬值，人民币兑美元升值超过 0.3%，下一个工作日人民币兑美元交易的中间价格就会上升 0.3%。这种升值机制的引入，必然导致货币篮子参数的不断调整，但并不必然导致人民币的不断升值。只有当美元对其他主要货币持续贬值时，这种机制才意味着人民币兑美元的汇率有可能在不长的时间内明显升值。需要强调的是，由于中国所实行的是参考而不是盯住一篮子货币的汇率制度，中央银行完全可以独立于一篮子货币，根据市场供求和中国宏观经济稳定需要等因素来确定人民币兑美元的升值幅度。中国人民银行在2005年7月26日的声明中已经明确表示："人民币汇率初始调整水平升值2%，是指在人民币汇率形成机制改革的初始时刻就做一调整，调整水平为2%，并不是指人民币汇率第一步调整2%，事后还会有进一步的调整。"中国人民银行的这一声明同2005年7月21日关于中国仅是"参考篮子货币汇率变动"公告的精神并无矛盾。

同单一盯住的汇率制度相比，盯住一篮子货币汇率制度至少有三个优点：第一，从实际有效汇率的角度看，盯住一篮子货币汇率制度下的人民币汇率更为稳定。第二，由于汇率变动的方向比较难以预料，盯住一篮子货币汇率制度抵御投机性资本流入的能力较强。第三，在许多情况中，在盯住一篮子货币汇率制度下，中央银行对外汇市场干预的必要性较少。

五、人民币汇率制度改革的路径选择

在我国加入世贸组织的背景下，当效率的要求使得资本项目放开，趋向于资本完全流动时，人民币汇率制度由有管理的浮动汇率制度向更加灵活的汇率制度演进已成为必然。但是我国当前还不具备实施浮动汇率制的条件，主要是因为：我国金融体系还不健全、金融监管能力差、抗风险能力弱。一旦我国的汇率完全放开，国际游资的冲击有可能导致金融体系的全面崩溃，引发金融危机。从自由化的次序看，从一个完全管制型的经济向完全自由化的经济过渡时，其合理的过渡路径应该是：在国内金融市场实行自由化之后，才能实行浮动汇率制。因为人们投资理念的培育、熟练专业人才的培养、金融法规的健全、金融产品的丰富等都需要在进一步开放中完善，而完善的金融体系是不可能一步到位的。所以与工业化国家相比，我国的汇率更易于波动。当前我国如果率先实行自由浮动汇率，就等于是本末倒置。资本市场对外开放和资本自由流动是实行浮动汇率制的前提条件，否则，实行浮动汇率制的必要性不大，且可行性也值得质疑。虽然加入WTO以来，我国已经采取了多项措施加速资本市场的对外开放和放松外汇管制，但是距离完全意义上的开放和资本自由流动还有相当长的一段时间。而且，在金融体系抗风险能力还未得到加强的条件下，资本市场完全开放和资本完全自由流动都必须谨慎为之。无论是在影响汇率波动的预期方面，还是在汇率的调节机制方面，我国当前都存在诱发汇率不稳定的因素。具体地说：

一是我国还处于转轨阶段，结构调整尚未完成，各项市场制度尚未完全建立，未来的经济状况具有极大的不确定性。尤其是中国的银行业积累了大量不良资产，同时又没有存款保险制度，很多人对中国的金融业没有足够的信心，因此对汇率波动的预期始终未能消除。

二是由于我国金融市场和商品市场的价格调整具有严重的不均衡性。我国商品市场分割程度较高、信息流动不充分，商品的异质性导致商品流动速度较慢，商品价格调整具有粘性。相反，我国金融市场的生成和发育较为规范，资本的单一性和同质性使资本能够低成本地快速流动，市场价格调整具有弹性，更易于形成一个统一的市场。商品、金融市场价格调整的差异性造成金融市场的均衡实现快于商品市场，根据多恩布什的"汇率超调理论"，这会加剧我国汇率波动。因而人民币汇率制度的改革方向可分为长远目标与近期目标。从长远来看，人民币汇率制度的改革方向是增加汇率的弹性和灵活性，扩大汇率的浮动区间，最终实施浮动汇率制度；但是，从近期来说，应扩大汇率浮动区间，逐步取消结售汇制度，并将形成机制从盯住美元转向盯住一篮子货币。在市场供求基础上，人民币汇率调控目标可由盯住美元转为盯住一篮子货币，包括美元、日元和欧元等货币，可根据贸易情况选择适当权数。采取盯住一篮子货币的方式，有助于淡化市场对美元兑人民币汇率的关注程度，稳定我国对美元区、欧元区和日元区的贸易条件。当根据市场供求关系与根据货币计算出的目标汇率有差异时，甚至方向不一致时，必须以市场供求关系为基础进行调整。

正因为不完全具备实施人民币管理浮动汇率制度的条件，中国只能推行渐进的汇率制度改革，并在此过程中不断实行一系列的配套改革措施，积极创造条件、等待时机逐步实现人民币汇率的管理浮动目标。由此，中国近年来汇率制度改革的路径选择为：从近期看，不宜对人民币汇率做出调整，应维持现行的汇率安排，但需要采取措施减少国际收支巨额顺差，减少人民币升值压力；从中期看，积极创造一系列条件，实行爬行盯住美元区间的汇率制度；从长期看，待条件与时机成熟时，推行人民币管理浮动汇率制度。

（一）近期不宜对人民币汇率做出调整，应维持现行的汇率安排

在国际收支存在巨大顺差和人民币升值压力十分强劲的情况下，允许其适当升值可能会有利于国际收支顺差的减少。但是，这种调整可能蕴含着巨大的风险。因为如果短期国际投资者认定汇率制度调整所带来的人民币升值不是一次性，他们就会期待人民币的进一步升值，向境内注入更多短期资本，从而造成更大的

升值压力。于是，人民币汇率的超调在所难免，受其影响中国的国际贸易收支将发生逆转。巨额的经常项目逆差，将形成人民币贬值预期和资本外逃，进而酿成金融危机。此外，从政治经济学的角度来看，人民币升值将给国际投资者带来丰厚的投资回报，正中他们的圈套。所以，在短期内，维持现行的汇率安排，是中国缓解国际收支顺差进一步上升、人民币升值压力进一步加大的最有效的手段。

维持现行的汇率安排面临的一个紧迫问题是，如何对国际收支的巨额顺差进行调整，缓解人民币升值压力？在汇率调整这一政策手段暂时缺位的情况下，应当主要依靠贸易政策和资本流动政策达到以上目标：（1）贸易政策。出口方面，应尽快调整目前普遍存在的对出口部门和企业的过度激励措施，继续降低不必要的出口退税比率，并彻底改变将创汇数量作为地方政府政绩的考核标准的做法；进口方面，可以考虑加大石油、矿产等战略资源，关键技术、设备等重要要素的进口力度。上述措施能够有效地减少贸易顺差，但是保证其顺利实施还要和刺激国内投资与消费的政策相配合，以中和上述措施减少总需求的紧缩效应。（2）资本流动政策。资本流入方面，应避免过快推进资本项目自由化，需要保持对资本流入的有效控制，基本停止推出任何新的形式的资本流入自由化措施。对于已经推出的某些措施（如 QFII）应重新审视乃至暂停实施，对于外国直接投资（FDI），也需尽快减少甚至取消各种不必要的优惠政策，并将引资规模从地方政府的政绩考核指标中剔除。资本流出方面，可以考虑放松某些资本流出的管制。为防止资本外逃和放松资本流出对资本流入的促进作用（因为它降低了流入资本撤离的成本和风险），只能放松某些资本流出的管制。比如，可以放松对直接投资的管制，在 QDII 的机制下放松对境外证券投资的管制。

（二）中期应积极创造条件，实行盯住美元爬行波幅的汇率制度

盯住美元爬行波幅的汇率制度，指虽盯住美元，但人民币汇率保持在围绕中心汇率的波动区间内，且该中心汇率以固定、事先宣布的值，或根据多指标不时地进行调整。作为一种过渡安排，这一汇率制度具有以下优点：一是中心汇率可以根据国际收支和外汇市场的变化进行小幅调整，使之趋于均衡水平；二是在波动区间内，人民币汇率的走势大体上是可以预测的，汇率可作为一个较清晰的名义锚，有效地稳定市场预期，保持国内经济稳定发展。三是随着中国金融业的逐步开放和金融调控能力的不断加强，中心汇率和波动区间的调整力度和频度可以进一步加大，便于平稳地向人民币管理浮动汇率制度演进。

为保证中期实施这一过渡汇率制度的高效率、低风险，以及向长期管理浮动汇率制度演进的平稳，需要采取一系列的配套改革措施：（1）外汇市场方面，放松市场准入限制，允许企事业单位、个人等非金融机构的广泛参与，培养成熟且多样化的市场主体；将国内企业的强制结售汇制逐渐过渡到意愿结售汇制；增加外汇交易的品种，发展外汇远期和期货市场，以解决外汇市场的"原罪"及规避外汇风险工具问题；建立外汇市场做市商制度，活跃交易、保证交易价格的连续性和不失真，并提高外汇市场的信息反应与传导效率；最后，降低央行干预外汇市场的频度，只是在适当的时机调控外汇供求关系。（2）货币政策框架和调控方面，进一步加强央行的独立性、货币政策的透明度和纪律性；逐步推行渐进式利率市场化改革，促进公开市场业务为主体的间接调控作用的发挥；增强央行对物价的预测和调控能力，以期发挥通胀目标制名义锚的作用。（3）微观经济主体方面，在妥善解决国有商业银行的不良资产和法定资本金不足问题的基

础上，按现代银行制度构建国有商业银行的产权制度，建立健全的法人治理结构。在此基础上，加强银行和企业的汇率风险意识和管理水平，建立良好的内部外汇风险监测和防范机制。

（三）长期待条件与时机成熟时，推行人民币管理浮动汇率制度

随着一系列配套改革措施的实施，具有较高流动性与效率的外汇市场逐步形成，建立了完善的货币政策框架，央行具备了较强物价预测与调控能力，银行和企业具有较强的外汇风险监测与防范能力，国内金融体系实现高效稳健运行。此时，就具备了实行人民币管理浮动汇率制度的条件。其次，在时机选择上，应该在国际收支取得大体平衡和人民币不存在较大的升值或贬值预期时，退出盯住美元爬行波幅的汇率制度，推行人民币管理浮动汇率制度。

至此，中国渐进的汇率制度改革基本完成。

六、汇率制度改革阶段性路线的进一步分析

目前的汇率制度的稳定运行虽然在一定程度上保证了我国的经济发展，但随着形势的变化，其各项弊端已经逐步显现。不论是过去曾经出现的贬值威胁，还是现今面临的升值压力，抑或将来再次出现贬值的可能性，人民币承受着重新估值的压力，对改革的呼声愈发强烈。进行新的外汇制度变革、改变现行的人民币汇价形成机制、完善汇率管理政策是从根本上解决问题的关键。由于中国经济和金融体制不完善的现状，汇率制度的改革不应当采取过激的措施，以避免汇率水平的剧烈波动。所以本书建议人民币汇率制度的改革可以分近期、中期、远期三个阶段逐步、渐进式地实行。

（一）近期：坚持盯住美元的汇率政策不动摇

虽然单一盯住美元的汇率制度存在诸多缺陷，而盯住一篮子

货币的汇率制度也吸引了许多关注，但我国近期仍要采取盯住美元的汇率政策不动摇，主要原因除了进出口、就业压力、通货膨胀、货币政策等因素之外，还在于现在我国经济中内部与外部尚不均衡，暂时还不具备放松管制或盯住其他币种的条件。同时目前中国的金融市场建设，尤其是外汇市场建设，和国内微观经济个体还无法承受盯住一篮子货币的汇率制度，综合其他外部因素，我国近期汇率政策只能选择盯住美元的安排，不能采取盯住一篮子货币的安排，更不能采取浮动汇率制，放松外汇管制。

（二）中期：考虑盯住一篮子货币，适当地扩大人民币汇率的浮动区间

1. 单一盯住美元汇率制度存在的缺陷

盯住美元的汇率制度固然有其积极作用的一面，它相对成功地保持了人民币汇率水平的稳定，增强了外部经济对于人民币汇率水平的信心，有力地促进了中国的对外贸易和投资的发展。但是，目前这种单一盯住美元的汇率制度已经逐渐地显现出与快速增长的中国经济的不适应性。

据名义有效汇率定义（根据贸易权重，或者是进出口权重对名义汇率加权以后得到的汇率）可以发现，中国目前的单一盯住美元汇率制度和中国不断多元化的贸易和投资结构，不利于名义有效汇率的稳定。在中国经济增长过程中，进出口在 GDP 中占据的份额不断增加，外贸部门在国民经济中的地位也越来越重要。当世界主要货币之间的汇率发生变化时，名义有效汇率也会随之波动，对中国的进出口和宏观经济稳定造成威胁，进一步造成贸易顺差的波动。在中国目前的强制性结售汇制度和特定的交易格局下，贸易顺差影响到央行的外汇占款的波动。单一盯住美元的汇率安排等于把主要外国货币之间的汇率波动引入到

中国的货币供给当中，不利于实现稳定的货币供给和货币政策独立性。

另外，单一盯住美元时，世界主要货币之间汇率发生波动也可能导致国内贸易品价格的相应波动。如果这种波动是频繁的，贸易品价格也将会频繁波动。

2. 中期人民币的改革方向——盯住一篮子货币的汇率制度

在亚洲金融危机前，许多东亚国家允许其货币作中期和长期浮动，印尼则实行"爬行"浮动。换句话说，主要东亚国家的汇率机制比中国要灵活得多。随着东亚经济陷入困境，某些学者认为：走中间道路还不如走极端，为避免货币危机，要么实行自由浮动汇率，要么实行货币局制度。

然而，新加坡的经验指明了一条中间道路，即把本币盯住一个既未公开权数、又未公开币种、还未公开浮动区间的货币篮子。这种汇率机制包括三个要素：货币篮子、浮动区间和爬行。当货币篮子中各币种平价发生剧烈变动时，该汇率机制有助于降低本币相对于主要贸易伙伴国货币的汇率波动。

相对于单一盯住汇率制，盯住一篮子货币是盯住经过几何加权平均的一篮子货币，而不是盯住一个单一货币。盯住一篮子货币可以稳定名义有效汇率。当世界主要货币之间的汇率发生波动时，盯住一篮子货币的人民币汇率会根据所盯住的不同种货币的权数做出调整，而不是像盯住美元那样完全根据美元的单边变动而变动。对中国而言，如果权重的选择是以稳定名义有效汇率为目标的，那么一篮子的盯住汇率制度一方面更有利于保持名义有效汇率水平的稳定，同时也可以避免单一盯住美元汇率制度所面临的其他诸多挑战。一篮子的盯住汇率制度在总体上更有利于稳定外部收支和中国的宏观经济稳定。

3. 盯住一篮子货币的汇率制度的实施难度与关键所在——

货币篮子中的"名义锚"和权重的选择和确定

当前必须慎重研究货币篮子设计的各有关因素。例如：如何选定合适的币种作为"名义锚"，如何选定合适的权重参数（如根据贸易比重或其他指标确定权重），货币篮子是否应对外公开，如何确定汇率浮动区间的大小，如何确定调整币种和浮动区间的公式。由于篇幅有限，本书在此仅对币种和权重的选择问题进行分析：

当政府政策目标不同时，货币篮子中各种货币权重的选择也会不同。如果政府将对外贸易稳定作为政策目标，货币篮子中最优的权重就是贸易权重。

就中国目前的情况而言，汇率制度的主要目标在于通过发展对外贸易促进宏观经济稳定和经济增长。因此，当前中国汇率制度目标的核心可以落实在稳定对外贸易，更具体地说是稳定名义有效汇率。当汇率制度目标是稳定对外贸易时，货币篮子中各种货币的最优权重就是它们对中国贸易的权重。

另一方面，人民币需要一个"名义锚"以保持汇率水平的稳定。美元显然可充当该名义锚。因此，美元在货币篮子中的权重必须足够高。同时，基于中日两国产品的互补性，日元贬值对中国出口造成的负面影响并不像某些人想象的那样大，这也从另一面证明了美元在人民币盯住的货币篮子中的权重应该相当高。

假定我国对外贸易总额中对美国贸易的比重占30%、对日本的比重占25%、对欧洲的比重占10%，以及对其他东亚5国的比重合计35%；并且对美国贸易全部用美元，对日本的60%用美元、40%用日元，对欧洲的30%用美元、70%用欧元，对东亚5国贸易全部用美元计价结算，并假定其货币是盯住美元的。在这种情况下，货币篮子的币别和权数通常有如下3种组合。

表5-3　货币篮子的币别和权数组合

币种项目	美　元	日　元	欧　元	东亚5国货币
国　别	0.3	0.25	0.1	0.35
国别＋币别	0.65	0.25	0.1	
币　别	0.83	0.1	0.07	
美、日两国	0.55	0.45		

"国别"方式是按照对外经贸的重要程度将各国的货币和权数计入篮子。"国别＋币别"方式是将其货币盯住美元、交易用美元计价结算的东亚5国的权数计入美元分内。"币别"方式是完全按照交易的计价结算货币情况决定篮子货币和权数，其结果是将对日本贸易的60%和对欧洲贸易的30%均计入美元分内。

从规避汇率风险的视点看，如果采用"币别"方式决定篮子货币，该国货币兑美元汇率就会比较稳定，83%用美元计价结算的经贸交易基本上没有汇率风险，外汇储备中大部分的美元储备价值也将较为稳定。因此"币别"方式又优于"国别＋币别"方式和"国别"方式。为此，人民币汇率制度应采用"币别"方式，货币篮子的币别和权数。

（三）远期：逐步实现人民币完全自由兑换，中央银行不再干预汇率长期走势

1. 人民币充分浮动的先决条件

从长远看，浮动汇率制是人民币汇率制度发展的终极趋向，人民币真正与美元或其他外币脱钩，实现真正的有管理浮动汇率制度，必须满足以下条件：首先，必须有一个能够真实反映供求关系的外汇市场。即需要将目前的强制结售汇改为自愿结售汇制，允许银行、企业、个人保留部分或全部外汇收入。其次，必须有一个有意义的汇率浮动范围，放宽人民币波动的幅度，使汇率具有灵活性，增大汇率的弹性，使其可调节外汇市场的供求状

况，减少不合理的资本流动和套利套汇行为，从而减少国际资本流动对国内经济的冲击。再次，要加快中国国有商业银行的改革步伐，使问题得到解决，以防出现大风险。第四，消除资本项目过度管制：在银行体系基本完善的前提下，随着中国国力的增强，可逐渐放宽资本项目的管制，逐步实现人民币自由兑换。在这些条件尚未满足，汇市抵御冲击机制没有完善之前，中国绝不能盲目超前或采取跳跃发展阶段来实现人民币资本项目完全自由化和汇率市场化的目标。而这些条件成熟之时，人民币汇率制度改革的问题自然迎刃而解。

现今，我国政府已出台一系列渐进式的政策，以改善国际收支平衡：如出台 QFII（合格境外机构投资者）政策、明确支持各类企业在国外投资、允许外商直接投资企业到国内资本市场上市融资、允许国际金融机构在国内发人民币债券、允许更多的企业在经常项下开立外汇账户，提高外汇账户内的资金限额等。所有这些措施都有助于增加对外汇的需求，减少对人民币的需求，从而有助于释放人民币的升值压力。另一方面，这些措施一旦实施就不可能轻易收回，因此其效应是持续的。就汇率形成而言，这些措施有助于提高外汇市场供求关系的真实性，从而使人民币的汇率更加接近均衡价格。

2. 人民币汇率制度的长期趋势

从国际视角来看，实行盯住汇率制的国家越来越少，而且盯住汇率制持续的时间也越来越短。资本项目下的人民币可自由兑换只是阶段性目标，最终目标应该是人民币可完全自由兑换。人民币如能成为世界货币，除了享受储备货币国的一些好处，还有利于中国国际地位的提高，可减少汇价风险，还可以减少因使用外币引起的财富流失等。在走向可自由兑换的进程中，人民币将有潜力成为亚洲核心货币。中国内地、香港和台湾的外汇储备都名列世界前茅，而且中国内地和香港的经济已逐渐融合在一起。地理位置接壤、双边贸易比重的增加等要素将使货币圈的建立成为可能。目前，从中国内地进口的比重已达香港进口总额的40%以上。而香港对美国的贸易比重却略呈下降趋势，表明香港的对外贸易的重心已经移动。香港联系汇率制的维持因此越来越需要来自内地的支持。

人民币只有走向世界货币，人民币汇率制度才有更大的选择空间。如蒙代尔理论所言，人民币汇率选择一直面临两难境地。如果选择盯住美元的汇率制度和开放资本市场意味着必须放弃货币政策的独立自主性。对中国这样一个经济大国，需要货币政策自主权来调整本国经济，既要消除对外不平衡，又要维持国内经济的稳定；同时，中国对资本的流动一直无法完全控制，而且在全球经济一体化进程中，中国一定会放开资本的控制。另一方面，如果本国经济强大起来，本币跨出国界成为世界货币，在对外贸易中可直接用本币进行交易，那就完成了一个本币独立浮动的"飞跃"。即向"两极论"的一极收敛（那就是浮动汇率制，资本市场开放和独立的货币政策），而不是逆向收敛到另一极（盯住他国货币的固定汇率制，资本市场开放，放弃独立的货币政策）。只有当人民币成为世界货币时，才有可能解决汇率制度选择的两难困境。

总之，人民币最终将走向自由兑换。同时，包含同业拆借的外汇市场也将进一步发展，远期外汇交易等交易工具将更加丰富，利率已基本实现市场化，外汇的供求将几乎不受抑制，人民币汇率将可以真正反映市场的全部供求关系。届时，中央银行只需间或干预外汇市场，抚平汇率的短期波动，而汇率的长期走势则由市场决定。当然，如果政府认为汇率偏离了基本经济要求，仍然可以干预汇率的走势。

1994年我国实现了汇率并轨，迄今为止，这种汇率制度在一定程度上有利于中国多年来的经济发展。然而形势的发展要求中国对这种日益不适应的汇率制度进行改革。但从中国现阶段国情出发，稳定仍然是改革过程中应始终坚守的准则。中国在近期内不应迫于人民币升值压力盲目升值，以确保币值和宏观经济的稳定；中期也应谨慎考虑选择盯住一篮子货币的汇率制度，合理安排货币篮子；待各方面条件逐渐成熟，实现人民币汇率向真正意义的浮动汇率的平稳过渡，最终实现人民币的国际化。

参 考 文 献

1. Agenor, Pierre-Richard, 1991, "Output, Devaluation and the Real Exchange Rate in Developing Countries", *Weltwirtschaftliches Archiv*, 127.

2. Allen, Polly Reynolds, 1995, "The Economic and Policy Implications of the NATREX Approach", Stein, Jeromel, Allen, *Fundamental Determinants of Exchange Rates*, 1 - 37.

3. Balassa, Bela, 1994, "The Purchasing-Power Doctrine: A Reappraisal", *Journal of Political Economy*.

4. Barhoumi, 2006, "Differences in Long Run Exchange Rate Pass-Through into Import Price in Developing Countries: An Empirical Investigation", *Economic Modelling*, 5.

5. Berument, Pasaogullari, 2003, "Effects of the Exchange Rate on Output and Inflation: Evidence from Turkey", *The Developing Economics*.

6. Chow, Kim, 2006, "Does Greater Exchange Rate Flexibility Affect Interest Rates in Post-Crisis Asia?", *Journal of Asian Economics*, 4.

7. Copelman, Werner, 1996, "The Monetary Transmission

Mechanism in Mexico", *International Finance Discussion Paper*, 521, Board of Government of the Federal Reserve System.

8. Edwards, Sebastian, 1988, "Real and Monetary Determinants of Real Exchange Rate Behavior, Theory and Evidence from Developing Countries", *Journal of Developing Economics*, 29, 311 – 341.

9. Edwards, Sebastian, 1994, "Real and Monetary Determinants of Real Exchange Rate Behavior: Theory and Evidence from Developing Countries", John Williamson, *Estimating Equilibrium Exchange Rates*, 1994, Washington, DC: Institute for International Economics.

10. Edwards, Sebastian, 1989, *Real Exchange Rates, Devaluation, and Adjustment*, Cambridge, Mass. : MIT Press.

11. Edwards, Sebastian, 1985, "Are Devaluation Contractionary", *NBER working paper*, 1676.

12. Erol, Wijnberen, 1997, "Real Exchange Rate Targeting & Inflation in Turkey: An Empirical Analysis with Policy Credibility", *World Developmentls*.

13. Fan Yanhui, Song Wang, 2006, "The Effect of Changes in Real Exchange Rates on Eployment: Evidence from Manufacturing Industries in China, 1980 – 2002", *Front Econ China*.

14. Fiess, Fugazza and Maloney, 2002, "Exchange Rate Appreciations, Labor Market Rigidities, and Informality", *World Bank Working Paper*, 2.

15. Greenaway, Hine, and Wright, 2000, *An Empirical Assessment of theImpact of Trade on Employment in the United Kingdom*, Center for Research on Globalization and Labor Markets Working Pa-

per, University of Nottingham.

16. Hinkle, Montiel, 1999, *Exchange rate misalignment*, Oxford University Press.

17. Irandoust, 1999, "The Response of Trade Price to Exchange Rate Changes", *Open Economics Review*, 10.

18. Jeffrey A. Frankel and Andrew K. Rose, 1996, "Currency Crashes in Emerging Markets: An Empirical Treatment,", *Journal of International Economics*, 41, No. 3/4, 351 – 366.

19. Kosteletou, Liargovas, 2000, "Foreign Direct Investment and Real Exchange Rate Interlinkages", *Open Economics Review*.

20. Kwan, Hung, 2001, *Yen Bloc: Toward Economic Integration in Asia*, Washington D. C. : Brookings Institution.

21. MacDonald, R. and Stein, J. L. , 1999, *Equilibrium exchange rates*, Massachusetts: Kluwer Academic Publishers.

22. Marazzi, Sheets, 2007, "Declining Exchange Rate Passthrough to U. S. Import Price: The Potential Role of Global Factors", *Journal of International Money and Finance*, 1.

23. Mckinnon, Ronald, Gunther Schnabl, 2003, "China: A Stabilizing or Deflationary Influence in East Asia? The Problem of Conflicted Virtue", *Stanford University Working Paper.*

24. Michele Cavallo, 2005, "To Float or Not to Float? Exchange Rate Regimes and Shocks", *FRBSF Economic Letter*, 1.

25. Mills, Pentecost, 2000, "Real Exchange Rate & the Output Response in Four EU Accession Countries", *Business Cycle and Economics Growth Research Paper*, No. 004, *Department of Ecomomics.*

26. Morley, Samuel, 1992, "On the Effect of Devaluation

During Stabilization Programs in LDCs", *Review of Economics and Staistics*, 74.

27. Rogers, Wang, 1995, "Output, Inflation and Stabilization in A Small Open Economy: Evidence from Mexico", *Journal of Development Economics*.

28. Rosenberg, 2003, *Exchange Rate Determination*, McGraw-Hill.

29. 卜永祥、Rod Tyers:《中国均衡实际有效汇率:一个总量一般均衡分析》,载《经济研究》2001 年第 6 期。

30. 卜永祥、秦宛顺:《人民币内外均衡论》,北京大学出版社 2006 年版。

31. 曹阳、李剑武:《人民币实际汇率水平与波动对进出口贸易的影响》,载《世界经济研究》2006 年第 8 期。

32. 陈全庚、吴念鲁:《人民币汇率研究》,中国金融出版社 1992 年版。

33. 陈树生:《汇率理论与汇率政策研究》,湖南大学出版社 2005 年版。

34. 陈学彬:《近期人民币实际汇率变动态势分析》,载《经济研究》1999 年第 1 期。

35. 陈垣:《外商直接投资对中国劳动力就业的影响》,载《人口与经济》2001 年第 7 期。

36. 大卫·格林纳韦编:《国际贸易前沿问题》,中国税务出版社 2000 年版。

37. 戴世宏:《人民币汇率与中日贸易收支实证研究》,载《金融研究》2006 年第 6 期。

38. 丁刚:《中国汇率制度选择:汇率目标区及其方案设计》,天津财经学院 2003 年版。

39. 丁剑平：《人民币汇率与制度问题的实证研究》，上海财经大学出版社 2003 年版。

40. 丁剑平、鄂永健：《实际汇率、工资和就业》，载《财经研究》2005 年第 11 期。

41. 丁剑平：《汇率波动与亚洲的经济增长》，载《世界经济》2003 年第 7 期。

42. 丁凯：《国际贸易理论发展综述》，载《经济纵横》2004 年第 9 期。

43. 董葆铭：《日元升值对日本进出口贸易的影响分析》，载《现代日本经济》2006 年第 5 期。

44. 窦祥胜：《西方均衡汇率理论述评》，载《经济评论》2006 年第 5 期。

45. 杜晓蓉：《人民币汇率波动对美国进口价格的不完全传递》，载《山西财经大学学报》2006 年第 8 期。

46. 范晶晶、孙明辉：《浅谈日本汇率的变化成因及其对我国的启示》，载《中南财经政法大学研究生学报》2006 年第 2 期。

47. 方显仓：《我国货币政策信用渠道传导论》，上海财经出版社 2004 年版。

48. 高铁梅：《计量经济分析方法与建模——EViews 应用及实例》，清华大学出版社 2006 年版。

49 管涛：《我国结售汇制度的发展》，载《中国外汇管理》1999 年第 10 期。

50. 郭承先：《人民币汇率与中美贸易的不平衡》，载《广西财经学院学报》2006 年第 6 期。

51. 何新华：《人民币汇率调整对中国宏观经济的影响》，载《世界经济》2003 年第 11 期。

52. 贺刚：《汇率波动与贸易流量：来自中国的经验数据》，载《山西财经大学学报》2006 年第 5 期。

53. 贺力平、范言慧、范小航：《美元汇率与美国失业率的联系—兼论人民币汇率的作用》，载《环球金融》2006 年第 8 期。

54. 贺力平：《现在不是让人民币升值的时候》，载《国际经济评论》2003 年第 5 期。

55. 赫尔普曼、保罗·克鲁格曼：《市场结构和对外贸易》，上海三联书店 1994 年版。

56. 胡鞍钢：《中国就业状况分析》，载《管理世界》1997 年第 3 期。

57. 姜波克：《汇率理论和政策研究》，复旦大学出版社 2000 年版。

58. 姜波克、徐函江、胡颖：《人民币自由兑换和资本管制》，复旦大学出版社 1999 年版。

59. 姜波克：《汇率制度的选择及政策含义》，载《世界经济文汇》2001 年第 5 期。

60. 姜波克：《国际金融新编（第三版）》，复旦大学出版社 2001 年版。

61. 姜凌、韩璐：《汇率目标区理论与人民币汇率机制的改革思路》，载《经济评论》2003 年第 2 期。

62. 金哲松：《国际贸易结构与流向》，中国计划出版社 2000 年版。

63. 金中夏：《论中国实际汇率管理改革》，载《经济研究》1995 年第 3 期。

64. 瞿孝升：《美国对华贸易逆差与人民币汇率的关系研究》，载《华南理工大学学报（社会科学版）》2006 年第 8 期。

65. 卡尔：《货币理论与政策（第二版）》，上海财经出版社 2004 年版。

66. 克鲁格：《汇率决定》，三联书店上海分店 1992 年版。

67. 克鲁格曼：《汇率的不稳定性》，北京大学出版社 2000 年版。

68. 兰绍瑞：《中国对外经贸的就业效应分析》，载《财金贸易》2000 年第 4 期。

69. 劳伦斯·S. 科普兰：《汇率与国际金融》，中国金融出版社 2002 年版。

70. 雷达、刘元春：《人民币汇率与中国货币政策研究》，中国经济出版社 2006 年版。

71. 李富有：《国际汇率制度的变化及其发展前景》，载《当代经济科学》1999 年第 1 期。

72. 李建伟、余明：《人民币汇率调整对中国宏观经济的影响》，载《世界经济》2003 年第 11 期。

73. 李祺：《汇率制度转型：效率、均衡与信誉》，上海社会科学院 2006 年版。

74. 李未无：《实际汇率与经济增长：来自中国的证据》，载《管理世界》2005 年第 2 期。

75. 栗志刚：《人民币能否国际化》，载《外交评论》2006 年第 10 期。

76. 林伯强：《人民币均衡实际汇率的估计与实际汇率错位测算》，载《经济研究》2002 年第 12 期。

77. 刘斌、黄先开、潘红宇：《货币政策与宏观经济定量研究》，科学出版社 2000 年版。

78. 刘光灿、孙鲁军、管涛：《中国外汇体制与人民币自由兑换》，中国财政经济出版社 1997 年版。

79. 刘莉亚、任若恩：《用均衡汇率模型估计人民币均衡汇率的研究》，载《财经研究》2002 年第 5 期。

80. 刘巍：《汇率与利率》，中山大学出版社 2002 年版。

81. 刘兴华：《汇率制度的选择》，经济管理出版社 2005 年版。

82. 刘阳：《均衡汇率与人民币汇率机制改革》，西南财经大学出版社 2006 年版。

83. 刘阳：《人民币均衡汇率及汇率动态》，载《经济科学》2004 年第 1 期。

84. 罗忠洲：《日元汇率波动的经济效应研究》，中国金融出版社 2006 年版。

85. 马洪：《东亚区域经济合作的回顾与展望》，载《开放导报》2003 年第 1 期。

86. 麦金农、施纳布尔：《东亚经济周期与汇率安排》，中国金融出版社 2003 年版。

87. 麦金农：《美元本位下的汇率》，中国金融出版社 2005 年版。

88. 苗迎春：《透视人民币汇率之争》，载《国际金融报》2003 年第 7 期。

89. 平狄克：《计量经济模型与经济预测（第四版）》，机械工业出版社 1999 年版。

90. 秦宛顺、靳云汇、卜永祥：《人民币汇率水平的合理性——人民币实际汇率与均衡汇率的偏离度分析》，载《数量经济技术经济研究》2004 年第 7 期。

91. 丘立成、王自锋：《东南亚区域贸易的汇率波动效应研究》，载《世界经济研究》2006 年第 1 期。

92. 邱永红、秦伟宏：《对完善我国外汇管理法律制度的若干构想》，载《宁夏大学学报（哲学社会科学版）》1999年第1期。

93. 萨克斯、拉雷恩：《全球视角的宏观经济学》，上海三联书店1997年版。

94. 沈国兵：《论汇率与利率关系：1993—2000年泰国事例检验》，载《世界经济》2005年第5期。

95. 施建淮、余海丰：《人民币均衡汇率与汇率失调：1991—2004》，载《经济研究》2005年第4期。

96. 石士钧：《可持续国际经济发展论》，中国环境科学出版社2002年版。

97. 舒燕飞：《美国贬值对中国经济的影响》，载《石家庄经济学院学报》2006年第12期。

98. 斯蒂格利茨、沙希德·尤素福编：《东亚奇迹的反思》，中国人民大学出版社2003年版。

99. 宋海：《金融全球化下的汇率制度选择》，中国金融出版社2004年版。

100. 宿玉海、黄鑫：《人民币汇率升值对中国出口贸易影响的实证分析》，载《山东财政学院学报》2006年第2期。

101. 陶晓龙：《汇率决定与波动理论》，中国社会科学院2001年版。

102. 万解秋、徐涛：《汇率调整对中国就业的影响——基于理论与经验的研究》，载《经济研究》2004年第2期。

103. 王明益：《刍议人民币汇率形成机制的改进》，载《商业时代》2004年第2期。

104. 王维国、黄万阳：《人民币均衡实际汇率研究》，载《数量经济技术经济研究》2005年第7期。

105. 王伟旭、曾秋根：《人民币汇率挑战与变革选择》，光明日报出版社 2004 年版。

106. 裴长洪：《我国外汇管理体制改革的方向选择》，载《中国社会科学院院报》2005 年第 5 期。

107. 吴曼丽：《人民币汇率机制与影响因素分析》，载《金融理论与实践》2004 年第 2 期。

108. 吴念鲁、陈全庚：《人民币汇率研究》，中国金融出版社 1992 年版。

109. 徐淑一、欧大军：《我国货币政策传导机制的实证研究》，载《南方金融》2005 年第 12 期。

110. 许少强、李天栋、姜波克：《均衡汇率与人民币汇率政策》，复旦大学出版社 2006 年版。

111. 许少强、马丹、宋兆晗：《人民币实际汇率研究》，复旦大学出版社 2006 年版。

112. 杨帆：《人民币汇率研究》，首都经济贸易大学出版社 2000 年版。

113. 杨浩：《人民币汇率形成机制的选择》，载《金融观察》2005 年第 8 期。

114. 杨万东：《人民币汇率问题讨论综述》，载《经济理论与经济管理》2005 年第 8 期。

115. 易纲、范敏：《人民币汇率的决定因素及走势分析》，载《经济研究》1997 年第 10 期。

116. 易纲：《中国的货币化进程》，商务印书馆 2004 年版。

117. 俞乔：《购买力平价、实际汇率与国际竞争力》，载《金融研究》2000 年第 1 期。

118. 俞乔：《亚洲金融危机与我国的汇率政策》，载《经济研究》1998 年第 10 期。

119. 张斌、何帆：《如何调整人民币汇率政策：目标、方案和时机》，载《国际经济评论》2005 年第 2 期。

　　120. 张斌：《人民币均衡汇率：简约一般均衡下的单方程模型研究》，载《世界经济》2003 年第 11 期。

　　121. 张车伟：《加入 WTO 后中国就业形势及前景分析》，载《中国经济时报》2002 年第 5 期。

　　122. 张静、汪寿阳：《人民币均衡汇率与中国外贸》，高等教育出版社 2005 年版。

　　123. 张向东：《外汇管理法律体系的整改》，载《中国外汇管理》2002 年第 7 期。

　　124. 张晓朴：《人民币均衡汇率理论与模型》，载《经济研究》1999 年第 12 期。

　　125. 张晓朴：《人民币均衡汇率研究》，中国金融出版社 2001 年版。

　　126. 张永生：《印度汇率制度改革及其对中国的借鉴》，转引自 Kapur and Patel，2004。

　　127. 张志超：《汇率论》，学林出版社 1987 年版。

　　128. 中国人民银行广州分行货币政策传导课题组：《中国货币政策传导——理论与实证》，中国金融出版社 2004 年版。

　　129. 朱耀春：《各国汇率制度比较研究及对中国汇率制度改革的启示》，载《经济体制改革》2003 年第 5 期。

策划编辑:陈 登

图书在版编目(CIP)数据

人民币汇率问题研究/朱鲍华著. -北京:人民出版社,2007.8
ISBN 978 - 7 - 01 - 006502 - 1

Ⅰ.人… Ⅱ.朱… Ⅲ.人民币(元)-汇率-研究 Ⅳ.F822.1

中国版本图书馆 CIP 数据核字(2007)第 140617 号

人民币汇率问题研究

RENMINBI HUILÜ WENTI YANJIU

朱鲍华 著

人民出版社 出版发行
(100706 北京朝阳门内大街 166 号)

北京市双桥印刷厂印刷 新华书店经销

2007 年 8 月第 1 版 2007 年 8 月北京第 1 次印刷
开本:880 毫米×1230 毫米 1/32 印张:10.375
字数:300 千字 印数:0,001-3,000 册

ISBN 978 - 7 - 01 - 006502 - 1 定价:24.00 元

邮购地址 100706 北京朝阳门内大街 166 号
人民东方图书销售中心 电话 (010)65250042 65289539